→ D Unterschied von Sprache als Familienkasse

verstehen uns eg, Verbindung bewegt / dabei
(→ [illegible])
oder immer wieder auf die große 'Frage' [illegible]

wahrscheinlich schon so ein Buch

wurde viel diskutiert und [illegible]

ein Meta-Gedanke [illegible]

[illegible] ein Kapitel

im Kern des Werks: ein gestes [illegible] des Buchs

Formel 'geistige' Ordnung, Architektursystem die
[illegible] egal [illegible] [illegible] eine Architektursprache
[illegible] | für [illegible] Grundidee Gedanken

Denk-Buch, denk-Schrift [illegible]; [illegible] Notizen

enthält Elemente / Einheit: der 3 Systeme
[illegible]
[illegible]

D1702534

[illegible]

Carl-Auer

Systemische Horizonte – Theorie der Praxis

Herausgeber: Bernhard Pörksen

»Irritation ist kostbar.«
Niklas Luhmann

Die wilden Jahre des Konstruktivismus und der Systemtheorie sind vorbei. Inzwischen ist das konstruktivistische und systemische Denken auf dem Weg zum etablierten Paradigma und zur *normal science*. Die Provokationen von einst sind die Gewissheiten von heute. Und lange schon hat die Phase der praktischen Nutzbarmachung begonnen, der strategischen Anwendung in der Organisationsberatung und im Management, in der Therapie und in der Politik, in der Pädagogik und der Didaktik. Kurzum: Es droht das epistemologische Biedermeier. Eine Außenseiterphilosophie wird zur Mode – mit allen kognitiven Folgekosten, die eine Popularisierung und praxistaugliche Umarbeitung unvermeidlich mit sich bringt.

In dieser Situation ambivalenter Erfolge kommt der Reihe *Systemische Horizonte – Theorie der Praxis* eine doppelte Aufgabe zu: Sie soll die Theoriearbeit vorantreiben – und die Welt der Praxis durch ein gleichermaßen strenges und wildes Denken herausfordern. Hier wird der Wechsel der Perspektiven und Beobachtungsweisen als ein Denkstil vorgeschlagen, der Kreativität begünstigt.

Es gilt, die eigene Intelligenz an den Schnittstellen und in den Zwischenwelten zu erproben: zwischen Wissenschaft und Anwendung, zwischen Geistes- und Naturwissenschaft, zwischen Philosophie und Neurobiologie. Ausgangspunkt der experimentellen Erkundungen und essayistischen Streifzüge, der kanonischen Texte und leichthändig formulierten Dialoge ist die Einsicht: Theorie braucht man dann, wenn sie überflüssig geworden zu sein scheint – als Anlass zum Neu- und Andersdenken, als Horizonterweiterung und inspirierende Irritation, die dabei hilft, eigene Gewissheiten und letzte Wahrheiten, große und kleine Ideologien so lange zu drehen und zu wenden, bis sie unscharfe Ränder bekommen – und man mehr sieht als zuvor.

*Bernhard Pörksen, Professor für Medienwissenschaft
an der Universität Tübingen*

Fritz B. Simon

Formen

Zur Kopplung von Organismus,
Psyche und sozialen Systemen

2018

Mitglieder des wissenschaftlichen Beirats des Carl-Auer Verlags:

Prof. Dr. Rolf Arnold (Kaiserslautern)
Prof. Dr. Dirk Baecker (Witten/Herdecke)
Prof. Dr. Ulrich Clement (Heidelberg)
Prof. Dr. Jörg Fengler (Köln)
Dr. Barbara Heitger (Wien)
Prof. Dr. Johannes Herwig-Lempp (Merseburg)
Prof. Dr. Bruno Hildenbrand (Jena)
Prof. Dr. Karl L. Holtz (Heidelberg)
Prof. Dr. Heiko Kleve (Witten/Herdecke)
Dr. Roswita Königswieser (Wien)
Prof. Dr. Jürgen Kriz (Osnabrück)
Prof. Dr. Friedebert Kröger (Heidelberg)
Tom Levold (Köln)
Dr. Kurt Ludewig (Münster)
Dr. Burkhard Peter (München)
Prof. Dr. Bernhard Pörksen (Tübingen)
Prof. Dr. Kersten Reich (Köln)
Prof. Dr. Wolf Ritscher (Esslingen)
Dr. Wilhelm Rotthaus (Bergheim bei Köln)
Prof. Dr. Arist von Schlippe (Witten/Herdecke)
Dr. Gunther Schmidt (Heidelberg)
Prof. Dr. Siegfried J. Schmidt (Münster)
Jakob R. Schneider (München)
Prof. Dr. Fritz B. Simon (Berlin)
Dr. Therese Steiner (Embrach)
Prof. Dr. Dr. Helm Stierlin (Heidelberg)
Karsten Trebesch (Berlin)
Bernhard Trenkle (Rottweil)
Prof. Dr. Sigrid Tschöpe-Scheffler (Köln)
Prof. Dr. Reinhard Voß (Koblenz)
Dr. Gunthard Weber (Wiesloch)
Prof. Dr. Rudolf Wimmer (Wien)
Prof. Dr. Michael Wirsching (Freiburg)

Themenreihe »Systemische Horizonte«
hrsg. von Bernhard Pörksen
Umschlaggestaltung: Uwe Göbel
Satz: Verlagsservice Hegele, Heiligkreuzsteinach
Printed in Germany
Druck und Bindung: CPI books GmbH, Leck

Erste Auflage, 2018
ISBN 978-3-8497-0225-0
© 2018 Carl-Auer-Systeme Verlag
und Verlagsbuchhandlung GmbH, Heidelberg
Alle Rechte vorbehalten

Bibliografische Information der Deutschen Nationalbibliothek:
Die Deutsche Nationalbibliothek verzeichnet diese Publikation
in der Deutschen Nationalbibliografie; detaillierte bibliografische
Daten sind im Internet über http://dnb.d-nb.de abrufbar.

Informationen zu unserem gesamten Programm, unseren Autoren
und zum Verlag finden Sie unter: **www.carl-auer.de**.

Wenn Sie Interesse an unseren monatlichen Nachrichten
aus der Vangerowstraße haben, abonnieren Sie den Newsletter
unter http://www.carl-auer.de/newsletter.

Carl-Auer Verlag GmbH
Vangerowstraße 14 • 69115 Heidelberg
Tel. +49 6221 6438-0 • Fax +49 6221 6438-22
info@carl-auer.de

Inhalt

Vorwort 9
1 Beobachter 13
2 Beobachten 14
3 Operation, Funktion, Prozess 19
4 Form 21
5 Verwendete Zeichen (Gebrauchsanweisung) 22
6 Beobachten des Beobachtens (= Beobachten 2. Ordnung) 29
7 Zusammengesetzte vs. nicht-zusammengesetzte Einheiten 31
8 Merkmale beobachteter Einheiten 32
9 Ausdifferenzierung vs. Kopplung 33
10 Raum und Zeit 35
11 Strukturen und Muster von Kopplungen 37
12 Räumliche Muster/Strukturen 38
13 Zeitliche Muster/Strukturen 40
14 Konstanz vs. Wandel 42
15 Fremdorganisation 44
16 Selbstorganisation 46
17 Nicht-lebende selbstorganisierte Systeme 49
18 Lebende und Leben voraussetzende Systeme
   (= autopoietische Systeme) 50
19 Medien 53
20 Lebende Systeme (= Organismen) 55
21 Soziale Systeme (= Gesellschaftliche Systeme) 58
22 Psychische Systeme (= Bewusstsein/Bewusstseinssysteme) 60
23 Kopplung Organismus / ökologische Nische 62

24 Kopplung Organismus / psychisches System 64
25 Kopplung psychisches System / soziales System 67
26 Kopplung Organismus / soziales System 72
27 Kopplungsmuster... 74
28 Kognitive Systeme:
    Daten, Informationen, Wissen, Lernen, Intelligenz............ 77
29 Geburt 82
30 Unbewusstes 84
31 Selbstorganisation des individuellen Weltbilds................ 87
32 Präverbale Psychodynamik.................................... 90
33 Kommunikation... 96
34 Sprechen und Sprache 100
35 Spracherwerb 102
36 Spiele und Spielregeln..................................... 107
37 Face-to-Face-Kommunikation 110
38 Beschreiben, Erklären, Bewerten............................ 113
39 Medien des Wahrnehmens und Beschreibens.................... 117
40 Paradigmen des Erklärens / der Hypothesenbildung........... 119
41 Kriterien des Bewertens (= Wertmaßstäbe) 123
42 Verhalten vs. Handeln...................................... 128
43 Integrierte Formen der Weltsicht: Geschichten vs. Theorien 132
44 Personen 135
45 Beziehungsformen... 137
46 Pragmatische Paradoxien.................................... 141
47 Soziale Differenzierungsformen 149
48 Problemdeterminierte Systeme 153
49 Paar 157
50 Familie 160
51 Freundschaft 167

52	Kultur	169
53	Kooperation	177
54	Netzwerk	179
55	Organisation	181
56	Gruppe (= Team)	189
57	Masse	191
58	Theater/Öffentlichkeit	193
59	Markt	196
60	Religionsgemeinschaft	199
61	Gesellschaftliche Differenzierung	204
62	Segmentäre Differenzierung	207
63	Zentrum-Peripherie-Differenzierung	209
64	Schichtung (= Stratifizierung)	211
65	Funktionale Differenzierung	214
66	Die »nächste Gesellschaft« (= next society)	219
67	Konflikt	220
68	Soziale, psychische und körperliche Konflikte	230
69	Konfliktdeterminierte kulturelle Muster	233
70	Pseudo-Konsens-Muster	236
71	Splitting-Muster vs. Boom-Bust-Muster	241
72	Chaos-Muster	249
73	Abweichendes Verhalten	254
74	Biologische Erklärungen abweichenden Verhaltens	259
75	Psychologische Erklärungen abweichenden Verhaltens	262
76	Soziologische Erklärungen abweichenden Verhaltens	265
77	Krankheit	270
78	Psychische Störungen	274
79	Selbstreparatur und Intervention	278
80	Exkommunikation	282

81	Psychose	285
82	Psychotische Kognition	288
83	Psychotische Affektivität	297
84	Selbstdefinition und persönliche Identität	303
85	Tod (= Ende der Autopoiese)	312
	Über den Autor	317

Vorwort

Der vorliegende Text beschäftigt sich auf einer ganz allgemeinen Ebene mit der Frage nach den Wechselbeziehungen zwischen dem Organismus des Menschen, seiner Psyche und den sozialen Systemen, in denen er lebt bzw. an denen er sich beteiligt – genauer gesagt: den Wechselbeziehungen zwischen der *Dynamik biologischer Prozesse*, der *individuellen Psychodynamik* und den *Kommunikationsmustern* in gesellschaftlichen Systemen.

Da diese Fragestellung sehr allgemein gehalten ist, war die Fokussierung der Aufmerksamkeit und eine entsprechende Schwerpunktsetzung nicht zu vermeiden. Sie ist geleitet von meinen im Laufe meines professionellen Lebens entwickelten Interessen als *Psychiater, Organisationsberater* und, nicht professionell, als *Bürger*.

Das theoretische Rüstzeug zur Bearbeitung dieser Fragestellungen liefern *Konstruktivismus* und *Systemtheorie*. Zu Beginn meiner beruflichen Tätigkeit, in den Nach-1968er-Jahren, herrschte in der Psychiatrie heftiger Streit der Ideologien: Auf der einen Seite des Spektrums diskutierte die *Antipsychiatrie*, wie kapitalistische Produktionsverhältnisse den Wahnsinn des Individuums produzieren, und auf der anderen Seite des Spektrums vertraten Biopsychiater ganz traditionell die These, »Geisteskrankheiten« seien Krankheiten des Gehirns, und in der Mitte, irgendwo zwischendrin, meinten wohlmeinende Sozialpsychiater, es seien die Institutionen, d. h. die Organisation der Psychiatrie, die für das Elend und die Chronifizierung der Anstaltsinsassen verantwortlich zu machen sind.

Die Theorien, auf die sie sich jeweils bezogen, operierten auf ganz unterschiedlichen Abstraktionsebenen, was ihren Wert für den Praktiker reduzierte. Sollte der Psychiater, der alltäglich mit Leuten zu tun hatte, die sich irgendwie »verrückt« verhalten, darauf warten, dass der Kapitalismus überwunden wird? Oder sollte er seine Hoffnung darauf setzen, dass – wie alle paar Wochen verkündet wurde (und immer noch wird) – endlich die biologische Ursache »der« Schizophrenie gefunden ist und das dazu passende Pharmakon? – Alternativen, die wenig überzeugend waren und es immer noch nicht sind …

Systemtheorie und Konstruktivismus lieferten hingegen einen hinreichend abstrakten, *transdisziplinären* Rahmen, der in Biologie, Psychologie und Soziologie verwendbar war, und sich jeweils, den konkreten praktischen Fragestellungen entsprechend, mit Inhalten füllen ließ. Das bestätigte sich für mich später auch in der Organisationsforschung und Organisationsberatung.

Das generelle Problem ist ja, dass jeder Mensch es im Alltag mit unterschiedlichen Bereichen der Wirklichkeit zu tun hat, die unterschiedlichen Spielregeln und Logiken folgen und nicht im Sinne geradliniger Ursache-Wirkung-Beziehungen aufeinander zurückgeführt werden können. Konstruktivistische Ansätze werden der Situation des Menschen, dass er als Beobachter durch die Welt geht, der nicht alles gleichzeitig beobachten kann und eine Auswahl treffen muss, in besonderer Weise gerecht. Sie bilden auch die Grundlage für die Beantwortung der Frage, wie die Art des Beobachtens das beeinflusst, was beobachtet wird. Die Systemtheorie kann aufgrund ihrer Abstraktheit genutzt werden, um Wechselbeziehungen zwischen beobachtenden und beobachteten Systemen zu analysieren, auch wenn sie unterschiedlicher Materialität sein sollten. Da es um ziemlich abstrakte Fragestellungen geht, fallen die hier präsentierten Bestrebungen, Antworten zu finden, auch ziemlich abstrakt aus.

Dass diese Bestrebungen zu einem großen Teil mit denen anderer Autoren zusammenfallen, will ich hier ausdrücklich betonen. Ja, was ich hier geschrieben habe, macht im Einzelnen überhaupt nicht den Anspruch auf Neuheit; und darum gebe ich auch keine Quellen an, weil es mir gleichgültig ist, ob das, was ich gedacht habe, vor mir schon ein anderer gedacht hat.

Nur das will ich erwähnen, dass ich den großartigen Werken von Gregory Bateson, Jon Elster, Sigmund Freud, Ernst von Glasersfeld, Erving Goffman, Edward T. Hall, Humberto Maturana, Niklas Luhmann, Charles Osgood, Jean Piaget, Francisco Varela, Georg-Hendrik von Wright, Benjamin L. Whorf und Ludwig Wittgenstein einen großen Teil der Anregungen zu meinen Gedanken schulde.

Hervorzuheben ist George Spencer-Brown, dessen Gesetzen der Form der vorliegende Text nicht nur seinen Namen verdankt, sondern auch die zentralen Begriffe: Unterscheidung (distinction) und Bezeichnung (indication), die, um der Klarheit willen, im hier vorgelegten Text meist zusammen mit ihrer deutschen Version verwendet werden. Hinzu kommt in den Abbildungen die Nutzung der Spencer-Brownschen Notation (»Kreuze«). Ich bin mir sicher, dass George Spencer-Brown mit meinem Gebrauch seiner Notation, ja, wahrscheinlich auch dem seiner Begrifflichkeit nicht einverstanden wäre, so, wie ich ihn in unserer gemeinsamen, recht konflikthaften Geschichte erlebt habe. Das heißt hier aber nur, dass er für eventuellen Quatsch, den ich hier publiziere, nicht verantwortlich zu machen ist – genauso wenig wie einer der anderen genannten Autoren.

Zu den explizit erwähnten Autoren kommen wahrscheinlich noch viele andere hinzu, von denen mir manchmal nicht mal mehr bewusst sein dürfte, was ich ihnen verdanke bzw. welche Ideen oder Einsichten ich von ihnen geklaut habe. Sie seien sicherheitshalber schon einmal um Verzeihung gebeten. Bewusst bin ich mir jedoch der Tatsache, dass ich von einigen Kollegen – manche von ihnen vorübergehend, andere immer noch, Freunde – mit denen ich zu unterschiedlichen Zeiten unterschiedlich eng praktisch zusammengearbeitet und unterschiedlich heftig (nicht nur) über Theoriefragen gestritten habe, außerordentlich angeregt wurde. Ihnen allen danke ich hiermit. Es sind: Dirk Baecker, Luigi Boscolo, Gianfranco Cecchin, Luc Ciompi, Hans Rudi Fischer, Heinz von Foerster, Arnold Retzer, Raoul Schindler, Gunther Schmidt, Helm Stierlin, Matthias Varga von Kibéd, Paul Watzlawick, Gunthard Weber, Helmut Willke und Rudi Wimmer. Mein besonderer Dank gilt Torsten Groth, Gerhard Krejci und Matthias Ohler, die den Text durchgesehen und wichtige Anregungen zu seiner Verbesserung gegeben haben. Trotzdem gehen natürlich alle Fehler, unnötige Redundanzen und andere Unmöglichkeiten, die sich im Text wahrscheinlich ja finden lassen, auf mein Konto.

Eine weitere Vorbemerkung ist nötig. Die Fokussierung der Aufmerksamkeit, die ich vorgenommen habe, ist autobiografisch zu erklären, d. h. fast alles, was ich hier geschrieben habe, habe ich mehr oder weniger schon an anderer Stelle publiziert, allerdings nicht in der hochgradig kondensierten Form, die ich hier gewählt habe. (Wer an den verwendeten Quellen interessiert ist, sei daher auf meine anderen Publikationen mit ausführlichen Literaturverzeichnissen verwiesen).

Zum Schluss noch eine Warnung: Ich habe hier so gearbeitet, wie ein begeisterter Kleingärtner seinen Rasen mäht, der zunächst eine senkrechte Spur legt, dann eine waagrechte, dann wider eine senkrechte usw., und am Schluss auch noch die Kanten von übrig gebliebenen Grashalmen mit der Schere zu befreien versucht. Anders gesagt: Ich habe keinerlei Versuche unternommen, meine eigene Zwanghaftigkeit unter Kontrolle zu bekommen. Das hat im besten Fall zwar zu einer gewissen Präzision von Formulierungen geführt (hoffe ich), im schlechtesten zu überflüssigen

Redundanzen und kleinkarierter Betonung von Unterschieden, über die man im Alltagsdiskurs ohne Weiteres hinweggehen kann (befürchte ich).

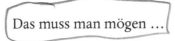
Das muss man mögen …

Und, um Missverständnissen vorzubeugen: Der ganze Text sollte nur als ein Versuch verstanden werden (= work in progress) …[1]

---

1 Bei der Betrachtung von Texten hat sich bewährt, zwischen strengem und lockerem Denken zu unterscheiden. Strenges Denken ist durch konsistentes Argumentieren und Schließen bestimmt. Es charakterisiert (im Idealfall) die Spielregeln der Wissenschaften. Ziel sind Aussagen, die interpersonell überprüfbar und/oder zumindest in ihrer Logik nachvollziehbar sind. Lockeres Denken hingegen ist privatistisch, es nutzt Analogien und Ähnlichkeiten, folgt freien Assoziationen, und seine Schlussfolgerungen können keinen Anspruch auf Allgemeingültigkeit erheben. Im vorliegenden Text habe ich mich als Autor um strenges Denken bemüht (was mir ja trotz aller Zwanghaftigkeit immer nur mehr oder weniger gelingt). Solch ein Denken ist unvermeidlich reduziert, denn der zweite, meist viel kreativere Aspekt menschlichen (d. h. hier: meines) Denkens, die freien Assoziationen, der Niederschlag persönlicher Erfahrungen und surreale oder wirre Ideen, die den eigentlichen Grund für die Bemühung um Strenge bilden, bleiben um der Strenge willen ausgeblendet.

Deshalb habe ich mich entschlossen, parallel zum Korrigieren der Fahnenabzüge des vorliegenden Textes meine freien Assoziationen und Anmerkungen – die aus dem Augenblick geboren sind – niederzuschreiben und in Form eines Blogs auf der Website der Carl-Auer Akademie unter dem Titel »Freie Assoziationen zu Formen« zu publizieren (www.formen-blog.de). Dies ermöglicht weniger starre Texte, die relativ leicht änderbar sind, in Bewegung bleiben können. Verstärkt wird diese Fluidität dadurch, dass in einem Blog auch der Leser seine Kommentare beisteuern kann und dort auch die kaum zu vermeidenden Missverständnisse zwischen Autor und Leser diskutiert und, wenn wahrscheinlich auch nicht geklärt, so doch wenigstens klar werden können …

Dieses Format hat experimentellen Charakter, mehr noch als der bzw. jeder gedruckte Text, dessen stabile Form als Chance wie als Risiko zu betrachten ist. Mal sehen, was dabei herauskommt – vielleicht ja die Notwendigkeit, den Ursprungstext radikal zu überarbeiten …

1 Beobachter

1.1 Alles, was gesagt wird, wird von einem Beobachter zu einem Beobachter (der er selbst sein kann) gesagt.

1.2 Als Beobachter soll definiert sein, wer oder was (das heißt, es muss sich dabei nicht um einen Menschen oder ein Lebewesen handeln) einen spezifischen Typus von *Operation* vollzieht: *beobachten*.

1.3 Alles, was über *beobachten* im Allgemeinen gesagt wird, gilt auch für das *Beobachten des Beobachtens* (= Beobachten 2. Ordnung).

1.4 Was im vorliegenden Text über die *Operation des Beobachtens* (= Beobachten 1. Ordnung) geschrieben wird, ist als Beobachten 2. Ordnung zu betrachten.

1.5 Alles, was von einem Beobachter (zu sich selbst oder einem anderen Beobachter) gesagt wird, setzt das *Verstehen* von Sprache voraus, was dazu führt, dass im Folgenden zwangsläufig Worte verwendet werden müssen, deren Verstehen vorausgesetzt wird, obwohl sie (noch) nicht definiert sind: ein Problem, das hier wie beim natürlichen Spracherwerb dadurch gelöst wird, dass die Bedeutungen der Worte sich zunächst allein durch ihren Gebrauch erschließen, aber, wenn ihr hier vorgeschlagener Gebrauch von der Umgangssprache abweicht, sie im Laufe des Textes explizit definiert werden.

2 Beobachten

2.1 Unter Beobachten soll eine *Operation* verstanden werden, die durch die *Kopplung* zweier anderer Operationen entsteht: *unterscheiden* und *bezeichnen*.

2.2 **Unterscheiden:** Jede Operation, durch die ein *Raum*, *Zustand* oder *Inhalt* (= eine Welt) geteilt wird.

2.2.1 Die Operation des Unterscheidens erzeugt eine abgegrenzte *Einheit* und einen *Kontext* bzw. eine *Umwelt* dieser Einheit (= Rest der Welt).

2.2.2 Durch die Operation des Unterscheidens entsteht ein Raum, Zustand oder Inhalt, der *innerhalb* der so entstandenen Einheit verortet ist, und ein Raum, Zustand oder Inhalt, der *außerhalb* dieser Einheit verortet ist (= Innen-außen-Unterscheidung).

2.2.3 Der Raum, Zustand oder Inhalt auf der Innenseite der Einheit lässt sich durch mindestens ein dort (= *innen*) verortetes *Merkmal* (= *definierendes Merkmal*) charakterisieren, das auf der Außenseite (= *außen*) nicht zu finden ist.

2.2.4 Die Seite des Unterscheidens, auf der ein oder mehrere definierende Merkmale verortet werden, soll *markierter Raum, Zustand* oder *Inhalt* genannt werden.

2.2.5 Die durch das *Fehlen* der jeweiligen definierenden Merkmale charakterisierte Seite des Unterscheidens soll *unmarkierter Raum, Zustand* oder *Inhalt* genannt werden.

2.2.5.1 Unmarkierte Räume, Zustände oder Inhalte bleiben *unbemerkt*, d. h. *unbeobachtet*.

2.2.5.2 Wenn unmarkierte Räume, Zustände oder Inhalte (= Außenseite der Unterscheidung) ihrerseits aufgrund von Merkmalen, die von denen der Innenseite abweichen, markiert werden, werden auch sie beobachtet (= bemerkt) und produzieren ihrerseits eine unmarkierte (= unbemerkte) Außenseite der Unterscheidung.

2.2.6 Unterscheiden kann als elementare Operation jeder *Strukturbildung* – nicht nur des Beobachtens – betrachtet werden (der erste Akt jeder Genesis).

2.2.6.1 Innerhalb der Räume, Zustände oder Inhalte auf der Innenseite eines Unterscheidens kann weiter unterschieden (= *differenziert*) werden.

2.2.6.2 Mehrere unterschiedene Merkmale bzw. Räume, Zustände oder Inhalte, die auf der *Innenseite* des Unterscheidens verortet werden, sind miteinander *assoziiert*.

2.2.6.3 Unterschiedene Merkmale bzw. Räume, Zustände oder Inhalte, die auf der *Außenseite* des Unterscheidens verortet werden, sind von den Räumen, Zuständen oder Inhalten auf der Innenseite *dissoziiert*.

2.2.7 Jedes Unterscheiden wird durch unterschiedliches *Bewerten* hervorgebracht, das heißt, auf der *markierten Seite* wird ein Wert (= Merkmal) verortet/zugeschrieben, welcher auf der *unmarkierten* Seite *nicht* verortet / *nicht* zugeschrieben wird (= *Motiv* des Unterscheidens).

2.2.8 Unterscheiden ist eine Operation, d. h. ein *Ereignis*, das flüchtig ist, und wie lange sein Ergebnis erhalten bleibt, hängt von dem *Medium* ab, in dem diese Operation vollzogen wird.

2.3 **Bezeichnen:** Eine zweite Operation des Unterscheidens wird *vom Beobachter* mit einem ersten Unterscheiden gekoppelt und als *Verweis* (= zeigen) auf das erste Unterscheiden *gebraucht*.

2.3.1 Das 1. Unterscheiden soll *Unterscheiden* (= *distinction*) genannt werden, das 2. Unterscheiden soll *Bezeichnen* (= *indication*) genannt werden.

2 Beobachten

2.3.2 Welche der *gekoppelten* Operationen als *Unterscheiden* (= distinction) und welche als *Bezeichnen* (= indication) zu betrachten ist, *entscheidet* der *Beobachter*.

2.3.3 Beide Operationen (1. und 2. Unterscheiden) können im selben oder in getrennten (= unterschiedenen) *Phänomenbereichen* erfolgen.

2.3.4 *Räume, Zustände oder Inhalte*, denen *dasselbe definierende* Merkmal bzw. *dieselben definierenden* Merkmale zugeschrieben werden (= Innenseite des 1. Unterscheidens), sollen als *identisch* bezeichnet werden (= 2. Unterscheiden).

2.3.5 *Räume, Zustände oder Inhalte*, denen *nicht dasselbe definierende* Merkmal bzw. *nicht dieselben definierenden* Merkmale zugeschrieben werden (= auf Außenseite des 1. Unterscheidens verortet), sollen als *unterschiedlich* bezeichnet werden (= 2. Unterscheiden).

2.3.6 Räume, Zustände oder Inhalte sollen nur dann als *identisch* bezeichnet werden, wenn ihnen *alle* definierenden Merkmale gleichermaßen zugeschrieben werden.

2.3.7 Räumen, Zuständen oder Inhalten, die als *unterschiedlich* bezeichnet werden, wird zumindest *ein* definierendes Merkmal unterschiedlich zu- bzw. nicht zugeschrieben.

2.4 **Unterscheiden vs. Bezeichnen:** Die definierenden Merkmale des Unterscheidens (= 1. Unterscheiden / distinction) und Bezeichnens (= 2. Unterscheiden / indication) sind in der Regel (das heißt, es gibt Ausnahmen) nicht identisch, das heißt, sie dürfen *nicht verwechselt* werden.

2.4.1 Wenn Unterscheiden und Bezeichnen in unterschiedlichen Phänomenbereichen erfolgen, so sind sie immer auch durch die jeweils definierenden *Merkmale des Phänomenbereichs*, in dem sie verortet werden, charakterisiert.

2.4.2 Das *Bezeichnen* (= 2. Unterscheiden / indication) verweist (= *zeigt*) auf das *Unterscheiden* (= 1. Unterscheiden / distinction) als seinen

2 Beobachten

Sinn (= Bedeutung), das heißt, Sinn/Bedeutung des 2. Unterscheidens (= Bezeichnens/Verweisens/Zeigens) ist das 1. Unterscheiden.

2.4.3 **Sinn/Bedeutung:** *Aktuelle* Selektion eines *gemeinten* Raums, Zustands oder Inhalts aus einem beobachterspezifischen Universum *möglicher* Räume, Zustände oder Inhalte.

2.4.4 Unterscheiden und Bezeichnen können auch im selben Phänomenbereich verortet sein.

2.4.5 *Unterscheiden* (1. Unterscheiden / distinction) und *Bezeichnen* (2. Unterscheiden / indication) können auch identisch sein, d. h. nur eine einzige *Operation*, die gleichzeitig beide Funktionen erfüllt.

2.5 **Grenze:** Der Raum, Zustand oder Inhalt, in dem Innenseite und Außenseite eines Unterscheidens zusammentreffen / getrennt werden, soll *Grenze* genannt werden.

2.5.1 Aus einer Beobachtungsperspektive auf der *Innenseite* des Unterscheidens (= Beobachtung 1. Ordnung) gehört die Grenze zum Phänomenbereich der Innenseite.

2.5.2 Aus einer Beobachtungsperspektive auf der *Außenseite* des Unterscheidens (= Beobachtung 1. Ordnung) gehört die Grenze zum Phänomenbereich der Außenseite.

2.5.3 Ob eine Grenze der Innenseite oder der Außenseite des Unterscheidens zugerechnet werden kann/muss, ist aus einer Beobachtungsperspektive jenseits der Unterscheidung (= Metaperspektive / Beobachtung 2. Ordnung) *unentscheidbar* (= tertium datur).

2.5.4 Grenzen können aufgrund ihrer die beiden Seiten eines Unterscheidens zugleich *trennenden* als auch *verbindenden* Funktion auch als *Medium der Kommunikation* zwischen den beiden Seiten des Unterscheidens fungieren.

2.5.5   Nicht jedes Unterscheiden produziert eine beobachtbare Grenze zwischen Räumen, Zuständen oder Inhalten innen und außen, die *bezeichnet* werden können (z. B. beim Unterscheiden zwischen Ideen).

2.6   **Beobachtung:** Ein *bestimmtes* Unterscheiden und Bezeichnen eines Raums, Zustands oder Inhalts (= innen) mit einer *bestimmten* Außenseite zu einem *bestimmten* Zeitpunkt, d. h. ein *ein-eindeutiges Ereignis*, soll *Beobachtung* genannt werden.

2.6.1   Beobachtungen als Ereignisse finden immer nur in einer *aktuellen Gegenwart* (= hier und jetzt) statt.

2.6.2   Wenn über Beobachtungen gesprochen wird, so wird stillschweigend vom Beobachter und der Operation des Beobachtens abstrahiert, das heißt, *Beobachtung* und *Beobachten/Beobachter* werden *entkoppelt* (= de-kontexualisiert).

2.6.3   Beobachtungen, die nicht *erinnert* werden, sind *vergessen*.

2.6.4   **Bestätigen** (= *confirmation*, Erinnern, Retention): Der Prozess, durch den Beobachtungen Zeit überdauern können, besteht im *Erinnern*, d. h. dem *Wiederholen* des Unterscheidens und Bezeichnens, und soll als *Bestätigen* bezeichnet werden.

2.6.5   **Entwerten** (= *cancellation*, Annullieren, Löschen): Der Prozess, durch den Beobachtungen ungeschehen gemacht werden können, indem Unterscheiden und Bezeichnen rückgängig gemacht bzw. widerrufen werden, soll als *entwerten* bezeichnet werden.

2.6.6   **Zeichen:** Wenn das Bezeichnen des Unterscheidens eines Raums, Zustands oder Inhalts in einem *Medium* erfolgt, das über zeitliche und/oder räumliche Abstände hinweg wiederholt und von unterschiedlichen Nutzern gebraucht, d. h. *erinnert* oder *kommuniziert* werden kann (z. B. Bilder, Skulpturen, Texte), so soll das Mittel des Bezeichnens *Zeichen, Markierung, Symbol* oder *Namen* genannt werden.

3 Operation, Funktion, Prozess

3.1 **Operation:** Ein *Ereignis*, das dem *Kreuzen* einer hypothetischen Grenze von einem Raum, Zustand oder Inhalt *außen* zu einem Raum, Zustand oder Inhalt *innen* oder umgekehrt von einem Raum, Zustand oder Inhalt *innen* zu einem Raum, Zustand oder Inhalt *außen* entspricht (= Veränderung), soll *Operation* genannt werden.

3.2 **Funktion:** Die *Wirkung* einer Operation soll als ihre *Funktion* bezeichnet werden.

3.2.1 Jede Operation verbraucht *Zeit* (= Vorher-nachher-Unterscheidung).

3.2.2 Die Funktion einer Operation kann in der *Veränderung* eines Raums, Zustands oder Inhalts *vorher* (= außen) *zu* einem Raum, Zustand oder Inhalt *nachher* (= innen) oder umgekehrt (vorher = innen, nachher = außen) bestehen.

3.2.3 Die Funktion einer Operation kann in der *Verhinderung* einer Veränderung eines Raums, Zustands oder Inhalts *vorher* (= innen) *zu* einem Raum, Zustand oder Inhalt *nachher* (= außen) oder umgekehrt (vorher = außen, nachher = innen) bestehen, d. h. in der zeitüberdauernden Erhaltung des Raums, Zustands oder Inhalts (*vorher* = *nachher*).

3.3 **Prozess:** Eine *geordnete Menge* von Operationen, die miteinander (in der Zeit, d. h. *gleichzeitig* und/oder *ungleichzeitig*) zu größeren Einheiten gekoppelt sind, soll als *Prozess* bezeichnet werden.

3.4 Die durch Operationen/Prozesse herbeigeführten Veränderungen/Funktionen (= Vorher-nachher-Unterschiede) können unterschiedlich haltbar sein.

3.4.1   *Variante 1*: *Ereignisse* dauern nur einen *Augenblick*, flammen auf und erlöschen sofort.

3.4.2   *Variante 2*: *Prozesse* können unterschiedlich lange Zeit dauern, da/wenn sie aus Ereignissen zusammengesetzt sind.

4 Form

4.1 Die *Einheit* aus Innen- und Außenseite des Unterscheidens soll *Form* genannt werden.

4.2 Durch mehrfaches Unterscheiden entstehen Formen, die aus mehreren Formen gebildet werden.

4.3 Durch Kombination unterschiedlicher Formen entstehen komplexe Formen.

4.4 Formen sind unterschiedlich haltbar, d. h. den Lauf der Zeit überstehend, abhängig von der (materiellen/ideellen) Beschaffenheit und Haltbarkeit des *Mediums,* in dem sie gebildet werden.

5 Verwendete Zeichen (Gebrauchsanweisung)

5.1 **Kreis:** Operationen des Unterscheidens bzw. die durch sie kreierten *Einheiten*, die im Bereich der *materiellen Welt* verortet werden, sollen im Rahmen der hier präsentierten Erörterung als Kreise auf einem zweidimensionalen Blatt Papier repräsentiert werden (es kann aber auch jede andere geometrische Figur verwendet werden, deren Grenzen *geschlossen* sind wie z. B. ein Dreieck, Quadrat, Hexagon):

Alternativ dazu:

Oder:

Oder:

Oder, oder, oder …

Figur 1

5.1.1   Der *Innenseite* und der *Außenseite* des Unterscheidens bzw. der unterschiedenen *Einheit* und ihrem *Kontext* (= ihrer *Umwelt*) können *Namen* (= Bezeichnungen) gegeben werden.

5.1.1.1   Der Kreis (oder die andere verwendete geometrische Figur) kann durch Zeichen, Symbole, Worte, Etiketten, Namen oder Ähnliches ergänzt werden, die auf der Innenseite und/oder Außenseite des Kreises platziert werden, um Räume, Zustände oder Inhalte zu *bezeichnen* (= benennen), die auf der Innenseite oder Außenseite der unterschiedenen Einheit verortet werden:

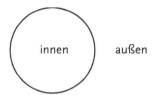

Figur 2

5.1.1.2   Der *Kreis* (bzw. ein Quadrat o. Ä.) mit seiner Innen- *und* Außenseite bezeichnet denselben Raum, Zustand oder Inhalt wie die *beiden Namen*, die den zwei Seiten der unterschiedenen *Einheit* und ihrem *Kontext* gegeben werden, das heißt, ein *1. Unterscheiden* im Phänomenbereich *materieller Ereignisse und Prozesse* kann sowohl durch einen *Kreis* (Quadrat etc.) oder äquivalent dazu durch die *Namen* für Innenseite und Außenseite des unterschiedenen Raums, Zustands oder Inhalts bezeichnet werden (*2. Unterscheiden*).

5.1.1.3   Obwohl *Kreis* (oder eine andere verwendete geometrische Figur) und *Namen* in ihrer Funktion als *2. Unterscheiden* insofern äquivalent sind, dass sie dasselbe *1. Unterscheiden* bezeichnen, unterscheiden sie sich, da sie zu unterschiedlichen *Phänomenbereichen* gehören und deren Charakteristika aufweisen (zweidimensionale geometrische Figuren vs. Sprache).

5.1.2   Welche Zeichen oder Namen (= Worte) der Innen- und Außenseite der unterschiedenen Einheit zugeordnet werden, ist dem bzw. den *Beobachtern* – ihrer Willkür bzw. Konvention – überlassen, es müssen lediglich *unterschiedliche Zeichen* oder *Namen* sein.

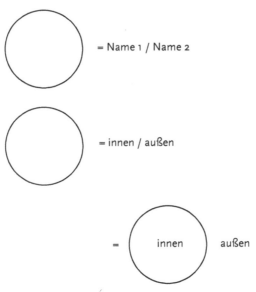

Figur 3

5.1.3 Risiko und Chance jedes *materiellen* Bezeichnens von *Operationen* oder anderer *Ereignisse* (z. B. durch einen Kreis auf einem Blatt Papier oder durch Schrift) ist, dass Ereignisse (z. B. die Operation des Unterscheidens), die nur für den Augenblick existieren, durch *statische* Zeichen (zeitüberdauernd) symbolisiert werden, d. h. die *augenblickhafte Operation* des Bezeichnens findet einen materiellen Niederschlag in einem *dauerhaften Zeichen* (= *Objekt*), was suggeriert, die Wirkung/Funktion des Unterscheidens bzw. die unterschiedene und bezeichnete Einheit existiere ebenfalls zeitüberdauernd (was der Fall sein kann, aber keineswegs der Fall sein muss).

5.1.3.1 Risiko/Chance des Bezeichnens materieller Ereignisse oder Prozesse durch Kreise oder andere geometrische Figuren ist, dass sie im *zweidimensionalen* Raum verortet werden, während Ereignisse und/oder ihre Funktionen in der materiellen Welt im *dreidimensionalen* Raum bzw. in einem *vierdimensionalen* Raum-Zeit-Gefüge zu verorten sind.

5 Verwendete Zeichen

5.1.3.2 Risiko/Chance des Bezeichnens materieller Phänomene durch Namen oder andere sprachliche Zeichen besteht in deren *Abstraktheit* und einer durch die Sprache als Medium suggerierten *geradlinigen Struktur* der bezeichneten Phänomene.

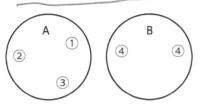

... vs. Beschreibung durch einen Text:
»Zwei unterschiedene Einheiten von denen die eine ... usw.«

Figur 4

5.2 **Kreuz:** Operationen des *ideellen* Unterscheidens, die im Bereich des *Sinns* (d. h. der Ideen, Konzepte, Vorstellungen und Bedeutungen etc.) verortet werden, sollen im Rahmen der hier präsentierten Erörterung mit folgendem Symbol dargestellt werden, das *Kreuz* genannt werden soll (entsprechend der impliziten *Anweisung*, die hypothetische *Grenze* von der *Außenseite* zur *Innenseite* der Unterscheidung zu *kreuzen*, d. h. eine *Operation des Unterscheidens* zu vollziehen):

Figur 5

5.2.1 Der Raum links vom senkrechten Balken und unterhalb des waagrechten Balkens des Kreuzes steht für die Innenseite des Unterscheidens, der Raum rechts vom senkrechten Balken steht für die Außenseite des Unterscheidens:

Figur 6

25

5 Verwendete Zeichen

5.2.2   Das Kreuz kann – analog zu dem, was über den Kreis bzw. geometrische Figuren gesagt wurde – durch *Namen* (Worte, Zeichen, Symbole oder Ähnliches) ergänzt werden, die auf der Innenseite oder Außenseite des Kreuzes platziert werden, um Räume, Zustände oder Inhalte zu benennen, die auf der Innenseite bzw. Außenseite der jeweils unterschiedenen Einheit verortet werden.

Figur 7

5.2.3   Komplexe Beziehungen von Unterscheidungen bzw. ihrer Verwendung können durch die Kombination einer Vielzahl von Kreuzen dargestellt werden:

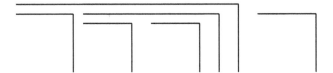

Figur 8

5.2.4   **Re-entry:** Wenn eine Innen-außen-Unterscheidung auf der *Innenseite* dieser Unterscheidung bezeichnet wird, dann soll ein derartiges *selbstbezügliches Bezeichnen* als *Re-entry* (= Wiedereintritt der Unterscheidung in das Unterschiedene) bezeichnet werden und durch folgende Variante des Kreuzes repräsentiert werden:

5.3   **Gleichheitszeichen (=):** Es steht für ein äquivalentes Bezeichnen, d. h. Kreuze, Kreise oder Namen bzw. die so bezeichneten Räume, Zustände oder Inhalte, die rechts und links von einem Gleichheitszeichen stehen, sind *verwechselbar* bzw. *austauschbar*.

5.4   **Pfeil (→):** Er steht dafür, dass das, was rechts vom Pfeil steht, aus/nach/im Anschluss an das *folgt*, was links vom Pfeil steht (z. B. A → B), wobei nicht unterschieden ist, ob es sich hier um eine *zeitliche Abfolge* von Ereignissen, *Kausalität, funktionelle Verknüpfung, logische Folgerung* aus Prämissen, *Implikation*, kommunikativen Anschluss o. Ä. handelt.

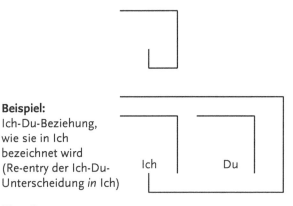

Beispiel:
Ich-Du-Beziehung, wie sie in Ich bezeichnet wird (Re-entry der Ich-Du-Unterscheidung *in* Ich)

Figur 9

5.5 **Unmarkierter Raum, Zustand oder Inhalt:** Wenn auf der rechten Seite eines Kreuzes bzw. auf der Außenseite eines Kreises ein leerer Raum gelassen ist, d. h. kein weiteres Kreuz bzw. kein weiterer Kreis oder Name (Wort, Symbol, Zeichen o. Ä.) platziert ist, so soll dies auf einen *unmarkierten Raum, Zustand* oder *Inhalt* verweisen.

5.6 **Bestätigung** (= confirmation): Die Bestätigung/Wiederholung eines Bezeichnens soll durch die Wiederholung eines Kreuzes dargestellt werden, wobei der Raum, Zustand oder Inhalt, auf den die *beiden* Kreuze verweisen, äquivalent zum Raum, Zustand oder Inhalt ist, auf den das *einzelne* Kreuz verweist.

Figur 10

5.7 **Entwertung** (= cancellation): Die Entwertung/Annullierung eines Bezeichnens soll durch ein Kreuz über einem Kreuz dargestellt werden, was für die dem ursprünglichen Unterscheiden entgegengesetzte Operation stehen soll, d. h. die Anweisung zum gegenläufigen Kreuzen der hypothetischen Grenze vom markierten Raum, Zustand oder Inhalt (= innen) zum unmarkierten bzw. leeren Raum, Zustand oder Inhalt (= außen).

Figur 11

6 Beobachten des Beobachtens (= Beobachten 2. Ordnung)

6.1 Wenn Beobachten beobachtet wird – vom Beobachter selbst oder einem weiteren Beobachter – so soll das als *Beobachten 2. Ordnung* bezeichnet werden.

6.1.1 Der Beobachtungsgegenstand des Beobachtens 2. Ordnung ist die *Form des Beobachtens* (d. h. des Beobachtens 1. Ordnung) einer beobachtenden Einheit (= Metaperspektive).

6.1.2 Um Beobachten *beobachten* zu können, muss die Einheit, bestehend aus *beobachtender* – und dabei beobachteter – *Einheit* (= Beobachter 1. Ordnung) und ihrem *Kontext* (*Umwelt*) bzw. dem dort verorteten Gegenstand der Beobachtung 1. Ordnung, beobachtet werden.

6.1.3 Beobachten 2. Ordnung ist darauf angewiesen, dass sowohl die *Innenseite* des Beobachters 1. Ordnung als auch seine *Außenseite* (Umwelt/Kontext) der Beobachtung zugänglich sind und zueinander *in Beziehung gesetzt* werden können (im Beobachten 2. Ordnung).

6.2 Die Hypothesenbildung über die *Form des Beobachtens 1. Ordnung* besteht in der Relationierung (= In-Beziehung-Setzung/ Kopplung) beobachtbarer, *innerhalb* und *außerhalb* des Beobachters verortbarer Ereignisse durch die Beobachtung 2. Ordnung.

6.3 Auch *Selbstbeobachtung* ist eine Form des *Beobachtens 2. Ordnung*.

6.3.1 Selbstbeobachtung setzt die beobachterinterne Operation des Unterscheidens zwischen dem *Beobachter selbst* und dem *Rest-der-Welt* voraus.

6.3.2 Auch wenn es aus der Perspektive der Beobachtung 2. Ordnung materiell vorgegeben erscheinen mag, zwischen *Beobachter* und

Rest-der-Welt zu unterscheiden, ist es nicht selbstverständlich, dass dies auch vom Beobachter selbst bzw. in der Beobachtung 1. Ordnung so vollzogen wird.

6.3.3 Selbstbeobachtung erfolgt als *Re-entry* des Unterscheidens *Beobachter/Rest-der-Welt* auf der Innenseite des Beobachters.

7 Zusammengesetzte vs. nicht-zusammengesetzte Einheiten

7.1 Die durch Unterscheiden gebildeten *Einheiten* können als *zusammengesetzte* oder *nicht-zusammengesetzte* Einheiten beobachtet bzw. unterschieden und bezeichnet werden.

7.2 Ob eine Einheit als *nicht-zusammengesetzt* zu betrachten ist, entscheidet der Beobachter.

7.2.1 **Nicht-zusammengesetzte Einheit:** Wenn eine beobachtete Einheit als *Letztelement* einer Form betrachtet wird und ihr Inneres *unanalysiert* bleibt, so wird sie als nicht-zusammengesetzt behandelt.

7.2.2 **Zusammengesetzte Einheit:** Eine Einheit, innerhalb derer interne Einheiten, d. h. Elemente/Komponenten und Prozesse, beobachtet oder/und *analysiert* werden, wird als zusammengesetzte Einheit behandelt.

7.3 Eine Einheit, deren äußere Merkmale bzw. deren äußeres Verhalten als Elemente/Komponenten des Kontextes (= Umwelt) beobachtet werden, wird als nicht-zusammengesetzte Einheit behandelt, auch wenn ihre Innenseite der Beobachtung zugänglich und in ihrer Zusammensetzung analysierbar sein sollte.

7.4 *Materielle* Bestandteile zusammengesetzter Einheiten sollen *Komponenten* genannt werden.

7.5 *Immaterielle* Bestandteile zusammengesetzter Einheiten sollen *Elemente* genannt werden.

8 Merkmale beobachteter Einheiten

8.1 Im Blick auf *zusammengesetzte Einheiten* kann zwischen äußeren und *inneren* Merkmalen und/oder Verhaltensweisen unterschieden werden.

8.2 Bei *nicht-zusammengesetzten Einheiten* werden interne Merkmale/Verhaltensweisen nicht beobachtet, sodass über interne Merkmale oder Verhaltensweisen (Prozesse) keine Aussagen gemacht werden können.

8.3 Äußerlich beobachtbares *Verhalten* und äußere Merkmale sowohl zusammengesetzter als auch nicht-zusammengesetzter Einheiten sind im Phänomenbereich *Umwelt* (= *Kontext*) der jeweils beobachteten Einheit verortet und als deren *Elemente* zu betrachten.

8.4 Äußerliche Merkmale und äußeres Verhalten zusammengesetzter wie nicht-zusammengesetzter Einheiten entstehen *emergent*, d. h. als Folge der Interaktion und/oder Kommunikation zwischen *unterschiedener Einheit* und *Umwelt*.

8.5 Die *Merkmale der Komponenten/Elemente* einer zusammengesetzten Einheit unterscheiden sich von den *Merkmalen der zusammengesetzten Einheit*.

8.6 Die Merkmale zusammengesetzter Einheiten sind nicht geradlinig-kausal aus den Merkmalen der sie bildenden Komponenten/Elemente ableitbar.

9 Ausdifferenzierung vs. Kopplung

9.1 Die Genese zusammengesetzter Einheiten kann entweder durch *Kopplung* (= *Assoziation*) von bis dahin separaten Einheiten oder durch *Ausdifferenzierung* (= *Dissoziation*) neu entstehender Untereinheiten erfolgen.

9.1.1 **Kopplung:** Die Vereinigung von Einheiten (= Elemente/Komponenten), seien sie selbst zusammengesetzt oder nicht zusammengesetzt, zu einer *zusammengesetzten Einheit* soll als Kopplung bezeichnet werden.

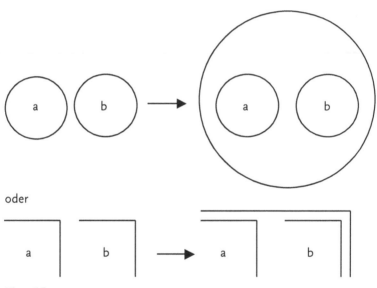

Figur 12

9.1.2 **Ausdifferenzierung:** Die Teilung einer bis dahin nicht-zusammengesetzten Einheit in eine aus Untereinheiten (= Elemente/Komponenten) gebildete, zusammengesetzte Einheit.

9.2 *Zusammengesetzte Einheit = System.*

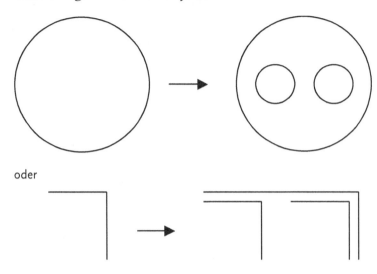

Figur 13

9.3 **Spaltung:** Ausdifferenzierung kann auch zur Bildung mehrerer, voneinander *getrennter* Einheiten führen, die sich *nicht* zu einer übergeordneten Einheit (= System) koppeln.

9.4 **Formen der Kopplung:** Es lassen sich unterschiedliche Arten der Vereinigung von Elementen/Komponenten zu einer zusammengesetzten Einheit beobachten, die sich grob als *feste* vs. *lose Kopplung* unterscheiden lassen, wobei diese als Endpunkte eines kontinuierlichen Übergangs zu verstehen sind.

9.4.1 **Feste Kopplung:** Führt zur Entstehung einer länger dauernden zusammengesetzten Einheit, deren Komponenten/Elemente in ihrer *Struktur* (relativ) *starr* und/oder über die Zeit *beständig* sind.

9.4.2 **Lose Kopplung:** Führt zur Bildung einer kurzfristig bestehenden Einheit, d. h. einem kurzen Kontakt, das heißt, die jeweils gebildeten *Strukturen* sind (relativ) *flexibel*, leicht lösbar und wenig dauerhaft.

10 Raum und Zeit

10.1 **Raum:** Wenn ein Beobachter bei mehreren von ihm unterschiedenen Ereignissen *gleichzeitig* anwesend sein kann (das heißt, wenn er sie gleichzeitig beobachten kann), dann soll ihr Abstand *räumlich* genannt werden: Er ordnet (= verortet) sie nebeneinander und konstruiert damit einen *Raum*.

10.1.1 Um einen Raum konstruieren zu können, muss der Beobachter in der Lage sein, die Gesamtheit einer Form, d. h. zumindest die zwei Seiten eines Unterscheidens (= Innenseite/Außenseite, z. B. *da*: Ereignis / *dort*: kein Ereignis) gleichzeitig (*synchron*) beobachten zu können.

10.1.2 Die drei *Dimensionen* des Raums werden vom Beobachter konstruiert, indem er unterschiedene Ereignisse relativ zu seiner Beobachtungsposition als *vor/hinter*, *über/unter* oder *neben/neben* ordnet.

10.1.3 Räumliche Abstände können größer oder kleiner sein, das heißt, die Distanz zwischen den unterschiedenen, synchronen Ereignissen kann als unterschiedlich beobachtet werden.

10.2 **Zeit:** Wenn ein Beobachter bei mehreren von ihm beobachteten Ereignissen *nicht gleichzeitig* anwesend sein kann, dann soll ihr Abstand *zeitlich* genannt werden: Er ordnet sie im Sinne eines *Vorher-nachher*-Unterscheidens (*diachron*) und konstruiert damit *Zeit*.

10.2.1 **Vergangenheit:** Wenn der Beobachter aktuell *nicht beobachtbare* Ereignisse, bei denen er oder andere Beobachter anwesend waren, von aktuell beobachtbaren Ereignissen, bei denen er anwesend ist, unterscheidet, so konstruiert er *Vergangenheit*.

10.2.2 **Zukunft:** Wenn der Beobachter aktuell *nicht* beobachtbare – *potenzielle, fantasierte, erhoffte, befürchtete etc.* – Ereignisse, bei denen er oder andere Beobachter – irgendwann einmal – anwesend sein *könnten*, von aktuell beobachtbaren Ereignissen, bei denen er anwesend ist, unterscheidet, so konstruiert er *Zukunft*.

10.2.3 **Gegenwart:** Alles, was geschieht, ereignet sich ausschließlich in der Gegenwart und kann von *jedem* Beobachter immer nur *aktuell* beobachtet werden.

10.2.4 Zeitliche Abstände können größer oder kleiner konstruiert sein, das heißt, die zeitliche Distanz zwischen den unterschiedenen, diachronen Ereignissen kann als unterschiedlich beobachtet werden.

10.2.5 Gegenwart, Vergangenheit und Zukunft sind *Konstrukte*, die *hier und jetzt* stets aufgrund charakteristischer imaginativer Fähigkeiten des Beobachters konstruiert werden können: *erinnern* und *erwarten*.

10.2.5.1 Die in der Gegenwart konstruierte Vergangenheit soll *gegenwärtige Vergangenheit* genannt werden.

10.2.5.2 Die in der Gegenwart konstruierte Zukunft soll *gegenwärtige Zukunft* genannt werden.

10.2.5.3 *Gegenwärtige Vergangenheit* und *gegenwärtige Zukunft* (= Konstrukte) sind von der *vergangenen Gegenwart* und *zukünftigen Gegenwart* (= tatsächliche Ereignisse/Prozesse) zu unterscheiden.

10.2.5.4 Die Konstruktion einer *gegenwärtigen Vergangenheit* und einer *gegenwärtigen Zukunft* sind von den aktuellen Bedingungen des Beobachters und Beobachtens, d. h. Zielen, Wünschen, Befürchtungen und Hoffnungen etc., (mit-)bestimmt, sodass *vergangene Gegenwart* wie auch *zukünftige Gegenwart* in der Regel positiv und/oder negativ idealisiert werden.

11 Strukturen und Muster von Kopplungen

11.1 **Muster:** Die *abstrakte Ordnung der Kopplungen*, d. h. die Menge und Konfiguration der *Relationen* zwischen den Elementen/Komponenten einer zusammengesetzten Einheit / eines Systems, soll *Muster* genannt werden.

11.2 **Struktur:** Die Gesamtheit der *konkreten Komponenten/Elemente* einer zusammengesetzten Einheit (d. h. eines Systems) *zusammen mit den spezifischen Mustern* ihrer Kopplungen (= Relationen) sollen *Struktur* der jeweiligen zusammengesetzten Einheit / des Systems genannt werden.

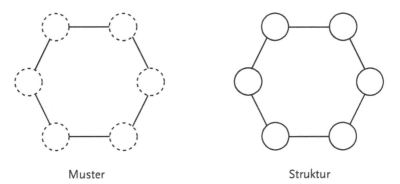

Muster   Struktur

Figur 14

11.3 Die Elemente/Komponenten zusammengesetzter Einheiten/Systeme können vom Beobachter im *Raum* und in der *Zeit* gekoppelt (= geordnet) werden, wobei dies stets von Ort und Zeit des Beobachtens aus (= Perspektive) geschieht.

11.4 Wenn vom Beobachter bzw. dem Prozess des Beobachtens abstrahiert wird, dann erscheinen die Konstrukte Raum und Zeit als absolute Dimensionen, in denen die Welt verortet ist und sich ereignet.

12 Räumliche Muster/Strukturen

12.1 Generell können Muster/Strukturen der zusammengesetzten Einheit/des Systems aufgrund der *räumlichen Abstände* (= *Beziehungen*) der Elemente/Komponenten zueinander unterschieden werden.

12.2 **Horizontale Beziehungen:** Die Komponenten/Elemente sind *nebeneinander* oder *hintereinander* in derselben Ebene geordnet.

12.2.1 Version 1: Die Komponenten/Elemente weisen die *gleichen* Merkmale auf.

12.2.2 Version 2: Die Komponenten/Elemente weisen *unterschiedliche* Merkmale auf.

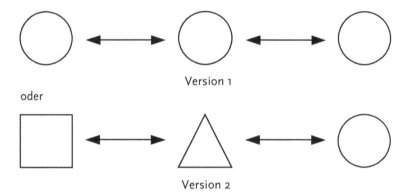

Figur 15

12.3 **Vertikale Beziehungen:** Die Komponenten/Elemente sind übereinander bzw. *untereinander* in unterschiedlichen Ebenen geordnet.

12.3.1 Version 1: Die Komponenten/Elemente weisen die *gleichen* Merkmale auf.

12.3.2 Version 2: Die Komponenten/Elemente weisen *unterschiedliche* Merkmale auf.

12 Räumliche Muster/Strukturen

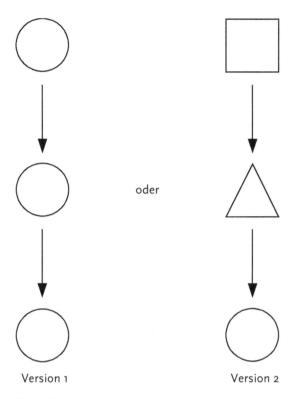

Figur 16

12.4   Identische räumliche Muster können trotz identischer Elemente/Komponenten unterschiedlich strukturiert sein, wenn die räumlichen Abstände vergrößert oder verringert werden.

13 Zeitliche Muster/Strukturen

13.1 Muster/Strukturen zusammengesetzter Einheiten, deren Elemente/Komponenten einen *zeitlichen Abstand* (= Ungleichzeitigkeit) haben, sollen *Prozesse* genannt werden.

13.1.1 Die basalen Elemente eines Prozesses sollen *Ereignisse* genannt werden.

13.1.2 Ereignisse können zu unterschiedlichen größeren *funktionellen* Einheiten (Mustern/Strukturen) zusammengesetzt werden (Sequenz, Takt, Rhythmus, Zyklus, Oszillation …).

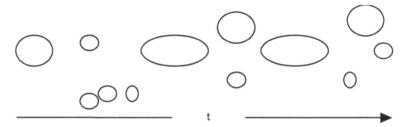

Figur 17

13.2 **Sequenz:** Die einmalige oder wiederholte zeitliche Abfolge von Ereignissen.

13.3 **Takt:** Die zusammengesetzte *Untereinheit* (= Gruppierung) eines Prozesses, die aus *mehreren Ereignissen* mit demselben zeitlichen *Abstand* (= *Intervall*) besteht und *wiederholt* wird.

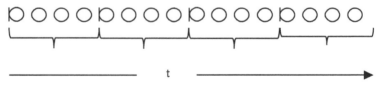

Figur 18

13.4 **Rhythmus:** Eine komplexe Zeitstruktur, in der sowohl die *Länge der Intervalle* zwischen den Ereignissen bzw. deren *Funktionen* als auch die *Dauer der Ereignisse* variieren kann; auch hier wird die jeweilige Einheit wiederholt, sodass die Struktur erkennbar wird.

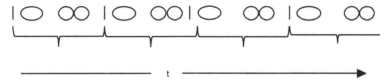

Figur 19

13.5 **Zyklus/Periode:** Regelmäßige *Wiederkehr* einer zeitlichen Abfolge von Ereignissen, d. h. die *Wiederholung* eines geordneten Prozesses (= Iteration).

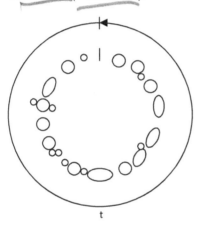

Figur 20

13.6 **Oszillation:** Abwechselnder Wechsel zwischen zwei (oder mehr) Zuständen/Ereignissen.

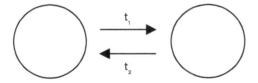

Figur 21

13.7 Identische zeitliche Muster können trotz identischer Elemente/ Komponenten unterschiedlich strukturiert sein, wenn die zeitlichen Abstände verlängert oder verkürzt sind.

14 Konstanz vs. Wandel

14.1 **Strukturveränderung:** Die konkreten *Elemente/Komponenten* zusammengesetzter Einheiten/Systeme können sich wandeln bzw. ausgetauscht werden, während das räumliche oder zeitliche *Muster ihrer Kopplungen* (= abstrakte Ordnung) konstant bleibt.

Figur 22

14.2 **Musteränderung:** Die konkreten Elemente/Komponenten zusammengesetzter Einheiten/Systeme können unverändert erhalten bleiben, während sich das räumliche oder zeitliche Muster ihrer Kopplungen (= abstrakte Ordnung) verändert.

Figur 23

14.3 **Quantitative Änderungen:** Struktur wie Muster zusammengesetzter Einheiten/Systeme wandeln sich zwangsläufig, wenn die Zahl der Elemente/Komponenten, aus denen sie zusammengesetzt sind (*Verringerung* vs. *Vermehrung*), sich verändert (*schrumpft* vs. *wächst*).

14 Konstanz vs. Wandel

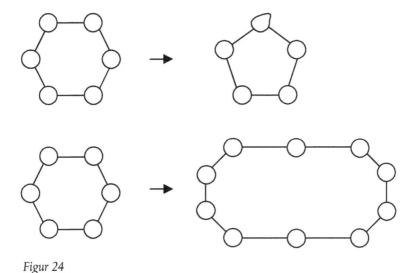

Figur 24

15 Fremdorganisation

15.1 Wenn das *Herstellen* (Kreation, Strukturbildung, Produktion, Konstruktion ...) zusammengesetzter Einheiten/Systeme irgendwelchen Operationen oder Operateuren (Aktionen/Akteuren, Kräften, Mächten o. Ä.) kausal zugeschrieben wird, die *außerhalb* der konstruierten Einheit verortet werden, soll dieser Prozess *Fremdorganisation* genannt werden.

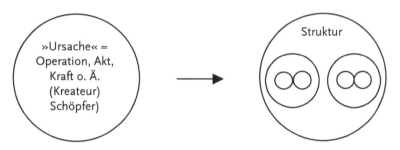

Figur 25

15.2 Die *Einheit der Beobachtung* (= Form) besteht aus einer zusammengesetzten Einheit und ihren spezifischen Umwelten, wobei die *»Ursache«* für beobachtete *Strukturierungen* und *Veränderungen* innerhalb der unterschiedenen Einheit den *Umwelten* bzw. dort verorteten Ereignissen oder Prozessen zugeschrieben wird.

15.3 Die Erklärung für die *Entstehung* fremdorganisierter Strukturen folgt einem *geradlinigen Ursache-Wirkung*-Schema:
Ursache (= Operation, *außen*) → *Wirkung* (= Struktur, Organisation, *innen*).

15.4 Das *Ursache-Wirkung*-Schema zur Erklärung der Bildung fremdorganisierter, zusammengesetzter Einheiten ist analog zur Subjekt-Objekt-Spaltung konstruiert, das heißt, *Subjekt* und *Objekt* des Organisationsprozesses, *Aktivität* und *Passivität*, sind unterscheidbar.

15.5 *Veränderungen* fremdorganisierter Einheiten/Systeme erfolgen durch die Einwirkung von Kräften, Operationen, Akten etc. (= Ursachen), die in den Umwelten, d. h. außerhalb der jeweiligen Einheiten/Systeme verortet werden.

16 Selbstorganisation

16.1 Wenn das *Herstellen* (die Kreation, Strukturbildung, Produktion, Konstruktion ...) einer zusammengesetzten Einheit/eines Systems den eigenen Operationen dieser Einheit kausal (= selbstbezüglich) zugeschrieben werden kann, soll dieser Prozess *Selbstorganisation* genannt werden.

16.2 Die *Einheit der Beobachtung* (= Form) besteht aus einer zusammengesetzten Einheit/einem System und seinen spezifischen Umwelten (wobei den *Umwelten* bzw. dort verorteten Ereignissen *nicht* die »Ursache« für beobachtete Strukturierungen und Veränderungen der unterschiedenen Einheit zugeschrieben wird, sondern lediglich die *Eröffnung* und *Begrenzung* von Möglichkeiten der Strukturierung und Veränderung).

16.3 Die Erklärung für die Entstehung selbstorganisierter Strukturen folgt einem *zirkulären Ursache-Wirkung*-Schema:
»*Ursache*« (= Operationen der Einheit, *innen*) → »*Wirkung*« (= Struktur der Einheit, *innen*).

Figur 26

16.3.1 **Rekursive Funktionen:** Operationen werden repetitiv auf ihr Resultat angewendet: x = f(x), was formal einer zirkulären Kausalität analog ist.

16.3.2 **Eigenwert, Eigenstruktur, Attraktor:** Das als *stabil* beobachtbare *Resultat* rekursiver Funktionen, das sich auch bei Wiederholung der auf ihr Resultat angewandten Operationen nicht mehr verändert (= *Fixpunkt*) oder in einem speziellen zeitlichen Muster zwischen bestimmten Punkten *oszilliert*, soll *Eigenwert, Eigenstruktur* oder *Attraktor* genannt werden.

16.3.3 Rekursive Funktionen und die Etablierung von *Eigenwerten* oder *Eigenstrukturen* können als mathematisches Modell selbstorganisierter Prozesse bzw. ihrer Funktion dienen.

16.3.4 Die Dynamik, die zur Bildung *oszillierender* Eigenwerte/Eigenstrukturen/Attraktoren im Phänomenbereich des *Unterscheidens* (1. Unterscheiden / *distinction*) führt, ist im Phänomenbereich des *Bezeichnens* (2. Unterscheiden / *indication*) der Logik von *Paradoxien* analog.

16.3.5 Die Dynamik, die zur Bildung *stabiler, konstanter* Eigenwerte/Eigenstrukturen/Attraktoren im Phänomenbereich des *Unterscheidens* (1. Unterscheiden / *distinction*) führt, ist im Phänomenbereich des *Bezeichnens* (2. Unterscheiden / *indication*) der Logik von *Tautologien* analog.

16.4 Das Ursache-Wirkung-Schema zur Erklärung der Bildung selbstorganisierter Systeme hebt die Subjekt-Objekt-Spaltung auf: Subjekt und Objekt des Organisationsprozesses sind identisch, zwischen Aktivität und Passivität kann nicht unterschieden werden, die organisierenden Prozesse sind *selbstbezüglich* (= selbstreferenziell).

16.5 Veränderungen selbstorganisierter Systeme können sowohl durch die Einwirkung von Kräften, Operationen, Akten etc., die in den jeweiligen *Umwelten verortet* werden, bewirkt werden (= passiv) als auch durch die *eigenen*, rückbezüglich wirkenden *Operationen* dieser Einheiten/Systeme selbst (= aktiv).

16.6 Selbstorganisierte Systeme sind generell dadurch charakterisiert, dass ihnen aus der Umwelt *Energie* zugeführt wird und sie diese verbrauchen (= *dissipieren*), das heißt, dass es zum *Symmetriebruch* im thermodynamischen Gleichgewicht zwischen innen und außen (System und Umwelt) kommt.

16.6.1 Der Symmetriebruch kann als »*Export*« *von Entropie* (= Unordnung) aus dem System in die Umwelt interpretiert werden.

16.6.2 Der Symmetriebruch kann als »*Import*« *von Negentropie* (= Ordnung) aus der Umwelt in das System interpretiert werden (was nicht passiv zu verstehen ist, sondern der ordnenden Aktivität des Systems bedarf).

16.7 Unter den selbstorganisierten Systemen (zusammengesetzten Einheiten) kann zwischen *nicht-lebenden Systemen* und *lebenden* bzw. *Leben voraussetzenden Systemen* unterschieden werden.

17 Nicht-lebende selbstorganisierte Systeme

17.1 Nicht-lebende selbstorganisierte Systeme (z. B. Wolken) sind aus *materiellen Komponenten* gebildet, die sich aufgrund ihrer physikalisch-chemischen Eigenschaften bzw. der daraus resultierenden aktuellen Interaktionsformen bzw. physikalisch-chemischen Reaktionen und Wechselbeziehungen zu *emergenten* Einheiten formen.

17.2 Nicht-lebenden selbstorganisierten Systemen können andere Merkmale und Eigenschaften zugeschrieben werden als ihren Komponenten.

17.3 Nicht-lebende selbstorganisierte Systeme erhalten *passiv* ihre Strukturen, solange die spezifischen, die jeweilige Ordnung herstellenden Wechselbeziehungen zwischen ihren Komponenten erhalten bleiben und aus den Umwelten keine verändernden Operationen bzw. deren Wirkungen wirksam werden.

18 Lebende und Leben voraussetzende Systeme (= autopoietische Systeme)

18.1 **Autopoietische Systeme:** Wenn das *Netzwerk der Interaktionen der Komponenten* oder *Elemente* einer zusammengesetzten Einheit eine Innen-außen-Unterscheidung (= System-Umwelt-Unterscheidung/*Eigenstruktur*) herstellt und aufrecht erhält, soll solch eine Einheit autopoietisches System genannt werden.

18.1.1 Autopoietische Systeme können aus *materiellen Komponenten* bestehen, z. B. Moleküle, Zellen, Organe etc. als Komponenten von Organismen ...

18.1.2 Autopoietische Systeme können aus *immateriellen Elementen* bestehen; z. B. Kommunikationen als Elemente sozialer Systeme; Gedanken, Gefühle, Wahrnehmungen etc. als Elemente psychischer Systeme.

18.1.3 Die Innen-außen-Unterscheidung, die durch autopoietische Systeme produziert wird, bleibt *solange* erhalten, wie die sie herstellenden *Operationen/Prozesse (= Autopoiese) fortgesetzt* werden, das heißt, solange das System überlebt.

18.2 Überlebenseinheit ist nie ein isoliertes autopoietisches System (»an sich«), sondern die Einheit aus autopoietischem System und den für sein Überleben relevanten (= notwendigen) Umwelten.

18.3 Autopoietische Systeme *(re-)produzieren* die Komponenten bzw. Elemente, aus denen sie sich zusammensetzen, in Interaktion mit ihren Umwelten *selbst*.

18.4 Die internen Prozesse autopoietischer Systeme und ihr äußerlich wahrnehmbares Verhalten sind durch ihre jeweils *aktuelle* interne Struktur festgelegt (= Strukturdeterminiertheit), d. h. durch die konkreten Elemente/Komponenten, aus denen sie sich zusammensetzen, im spezifischen *Muster ihrer Kopplungen* in Raum und Zeit.

18.5 Als Zeichen bzw. Symbol für ein autopoietisches System soll im Folgenden ein Kreis mit einem Pfeil dienen.

Figur 27

18.6 Zwischen autopoietischen Systemen und ihren Umwelten gibt es keine *instruktive Interaktion*, d. h. keine geradlinigen (= deterministischen) Ursache-Wirkung-Beziehungen zwischen Ereignissen/Operationen der Umwelt und den Wirkungen auf das System bzw. dessen Reaktionen.

18.6.1 Ereignisse in den Umwelten autopoietischer Systeme können die Zustände, Prozesse, Strukturen oder Verhaltensweisen autopoietischer Systeme lediglich *irritieren* (= *perturbieren*), d. h. *stören* oder *anregen*, aber *nicht determinieren*.

18.6.2 Autopoietische Systeme *beobachten* ihre Umwelten in Form autonomer (= strukturdeterminierter) Reaktionen auf erfahrene Irritationen.

18.6.3 Autopoietische Systeme sind in der Lage zu *lernen*, d. h. mit internen Veränderungen auf äußere Veränderungen zu reagieren.

18.6.3.1 Innerhalb gewisser Bandbreiten können Irritationen durch Umweltereignisse in ihrer störenden Wirkung durch die Kreation neuer Anpassungsreaktionen kompensiert werden.

18.6.3.2 Irritationen durch Umweltereignisse können als Anregungen zu internen Strukturveränderungen wirken.

18.6.4 Es gibt Ereignisse in den Umwelten eines autopoietischen Systems, die es nicht beobachten kann, weil es nicht durch sie irritiert wird (= *Indifferenzbereich*).

18.6.5 Zwischen autopoietischen Systemen und ihren Umwelten kann es zu *destruktiver* Interaktion kommen, das heißt, Ereignisse in den Umwelten können die Strukturen und Prozesse autopoietischer Systeme in einer durch das System nicht autonom kompensierbaren Weise stören, sodass die Autopoiese *nicht* fortgesetzt wird (= Tod).

18.7 Autopoietische Systeme sind in der Lage, sich selbst zu beobachten, das heißt, sie können sich selbst und ihre Umwelten intern *bezeichnen* (Re-entry der Unterscheidung System/Umwelt).

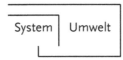

Figur 28

18.8 Aufgrund ihrer Komponenten/Elemente lassen sich (mindestens) drei Typen autopoietischer Systeme unterscheiden: Organismen (= biologische Systeme), Kommunikationssysteme (= soziale Systeme), Bewusstseinssysteme (= psychische Systeme).

19 Medien

19.1 Was ein autopoietisches System als Beobachter *materiell* oder *ideell* mit einem beobachteten Phänomen (einem Gegenstand oder Objekt, einer materiellen oder ideellen Einheit, die auch ein anderes autopoietisches System sein kann) verbindet und dadurch erst beobachtbar macht, soll als *Medium* bezeichnet werden.

19.2 Medien beeinflussen das Beobachten, da ihre eigenen Merkmale und Strukturen die *Selektion* der beobachtbaren und damit beobachteten *Phänomene* bestimmen.

19.3 Als Medium kann fungieren, was seine eigene *Form* der Form bzw. den Merkmalen des beobachteten Phänomens anpassen kann, sodass dem Beobachter Form und/oder Merkmale des beobachteten Phänomens *vermittelt* werden (Medium = Mittel).

19.4 Als Medium kann jede Menge von Elementen/Komponenten fungieren, die relativ *loser gekoppelt* sind als die Elemente/Komponenten des beobachteten Phänomens (d. h. es ist aus relativ *fester* gekoppelten Komponenten/Elementen zusammengesetzt).

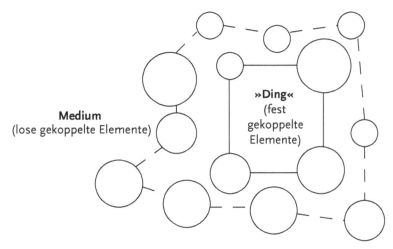

Figur 29

19.5 Bei jedem Beobachten stellt sich die Frage, ob die *Genese* der unterschiedenen und bezeichneten *Merkmale* dem *Phänomen* (= beobachtete Einheiten, Gegenstände, Objekte ...), dem *Medium* oder dem *Beobachter* selbst (= den seine Beobachtungen determinierenden Strukturen) kausal zuzuschreiben ist.

20 Lebende Systeme (= Organismen)

20.1 **Definition:** Ein lebendes System als autopoietisches System erzeugt sich als *zusammengesetzte Einheit* (Zelle, Organismus) durch das *Netzwerk der Interaktionen* biochemischer (anatomisch-physiologischer) Komponenten (Moleküle etc.) und grenzt sich gegen seine *physische Umwelt* (= ökologische Nische) und andere lebende Systeme ab.

20.2 Aus der Perspektive des außenstehenden Beobachters ist *unentscheidbar*, was zuerst existierte: die *Außengrenze* (z. B. die Zellmembran, die Haut eines Organismus) oder die *internen Prozesse* (der Stoffwechsel etc.), deren Voraussetzung und Folge die Existenz dieser Haut ist und die diese Haut erzeugen und erhalten (*Selbstreferenzialität* = Zirkularität und Simultaneität der Prozesse).

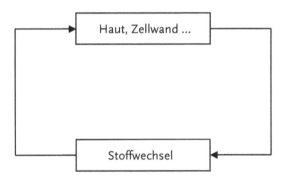

Figur 30

20.3 Die Einheit aus einem Organismus und seiner ökologischen Nische bildet die *Form* des lebenden Systems.

20.4 *Überlebenseinheit* ist immer die Form des jeweiligen Organismus.

20.5 Organismen *beobachten* (= *unterscheiden* und *bezeichnen*).

20.5.1 Organismen beobachten ihre ökologische Nische (= physische Umwelt), das heißt, sie reagieren auf externe physische Unterschiede, soweit sie zu *strukturdeterminierten* internen, anatomisch-physiologischen Veränderungen (= Unterschieden) führen.

20.5.2 Organismen *beobachten sich selbst*, das heißt, sie reagieren *strukturdeterminiert* auf sich intern entwickelnde anatomisch-physiologische Unterschiede.

20.5.3 Organismen beobachten sich selbst de facto in *Beziehung* zu ihrer ökologischen Nische, das heißt, sie korrelieren *strukturdeterminiert* externe physikalisch-chemische Unterschiede mit internen anatomisch-physiologischen Mustern.

20.5.4 Das *Verhalten* eines Organismus *beschreibt* strukturdeterminiert die ökologische Nische (= physische Umwelt), in der er lebt.

20.6 Der Organismus des Menschen (= Körper) beobachtet seine Umwelten nicht allein durch die Bildung anatomisch-physiologischer (= körperlicher) Muster (das auch), sondern zusätzlich mithilfe des *Bewusstseins* (= psychisches System), das fest mit ihm gekoppelt ist, sich im Laufe seiner Geschichte ausdifferenziert, strukturiert und auf den Körper einwirkt.

20.6.1 Menschliche Organismen (und etliche tierische Organismen) beobachten ihre *psychische Umwelt* (= Bewusstsein), das heißt, sie reagieren *strukturdeterminiert* auf unterschiedliche Zustände und Prozesse des Bewusstseins.

20.6.2 Menschliche Körper (= Organismen) beobachten sich selbst in *Beziehung* zu ihrer psychischen Umwelt, das heißt, sie reagieren *strukturdeterminiert* auf unterschiedliche Zustände und Prozesse des Bewusstseins mit charakteristischen internen biochemischen/physiologischen Mustern und langfristig auch anatomischen Veränderungen.

20.6.3 Wenn ein menschlicher Organismus (= Körper) das mit ihm fest gekoppelte psychische System (= Bewusstsein) beobachtet, dann fungieren *psychische Ereignisse/Prozesse* als 1. Unterscheiden

(= *distinction*) und damit gekoppelte *körperliche Ereignisse/Prozesse* als 2. Unterscheiden (= *indication*).

20.7   *Menschliche Organismen* beobachten *sich selbst* in der Beziehung zu ihrer ökologischen Nische (= physische Umwelt) und ihrem *Bewusstsein* (= psychisches System), d. h. die Relation dreier autonomer, zusammengesetzter Einheiten.

Figur 31

21 Soziale Systeme
(= Gesellschaftliche Systeme)

21.1 Zwei widersprüchliche Definitionen *sozialer Systeme* lassen sich unterscheiden: zusammengesetzte Einheiten, die aus *Organismen* als deren *Komponenten* gebildet werden, vs. zusammengesetzte Einheiten, die aus *Kommunikationen* als deren *Elementen* gebildet werden.

21.2 Wenn mehrere (mindestens zwei) Organismen so *gekoppelt* werden, dass sie füreinander relevante Umwelten bilden, das heißt, dass sie sich in der *Interaktion* miteinander gegenseitig *irritieren*, entstehen *soziale Systeme* als zusammengesetzte Einheiten (*Organismen* als Komponenten = Mitglieder).

21.3 Wenn gekoppelte Organismen eine gemeinsame Geschichte durchlaufen, dann entwickeln sich (emergent) *Muster der Interaktion* (= *koordiniertes Verhalten*), die sich *wiederholen* (= Iteration).

21.3.1 Die *Methode* der *Koordination des Verhaltens* von Organismen ist *Kommunikation*.

21.3.2 Repetitive *Muster der Koordination des Verhaltens* von Organismen lassen sich durch konstante, d. h. über die Zeit unveränderte, repetitive *Kommunikationsmuster* erklären.

21.4 Die unterschiedlichen Definitionen sozialer Systeme beruhen auf der *Kopplung* unterschiedlicher *Einheiten*: der Kopplung von *Kommunikationen* (= Elemente von Kommunikationsmustern) vs. der Kopplung von *Organismen* (= Komponenten / Mitglieder / Teilnehmer an der Kommunikation).

21.4.1 *Variante 1*: Bei der Kopplung der konkreten *Mitglieder/Teilnehmer* eines sozialen Systems sind die *Komponenten* (Organismen) des Systems konstante Größen, während die *Muster* der Koordination ihres Verhaltens (und damit der Kommunikation) *variabel* sind und sich im Laufe der Zeit ändern (können).

21.4.2 *Variante 2*: Bei der *Kopplung von Kommunikationen* sind die *Elemente* des sozialen Systems (*Kommunikationen*) und die *Muster ihrer Kopplungen* (= Kommunikationsmuster) *konstant*, während die *Mitglieder/Teilnehmer* an der Kommunikation *variabel* sind und wechseln können (= *austauschbar* sind).

21.5 Kommunikationssysteme, die ihre *Muster* über längere Zeit erhalten, weil die Teilnehmer austauschbar sind, sollen *Spiele, Tänze* oder *Kulturen* genannt werden (*Kommunikationsmuster = Spielregel*).

21.6 Es ist eine prinzipielle, vom Erkenntnisinteresse abhängige Entscheidung, ob man soziale Systeme generell aufgrund ihrer *Mitglieder* oder ihrer *Spielregeln* definieren will.

21.6.1 *Variante 1*: Soziale Systeme, deren Mitglieder über längere Zeit eine gemeinsame Interaktions-/Kommunikationsgeschichte durchlaufen und deren Interaktions- und Kommunikationsmuster weitgehend durch die Anpassung an die physischen und psychischen Bedürfnisse und Eigenheiten ihrer Mitglieder bestimmt sind, sollen *personenorientiert* genannt werden.

21.6.2 *Variante 2*: Soziale Systeme, deren Mitglieder im Prinzip *austauschbar* sind und deren Interaktions- und Kommunikationsmuster durch die Sicherstellung sachlicher Funktionen bestimmt sind, sollen *sachorientiert* genannt werden.

21.7 Soziale Systeme können sich nicht ohne Kommunikation bilden und erhalten, sodass die Definition *sozialer Systeme als Kommunikationssysteme* die größere Reichweite haben dürfte (da Kommunikationssysteme ohne menschliche Mitglieder möglich sind).

21.8 Funktionen, die das soziale System (= Kommunikationssystem) nicht eigenständig erbringen kann (*wahrnehmen* und *agieren*), übernehmen seine *Mitglieder* bzw. deren *Bewusstsein* (= *psychische Umwelten* des Kommunikationssystems).

22 Psychische Systeme (= Bewusstsein/ Bewusstseinssysteme)

22.1 **Definition:** Wenn ein menschlicher Organismus in Interaktion mit anderen Menschen tritt (= Teilnehmer/Mitglied eines Kommunikationssystems wird) und eine gemeinsame Interaktionsgeschichte mit ihnen durchläuft, so entwickelt sich emergent ein neuer *Phänomenbereich*: ein individuelles *Bewusstsein* (= *psychisches System*), zusammengesetzt aus Ereignissen/ Prozessen: Wahrnehmen, Denken, Fühlen, Entscheiden …

22.2 Das Bewusstsein eines Menschen fungiert als Beobachter (= Beobachtung 2. Ordnung) der *Interaktion* des eigenen *Organismus* (= Beobachtung 1. Ordnung) mit dem *sozialen System*, dessen Teilnehmer er aktuell ist, sowie der physischen Umwelt (= ökologischen Nische), in welcher der Organismus aktuell sein Leben fristet.

22.3 Bewusstsein ereignet sich immer nur in der *aktuellen Gegenwart*.

22.4 Das Bewusstsein eines Menschen ist *nur* der Selbstbeobachtung direkt zugänglich, das heißt, es kann von anderen Menschen *nicht* direkt beobachtet werden.

22.5 *Funktionen* des Bewusstseins sind Wahrnehmen, Erleben, Fühlen, Denken, Urteilen, Erinnern, Aufbau (= Konstruktion) eines Bildes der Wirklichkeit, Erwarten, Entscheiden (…).

22.6 Die Autopoiese psychischer Systeme wird durch das *Netzwerk* der Interaktionen der das Bewusstsein bildenden *Operationen* und *Prozesse* (Wahrnehmen, Denken, Fühlen, Entscheiden …) aufrechterhalten.

22.7 Wie Prozessmuster des Bewusstseins sich im Laufe der *individuellen Geschichte* entwickeln, strukturieren und verändern, kann nur vom betreffenden Bewusstsein selbst aufgrund seiner Fähigkeit, sich an seine eigenen Zustände in einer vergangenen Gegenwart zu *erinnern*, beobachtet werden.

22.8 Sowohl Organismus als auch soziales System sind *relevante Umwelten* für das Bewusstsein, die dessen Entwicklung beeinflussen, indem sie für *Irritationen* (= Störungen/Anregungen/Perturbationen) sorgen.

22.9 Psychische Systeme verändern ihre Funktionsmuster nach Maßgabe der *Nichtanpassung* an ihre körperlichen und/oder sozialen Umwelten, d. h. aufgrund der *Störung* (Irritation/Perturbation) durch physiologische Prozesse des Organismus und/oder Kommunikationsprozesse, und sie erhalten ihre Prozessmuster, solange sie Störungen durch diese Umwelten kompensieren können.

23 Kopplung Organismus / ökologische Nische

23.1 Der Organismus *beobachtet* seine *physische Umwelt*, d. h. die ökologische Nische, in der es ihm möglich ist, seine Autopoiese aufrechtzuerhalten, indem er auf deren Veränderungen in einer durch seine eigenen Strukturen bestimmten Weise (= *strukturdeterminiert*) reagiert.

23.1.1 Ereignisse/Prozesse in der physischen Umwelt (= ökologische Nische) eines Organismus irritieren ihn, was er als internes, d. h. *physiologisches* Ereignis/Prozess (1. Unterscheiden) registriert, was wiederum andere *physiologische* Ereignisse/Prozesse (2. Unterscheiden) zur Folge hat.

23.1.2 Wenn sich die Abfolge der physiologischen Ereignisse, die mit einer Irritation durch Ereignisse in der ökologischen Nische gekoppelt sind, *wiederholt*, so hat sich (selbstorganisiert) ein physiologisches *Prozessmuster* geformt, das heißt, der Organismus hat *gelernt*.

23.1.3 Der Organismus reagiert auf *spezifische* Typen von Ereignissen/Prozessen in seiner physischen Umwelt mit *spezifischen* physiologischen (= senso-motorischen) Prozessmustern, das heißt, er vollzieht eine *Selektion*, auf welche Art physischer Ereignisse er überhaupt und wie reagiert.

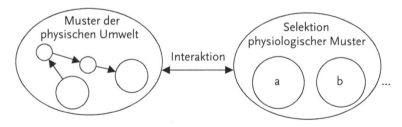

Figur 32

23.1.4 Die anatomischen Strukturen und physiologischen Muster, welche die Beobachtung des Organismus steuern, sind zum Teil bei der Geburt vorgegeben (fest gekoppelt), zum Teil sind sie abhängig von der individuellen Erfahrung erlernt (lose gekoppelt).

23.2 Die Kopplung des Organismus an seine ökologische Nische führt im Laufe seiner individuellen Geschichte zur Entwicklung charakteristischer senso-motorischer Prozessmuster, die seine äußerlich wahrnehmbaren Verhaltensmuster (mit-)bestimmen.

23.3 Es gibt Zustandsveränderungen der physischen Umwelt, die nicht vom Organismus beobachtet werden (können), da er nur selektiv auf Ereignisse in seiner physischen Umwelt reagiert, das heißt, es gibt einen *Indifferenzbereich* (= *unmarkierter* Raum, Zustand oder Inhalt) nicht wahrgenommener oder de facto als nicht relevant bewerteter Veränderungen der ökologischen Nische.

23.4 Es gibt Zustandsveränderungen der physischen Umwelt, auf die der Organismus weder mithilfe angeborener noch erlernter Prozessmuster in einer Weise reagieren kann, die mit seinem Überleben vereinbar wäre (das heißt, sie sind *tödlich* = Ende der Autopoiese).

23.5 Die Menge der anatomischen Strukturen und physiologischen Muster, die sich im Laufe der Geschichte eines Organismus entwickeln, bilden das *Wissen* und die *Erkenntnis* des Organismus über seine eigene *Physis*, seine ökologische Nische (= physische Umwelt) und die *Wechselbeziehungen* zwischen beiden.

23.6 Die ökologische Nische *reagiert* zwar auf den einzelnen in ihr lebenden Organismus bzw. sein Verhalten, aber sie *beobachtet* ihn nicht (im Sinne des Unterscheidens und Bezeichnens und der Entwicklung repetitiver Muster im Umgang mit ihm).

24 Kopplung Organismus / psychisches System

24.1 Der Organismus eines Menschen und sein psychisches System (= Bewusstsein) sind füreinander *relevante Umwelten*, sie sind *fest gekoppelt*, durchlaufen eine gemeinsame Geschichte gegenseitiger Irritationen und entwickeln sich daher gemeinsam (= *Koevolution*).

24.2 Das Bewusstsein / die Psyche kann ohne die Kopplung an den menschlichen Organismus (= relevante Umwelt) nicht entstehen und existieren (= ihre Autopoiese aufrechterhalten).

24.2.1 Jede Operation des Bewusstseins hat ein *körperliches Korrelat* (= Operation des Organismus).

24.2.2 Das Bewusstsein reagiert nur *selektiv* auf körperliche Prozesse (= Prozesse des Organismus).

24.3 Das Bewusstsein / die Psyche *beobachtet* den (= »seinen«) Organismus als eine relevante Umwelt.

24.3.1 Körperliche Ereignisse/Prozesse (= Umwelt der Psyche) irritieren das Bewusstsein, was von ihm als *psychisches Ereignis/Prozess* (1. Unterscheiden) markiert (= *erlebt*) wird und wiederum andere *psychische Ereignisse /Prozesse* (2. Unterscheiden) zur Folge hat (= *Psychodynamik*).

24.3.2 Wenn sich die *Abfolge* der psychischen Ereignisse, die mit einer Irritation durch körperliche Ereignisse gekoppelt sind, *wiederholt*, so hat sich (selbstorganisiert) ein *psychisches Prozessmuster* geformt, das heißt, das psychische System hat *gelernt*.

24.3.3 Körperliche Ereignisse/Prozesse und psychische Ereignisse/Prozesse können sich relativ fest vs. relativ lose koppeln.

24.3.4 Das Bewusstsein reagiert nur auf *spezifische* Typen von Ereignissen/Prozessen des Organismus, das heißt, es vollzieht eine *Selektion*, auf welche Art physiologischer Ereignisse es überhaupt und wie reagiert.

24.3.5 Die *psychischen Prozessmuster*, mit denen das Bewusstsein auf körperliche Ereignisse reagiert, sind im Laufe der individuellen Geschichte erworbenen (d. h. erlernt).

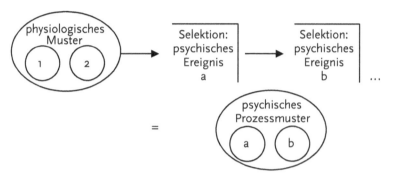

Figur 33

24.3.6 Es gibt körperliche Prozesse und Ereignisse, auf die das Bewusstsein *nicht* mit spezifischen Prozessmustern, sondern *indifferent* reagiert, das heißt, sie machen für das psychische System keinen Unterschied (der einen Unterschied macht), sodass es sie nicht beobachtet (= *Indifferenzbereich*).

24.4 Der menschliche Organismus beobachtet das Bewusstsein / die Psyche als eine *relevante Umwelt*.

24.4.1 Psychische Ereignisse/Prozesse irritieren den Körper, was der Organismus als *physiologisches* Ereignis/Prozess (1. Unterscheiden) markiert und was wiederum andere *physiologische* Ereignisse/Prozesse (2. Unterscheiden) zur Folge hat.

24.4.2 Wenn sich die Abfolge der physiologischen Ereignisse, die mit einer Irritation durch psychische Ereignisse gekoppelt sind, *wiederholt*, so hat sich (selbstorganisiert) ein *physiologisches Prozessmuster* geformt, das heißt, der Organismus hat *gelernt*.

24 Kopplung Organismus / psychisches System

24.4.3   Der Organismus reagiert auf *spezifische* Typen von Ereignissen/ Prozessen des Bewusstseins mit *spezifischen physiologischen Prozessmustern*, das heißt, er vollzieht eine *Selektion*, auf welche Art psychischer Ereignisse er überhaupt und wie reagiert.

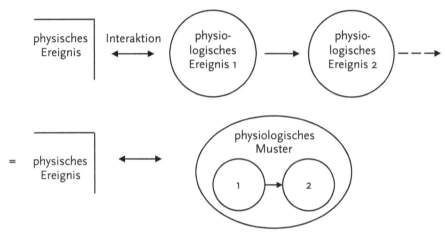

Figur 34

24.4.4   Unter den physiologischen Mustern, mit denen der Organismus auf psychische Ereignisse reagiert, kann zwischen angeborenen (d. h. auf organischer Ebene vorstrukturierten) Mustern und erworbenen (d. h. erlernten) Mustern unterschieden werden.

24.4.5   Die aufgrund psychischer Irritationen ausgelöste Selektion physiologischer Muster hat auch anatomische Folgen, sodass auch der Körper sich im Laufe seiner Geschichte in der Kopplung mit (»seinem«) psychischen System verändert.

24.4.6   Es gibt psychische Ereignisse, auf die der Organismus nicht mit spezifischen Mustern, sondern *indifferent* reagiert, das heißt, sie machen *physiologisch* für ihn keinen relevanten Unterschied (der einen Unterschied macht), sodass er sie als *nicht-bemerkenswert* kategorisiert (= *Indifferenzbereich*) – was aber nicht heißt, dass sie kein physiologisches Korrelat hätten.

24.5   Die Kopplung zwischen Organismus und Bewusstsein *bedarf keines Mediums* (= korrelierte – möglicherweise miteinander identifizierbare – Prozesse mit unterschiedlichen Erscheinungsformen in unterschiedlichen Phänomenbereichen).

25 Kopplung psychisches System / soziales System

25.1 Was Bewusstsein (= psychisches System) und Kommunikationssystem (= soziales System) verbindet, ist, dass beide Systeme *Sinn* prozessieren bzw. sich im *Medium Sinn* formen.

25.1.1 Das Bewusstsein nutzt die im sozialen System, an welches es gekoppelt ist, gebrauchten Modalitäten des *Bezeichnens* (= 2. Unterscheiden) – z. B. sprachliche Zeichensysteme etc. oder auch andere Symbole –, um sein individuell vollzogenes *Unterscheiden* (= 1. Unterscheiden) zu bezeichnen, und gibt damit den im jeweiligen sozialen System gebrauchten Zeichen seine *individuelle Bedeutung*.

25.1.2 Die Koordination des Verhaltens mehrerer Akteure gelingt, wenn die individuellen Zuschreibungen von *Bedeutung/Sinn* (= 1. Unterscheiden) zu den verwendeten *Zeichen* (= 2. Unterscheiden) *hinreichend* ähnlich ist und ihr Gebrauch zueinander *passt* – was sich darin erweist, dass die *Koordination ihres Verhaltens* aus Sicht der beteiligten Akteure gelingt (= *Viabilität*).

25.2 Im Prozess der *Formung* eines individuellen Bewusstseins findet eine *Selektion* von *Sinn/Bedeutung* aus der *Variation* möglicher Sinnzuschreibungen zu aktuellen, vergangenen und/oder möglichen Ereignissen statt, die im sozialen System (= aktuelle Lebenswelt) bereitgestellt wird.

25.2.1 Die *Selektion* des Sinns / der Bedeutung, die den gebrauchten Bezeichnungen zuzuschreiben ist, wird durch die *Fokussierung der Aufmerksamkeit* durch die Kommunikationsteilnehmer bestimmt.

25.2.2 In der Familie (oder dem sozialen System, das deren Funktion für die primäre Sozialisation eines Kindes übernimmt) findet eine *Passung* der *Form* (d. h. des Unterscheidens und Bezeichnens) des *kindlichen Bewusstseins* an die *Form* (d. h. das Unterscheiden und Bezeichnen) der *Kommunikation* (= Spielregeln der Kommunikation) statt.

25.2.3 *Passung des Bewusstseins* an das soziale System heißt: Es gibt viele unterschiedliche mögliche Formen und Prozessmuster des Bewusstseins, die mit den Kommunikationsmustern des sozialen Systems kompatibel (= *viabel*) sind.

25.3 Im Prozess der frühkindlichen Sozialisation passen sich soziales System und psychisches System des Kindes aneinander an.

25.3.1 Das soziale System (z. B. eine Familie) ändert seine Interaktions- und Kommunikationsmuster, um den (vermuteten/zugeschriebenen) körperlichen und psychischen Bedürfnissen des Kindes (= kindlicher Organismus und kindliche Psyche als Umwelten des sozialen Systems) gerecht zu werden.

25.3.2 Das kindliche Bewusstsein passt sich in seiner Struktur den wahrgenommenen Bedürfnissen des eigenen Körpers an und damit zwangsläufig auch den Mustern der Interaktion/Kommunikation, durch die diese Bedürfnisse befriedigt werden.

25.4 Das Bewusstsein eines Menschen und das soziale System, dessen Teilnehmer er ist, sind (im Prinzip) *lose gekoppelt*, da die konkreten sozialen Systeme als Umwelten für ein entwickeltes Bewusstsein (im Prinzip) austauschbar sind.

25.4.1 Zu Beginn des Lebens eines Menschen bedarf das Bewusstsein immer der Teilnahme an einem *beliebigen* Kommunikationssystem (= austauschbar), um sich entwickeln zu können.

25.4.2 Ein entwickeltes Bewusstsein benötigt nicht mehr zwangsläufig die Kopplung an irgendein soziales System, das heißt, es kann (im Prinzip) auch eine isolierte Einsiedlerexistenz führen.

25.4.3 Wie fest oder lose die Kopplung zwischen einem konkreten menschlichen Bewusstsein und einem konkreten sozialen System ist, ist variabel und im Einzelfall unterschiedlich.

25 Kopplung psychisches System / soziales System

25.5 Die Teilnahme eines psychischen Systems an der Kommunikation eines sozialen Systems ist daran gebunden, dass sein Gebrauch von Zeichen (= Bezeichnen und Unterscheiden) hinreichend zum Zeichen-Gebrauch der anderen Teilnehmer *passt*, das heißt, den Beteiligten darf nicht auffallen, wenn/dass sie den Zeichen unterschiedlich Sinn/Bedeutungen zuschreiben.

25.6 Der *sich verhaltende* Organismus ist das *Medium* der *Kopplung* von psychischem und sozialem System.

25.6.1 Der menschliche Organismus wird aus zwei Perspektiven beobachtet: von dem mit ihm gekoppelten *Bewusstsein* und von der *Kommunikation* (d. h. dem *sozialen System* bzw. durch die anderen Teilnehmer am sozialen System, die ihre Beobachtung in die Kommunikation bringen).

25.6.2 Die Teilnahme des Bewusstseins an der Kommunikation ist an körperliche Funktionen gebunden: der Sinnesorgane (diakritische und koinästhetische Wahrnehmung), Muskulatur (Aktion, Sprechen), Gehirn (Verstehen, Denken, Fühlen, Entscheiden) ...

25.6.3 Die geteilte *Fokussierung der Aufmerksamkeit* auf die Variationen äußerlich *beobachtbarer Verhaltensweisen* des individuellen Körpers ermöglicht die Kopplung des individuellen Bewusstseins mit Kommunikationsprozessen.

25.6.4 Die Beobachtung des Organismus kann in unterschiedlichen *Phänomenbereichen* erfolgen.

25.6.4.1 *Phänomenbereich 1*: Beobachtung des Organismus im Bereich der *Interaktion* (= von außen beobachtbares Verhalten und äußerliche körperliche Merkmale als Elemente des Interaktionssystems/Kommunikationssystems).

25.6.4.2 *Phänomenbereich 2*: Beobachtung des Organismus im Bereich bio-chemischer Prozesse (= nur mithilfe wissenschaftlicher Methoden von außen beobachtbare Prozesse innerhalb des Organismus).

25.6.4.3 *Phänomenbereich 3*: Beobachtung des Organismus im Bereich des *Erlebens* (= körperliches Erleben / Entwicklung des Körperschemas und Körpergefühls als Elemente des psychischen Systems).

25.6.5 Da die Variationsbreite der unterscheidbaren *körperlichen* Merkmale und Prozesse beschränkt ist, sind sie als Medium der Kommunikation nur begrenzt brauchbar.

25.6.6 Aufgrund seiner Beobachtbarkeit in unterschiedlichen Phänomenbereichen (Interaktion/Bewusstsein) bildet der sich *verhaltende Organismus* eine Art *Grenze* zwischen psychischem und sozialem System, die die beiden Phänomenbereiche sowohl *trennt* als auch *verbindet* (= Medium).

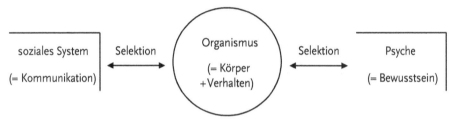

Figur 35

25.7 Einzelne für Selbst- und Fremd-Beobachter *unterscheidbare Verhaltensweisen* (= Operationen/Akte/Aktionen) eines Organismus sind lose gekoppelt und gut zu fester gekoppelten, *zusammengesetzten Einheiten* (= Prozesse, Muster) koppelbar, woraus sich ihre Funktionalität als *Medium* der Kommunikation ergibt.

25.7.1 Der Körper kann in seiner Gesamtheit unterschiedlich gekoppelte Verhaltenssequenzen zeigen, denen als Medium der Kommunikation Bedeutung *zugeschrieben* werden kann.

25.7.2 Mimik, Gestik, Sprechen sind Beispiele dafür, dass einzelne Organe relativ unabhängig vom Verhalten des restlichen Körpers höchst variationsreich Verhaltenssequenzen zusammensetzen können, was die Möglichkeiten ihrer Funktion als Medium der Kommunikation potenziert.

25.8 Psychische Systeme können sich an mehrere unterschiedliche soziale Systeme (= Kontexte) koppeln, wozu sie die Fähigkeit des Unterscheidens der Kontexte (=*Kontextmarkierung*) besitzen und die Anpassung an die jeweils unterschiedlichen Muster des Zeichengebrauchs bewältigen müssen (= *polykontexturale Kompetenz*).

25.9 Direkte Interventionen auf *körperlicher Ebene* können in der Kommunikation als *Medium* genutzt werden, um *sozial* erwünschte *psychische Wirkungen* zu erzielen (z. B. körperliche Bestrafung, sexuelle Verführung, Folter …).

26 Kopplung Organismus / soziales System

26.1 Das *Medium*, welches *Organismus* und *soziales System* miteinander verbindet, ist das *psychische System* (= Bewusstsein).

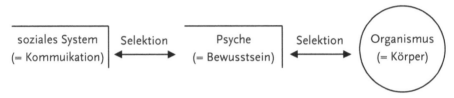

Figur 36

26.2 Die Kopplung von Organismus und sozialem System führt – gewissermaßen als Nebenwirkung – zur *Emergenz des Bewusstseins* als Medium dieser Kopplung.

26.3 Organismus und soziales System sind *lose gekoppelt*, das heißt, der Organismus ist in der Lage, an unterschiedliche soziale Systeme gekoppelt zu überleben.

26.4 Unterschiedliche soziale Systeme, an die der Organismus gekoppelt ist, haben aufgrund ihrer *unterschiedlichen Formen* der Kommunikation auch *unterschiedliche Formungen* des Mediums Bewusstsein (= psychisches System) bei ihren Teilnehmern/Mitgliedern zur Folge.

26.4.1 Wie sich das *Medium Bewusstsein* strukturiert, ist abhängig von den *anatomischen Strukturen* und *physiologischen Prozessmustern* des Organismus, aber nicht durch sie determiniert.

26.4.2 Wie sich das *Medium Bewusstsein* strukturiert, ist abhängig von den *Kommunikationsstrukturen* der im Laufe der individuellen Geschichte gekoppelten sozialen Systeme, aber nicht durch sie determiniert.

26.5 Kommunikation im sozialen System ist immer daran gebunden, dass *psychische Systeme* als *Medien*, die Organismus und soziales System koppeln, fungieren.

26.6 Es gibt Kopplungen zwischen Organismus und sozialem System, die ohne die mediale Vermittlung des Bewusstseins stattfinden: Wenn *Aktionen* des sozialen Systems direkt auf den *Körper* eines Menschen einwirken, ist der Organismus *Objekt* oder *Thema* der Kommunikation (z. B. bei chirurgischen Interventionen, Verkehrsunfällen, Vergewaltigungen ...) und nicht Medium oder Umwelt der Kommunikation.

27 Kopplungsmuster

27.1 Die *Ganzheit* des Menschen kann vom Beobachter *nicht ganzheitlich* erfasst, sondern bestenfalls rekonstruiert werden, da der Organismus, das Bewusstsein und die soziale Existenz des Menschen nur in unterschiedlichen Phänomenbereichen mit unterschiedlichen Methoden zu beobachten sind und darüber hinaus unterschiedlichen Funktionslogiken folgen, die nicht geradlinig-kausal aufeinander reduziert werden können.

27.2 Die *Individualität* eines Menschen ist durch die Unverwechselbarkeit seines sich im Laufe seines Lebens verändernden *Körpers*, seines sich im Laufe seiner Lebensgeschichte entwickelnden *Bewusstseins* sowie der verschiedenen *sozialen Systeme*, an die Organismus und Psyche im Laufe des individuellen Lebens gekoppelt sind/waren, und schließlich durch die *Muster der Kopplung* dieser drei Typen autopoietischer Systeme bestimmt.

27.3 Die drei gekoppelten autopoietischen Systeme (Organismus, Bewusstsein, Kommunikationssystem) weisen allesamt die Charakteristika *lernender* Systeme auf.

27.4 Die interne Struktur der drei Systeme (= Strukturdeterminiertheit) zeigt die selbstorganisierte Tendenz zum Ausgleich / zur Kompensation von Unterschieden, die durch Veränderung der jeweiligen Umwelten ausgelöst werden (= Äquilibration).

27.5 Die gegenseitige Anpassung (= *Adaptation*) dieser drei Typen lernender Systeme erfolgt durch *Assimilation* und *Akkomodation*.

27.5.1 **Assimilation:** Veränderungen in einer der gekoppelten Umwelten machen für das jeweilige autopoietische System *keinen Unterschied* (Beobachtung 1. Ordnung), das heißt, sie werden de facto als bekannt behandelt, d. h. den *bereits etablierten Mustern* angepasst, und interne Veränderung von eigenen Strukturen und/oder Mustern wird nicht nötig, da sie als funktionell *bestätigt* (= confirmiert) werden.

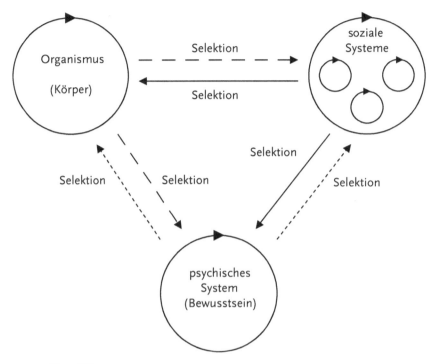

Figur 37

27.5.2 **Akkomodation:** Veränderungen in einer der gekoppelten Umwelten führen dazu, dass das jeweilige System seine eigenen Strukturen und/oder Prozessmuster so verändert, dass sie zu den gekoppelten Umwelten *passen* (= *viabel* sind).

27.5.3 Welches System sich in der Kopplung von Organismus, psychischem und sozialem System in einer *gemeinsamen Geschichte* (= Koevolution) *mehr* als das andere verändert, hängt davon ab, welches über die relativ *fester bzw. loser gekoppelten* Elemente oder Komponenten verfügt.

27.6 **Indifferenzbereich:** Es gibt für jedes der drei genannten, aneinander gekoppelten autopoietischen Systeme einen Bereich von Veränderungen der mit ihm gekoppelten Systeme (= Umwelten), die für es *keinen Unterschied* machen, das heißt, auf deren Veränderungen es *indifferent* reagiert.

27.6.1　*Möglichkeit 1*: Die Indifferenz erstreckt sich für alle Systeme desselben Typs auf denselben Bereich von Umweltveränderungen (menschliches Bewusstsein reagiert *generell* nicht direkt auf einen speziellen Typus von Veränderungen).

27.6.2　*Möglichkeit 2*: Die Indifferenz ist ein Merkmal eines konkreten (= eigenartigen) Systems (z. B. das psychische System von Herrn oder Frau xy reagiert nicht auf die Veränderung z) und sie ist im Laufe der Geschichte erworben worden.

27.7　**Resilienz:** Die Fähigkeit eines autopoietischen Systems (sei es ein Organismus, ein psychisches oder soziales System), angesichts eigener, negativ bewerteter systeminterner Veränderungen und/oder Veränderungen einer Umwelt (= Krisen) interne Ressourcen für die eigene Entwicklung zu nutzen (= Akkomodation/Assimilation), sodass das Überleben bzw. als positiv bewertete Qualitäten der eigenen Existenz erhalten oder wiederhergestellt werden.

28 Kognitive Systeme: Daten, Informationen, Wissen, Lernen, Intelligenz

28.1 **Kognitive Systeme:** Systeme, die durch die *Muster* ihrer *internen Prozesse* in der Lage sind, eine *Lebenswelt* zu definieren, in der sie zum Zwecke des *Selbsterhalts agieren* bzw. *interagieren* können, sollen als *kognitive Systeme* bezeichnet werden.

28.1.1 **Wissen:** Die internen Prozessmuster, die das *Verhalten* eines kognitiven Systems steuern, sind als sein *Wissen* zu betrachten.

28.1.2 Organismen, soziale Systeme und psychische Systeme sind *kognitive Systeme*.

28.2 *Kognition = Er-Rechnen einer Wirklichkeit*, als deren Bestandteil/ Teilnehmer es zu überleben gilt (= Lebenswelt).

28.2.1 *Er-Rechnen* = Operation, bei welcher *Zeichen* (*indication* / 2. Unterscheiden), die auf Unterschiedenes (*distinction* / 1. Unterscheiden) verweisen, *geordnet, transformiert* und/oder *neu geordnet* werden.

28.2.2 *Konfirmation einer er-rechneten Wirklichkeit*: Wenn das Resultat des Er-Rechnens einer Wirklichkeit bei Fortsetzung des Prozesses des Er-Rechnens einer Wirklichkeit *konstant* bleibt (= Eigenstruktur/Eigenwert/Attraktor).

28.2.3 *Stabile Wirklichkeitskonstruktion = Eigen-Wert/Eigen-Struktur* der er-rechneten Wirklichkeit als Resultat rekursiver Operationen/ Funktionen (= *Attraktoren*).

28.3 **Daten:** Das Resultat der Kopplung der Operationen des Unterscheidens und Bezeichnens soll *Datum* genannt werden.

28.3.1 Die Kommunikation von Daten ist an die Möglichkeit des *Codierens* gebunden, das heißt, es muss die Möglichkeit bestehen,

Bezeichnungen (= indication) mit anderen *Bezeichnungen* (= indication) zu korrelieren bzw. in sie zu übersetzen und/oder neu zu ordnen.

28.3.2 Die menschliche Kommunikation (= soziales System) verfügt über drei Medien des Codierens: *Zahlen, Sprache/Texte, Bilder.*

28.3.3 In der Kommunikation *innerhalb* eines Organismus werden Daten (= biochemische Zustände) mit anderen biochemischen Zuständen korreliert (= codiert).

28.3.4 In der Kommunikation *innerhalb* der Psyche werden psychische Zustände mit anderen psychischen Zuständen korreliert (= codiert).

28.3.5 Datenmengen können zu *Mustern zusammengesetzt* werden.

28.3.6 Daten und Muster von Daten »an sich« sind bedeutungslos.

28.4 **Informationen:** Wenn Daten, die von einem Beobachter in einen *sinnstiftenden Kontext* gesetzt werden und dadurch *für ihn* einen *Unterschied machen*, das heißt, wenn er ihnen Bedeutung/Sinn zuschreibt, so sollen sie *Informationen* genannt werden.

28.4.1 Wenn Daten von einem Beobachter zu *Informationen* gemacht werden, findet *aktuell* eine *Selektion* unter den *potenziellen Bedeutungs-/Sinnzuschreibungen* statt, die der verwendete Deutungsrahmen zur Verfügung stellt (= *Möglichkeitsraum*).

28.4.2 Es bestehen keine deterministischen Beziehungen zwischen *Daten/Mustern von Daten* und den aus in ihnen *heraus- / in sie hineingelesenen* Informationen.

28.4.3 Unterschiedliche Beobachter nutzen dieselben Daten zum Gewinn unterschiedlicher Informationen, abhängig von dem von ihnen gebrauchten Deutungsrahmen.

28.4.4 Die Zuschreibung von Bedeutung/Sinn zu Daten/Mustern von Daten (= Kreation von Information) soll *Semantik* genannt werden.

28 Kognitive Systeme

28.4.5 Die Zusammensetzung der Muster von Daten/Informationen soll *Syntax* genannt werden.

28.4.6 Daten, denen keine Bedeutung zugeschrieben wird, sollen *Rauschen* genannt werden.

28.4.7 Aus Rauschen kann Information werden, wenn den bis dahin sinnfreien Daten eine Bedeutung/Sinn zugewiesen wird.

28.5 **Wissen:** Informationen, die in einen *Praxiszusammenhang* (= 2. Kontext) gestellt werden, sollen *Wissen* genannt werden.

28.5.1 Es bedarf der *praktischen* Erfahrung, um Wissen zu generieren.

28.5.2 Wissen ist in seiner Gültigkeit immer auf spezifische Kontexte begrenzt, das heißt, ändern sich die Kontexte, verfällt Wissen und es muss neu gelernt werden.

28.5.3 Wissen verändert die *Möglichkeit* und *Wahrscheinlichkeit* der Selektion unterschiedlicher Verhaltensweisen.

28.6 **Können:** Informationen, die in einen *Produktionszusammenhang* bzw. in einem Zusammenhang *zielorientierten Handelns* (= 2. Kontext) gestellt werden, sei es die Herstellung von Objekten, Dienstleistungen, Ereignissen, Kunstwerken oder körperlichen Leistungen etc., sollen *Können* genannt werden.

28.6.1 Es bedarf der *praktischen* Übung, um *Können* zu generieren.

28.6.2 Können ist immer auf das Erreichen spezifischer Ziele begrenzt, das heißt, ändern sich die Ziele, ist *anderes* Können erfordert und muss gegebenenfalls neu gelernt werden.

28.6.3 Können eröffnet die Möglichkeit der *Kreation* (= Poiesis) unwahrscheinlicher Produkte.

28.7 Die Verhaltenskonsequenzen von Wissen und Können sollen *Pragmatik* genannt werden.

28.7.1 Das Wissen und/oder Können von Organismen, psychischen und sozialen Systemen ist in ihren *Verhaltens-* bzw. *Interaktionsmustern* sowie ihren *internen Prozessmustern* impliziert.

28.7.2 Der Erwerb von Wissen/Können erfolgt in einem historischen Prozess (= Erfahrung, Gewohnheitsbildung, evolutionäre Selektion, Training ...).

28.7.3 Das in den Verhaltensmustern eines Systems implizierte Wissen/Können ist meist nicht bewusst, kann aber – zumindest zum Teil – bewusst (gemacht) werden.

28.8 **Lernen:** *Quantitative* und/oder *qualitative Veränderungen* des Wissens/Könnens eines kognitiven Systems sollen als *Lernen* bezeichnet werden.

28.8.1 Durch den Prozess des Lernens wird *altes Wissen/Können* durch *neues Wissen/Können* modifiziert, ergänzt oder ersetzt.

28.8.2 Lernen beginnt *nie* an einem Nullpunkt, da in lebenden und Leben voraussetzenden Systemen immer schon bestimmte Verhaltensmuster und damit Wissen/Können praktiziert werden.

28.8.3 Dass gelernt wird, ist »an sich« weder positiv noch negativ zu bewerten, das heißt, ob neues Wissen/Können besser oder schlechter zu bewerten ist als altes, entscheidet der *Beobachter* aufgrund seiner *Bewertungskriterien* (meist retrospektiv).

28.8.4 *Wissen/Können macht lernbehindert*, da *funktionierende* Verhaltensmuster (= altes Wissen/Können) die Notwendigkeit des Erprobens neuer Verhaltens-/Prozessmuster (= neues Wissen/Können) überflüssig macht.

28.8.5 Wo über ein bestehendes/praktiziertes Wissen/Können verfügt wird, das mit dem neu zu lernendem Wissen/Können im Konflikt steht, muss *entlernt* werden, um neues Lernen zu ermöglichen, das heißt, altes Wissen/Können muss in seinen Verhaltenskonsequenzen unwirksam gemacht werden (zumindest, wenn es noch als hinreichend funktionell bewertet wird).

28.8.6 **Verlernen vs. Entlernen:** Wenn ein Wissen/Können über längere Zeit nicht genutzt wird (= Unterlassung / keine *Bestätigung* bzw. *confirmation*) und deswegen nicht mehr nutzbar/verfügbar ist, soll dies *Verlernen* genannt werden, wenn hingegen das Praktizieren eines alten Wissens/Könnens *aktiv* blockiert, unterdrückt, abgewehrt, verhindert (o. Ä.) wird, so soll dies *Entlernen* genannt werden (= *Entwertung* bzw. *cancellation*).

28.8.7 Lernen erfolgt im Wechselspiel von *Akkomodation* und *Assimilation* nach *Maßgabe der Nicht-Anpassung* an die relevanten Umwelten des Systems, d. h. nicht ohne »Not« bzw. nur, wenn es notwendig ist.

28.8.8 Lernen besteht *intern* in der *Veränderung von Prozessmustern* und *extern* in der Veränderung von *Verhaltensmustern* kognitiver Systeme.

28.8.9 Lernen ist *riskant*, weil dadurch erprobtes und bewährtes Wissen/Können disqualifiziert wird (= Verlernen/Entlernen/*Entwertung* bzw. *cancellation* des alten Wissens).

28.9 **Intelligenz:** Die Fähigkeit zu unterscheiden, wann *gelernt* und wann besser *nicht-gelernt* oder gar *entlernt* werden muss/sollte, und diese Wahl dann auch in Verhalten umzusetzen …

29 Geburt

29.1 Die Geburt des Menschen stellt einen radikalen *Vorher-nachher-Wechsel* der relevanten *Umwelt* des kindlichen Organismus (= Lebenswelt / alternativer Phänomenbereich) dar, das heißt, der Organismus als unterschiedene Einheit ändert seine *Form*, da sich seine Umwelt (= Außenseite der Unterscheidung) ändert.

29.1.1 *Vorher – Kontext 1*: Der kindliche Organismus entwickelt sich und lebt *innerhalb* eines anderen (des mütterlichen) Organismus und ist in dessen autopoietische (= physiologische) Prozesse eingebunden (= fest gekoppelt).

29.1.2 *Nachher – Kontext 2*: Der kindliche Organismus entwickelt sich und lebt als Teilnehmer an einem sozialen System und ist in dessen autopoietische (= Interaktions-/Kommunikations-)Prozesse eingebunden.

29.2 Die Geburt stellt für den kindlichen Organismus aufgrund des radikalen Wechsels des überlebenssichernden Kontextes (= relevante Umwelt) eine lebensbedrohliche Irritation dar, da das bis dahin selbstverständliche physiologische Gleichgewicht im Stoffwechsel des Kindes verloren geht (= Entkopplung von einer biologischen Umwelt / Kopplung mit einem sozialen System).

29.2.1 Der neugeborene Organismus reagiert mit physiologisch determinierten Verhaltensmustern (strukturdeterminiert) auf die Irritation des Kontextwechsels, indem er anfängt zu atmen, zu schreien, zu saugen, zu greifen etc.

29.2.2 Den Verhaltensweisen des Kindes wird von den Interaktionsteilnehmern *Bedeutung zugewiesen* (z. B. »hat Hunger«, »ist müde«, »hat Bauchschmerzen« etc.), aufgrund deren sie mit einem eigenen Verhalten reagieren.

29.2.3 An die Stelle physiologischer, die aktuellen körperlichen Bedarfe des kindlichen Organismus *selbstverständlich* erfüllender

Regulationsmechanismen treten *Interaktionen* und *Interaktionsmuster* mit anderen Menschen, d. h. die Bildung eines sozialen Systems, dessen Mitglied/Teilnehmer das Kind ist.

29.2.4 Der *kindliche Organismus* beobachtet das soziale System, in das er hineingeboren wurde, und sein physiologischer Zustand *bezeichnet* (2. Unterscheiden) die Interaktionen und Interaktionsmuster mit den Menschen in seinem Umfeld (1. Unterscheiden).

29.3 Mit dem Verlust der *Selbstverständlichkeit* der Erfüllung physischer Bedarfe entstehen erlebbare *Bedürfnisse* und die *Intention*, auf ihre Befriedigung hinzuwirken, d. h. die Wurzeln eines *Bewusstseins*.

29.4 Mit der *Wahrnehmung* des eigenen Verhaltens (z. B. Schreien) und der daran *gekoppelten Reaktion* der interagierenden Mitmenschen beginnt die *soziale Kognition* des Kindes.

29.5 Die Geburt eines Kindes stellt für das soziale System (z. B. Familie), in das es hineingeboren wird und in dem es aufgezogen wird, eine radikale Irritation dar, da gewohnte Spielregeln der Interaktion und Kommunikation *zwangsläufig* verändert werden.

29.5.1 Die Zunahme der *Zahl* der Interaktionsteilnehmer steigert die Komplexität des Beziehungsgefüges und verändert für jeden Beteiligten die *Position* innerhalb des Beziehungsnetzes.

29.5.2 Die Hilflosigkeit des Neugeborenen erfordert, dass andere Menschen für es *lebens- und gesunderhaltende Funktionen* übernehmen, eine Aufgabe, die das Kind und sein Verhalten in den Fokus der Aufmerksamkeit rückt.

29.5.3 Das Kind nimmt durch sein äußerlich wahrnehmbares Verhalten an der Kreation neuer Spielregeln der Familie bzw. des ihn versorgenden sozialen Systems teil.

29.5.4 Die Familie bzw. das soziale System, das ein Neugeborenes versorgt, reagiert auf die Zunahme der Zahl seiner Mitglieder zwar strukturdeterminiert, aber dennoch nicht vorhersehbar, sondern kulturabhängig und von Familie zu Familie unterschiedlich.

30 Unbewusstes

30.1 Die Verhaltenssteuerung eines menschlichen Individuums erfolgt zu einem großen Teil durch *unbewusste Prozesse* und nur zu einem kleinen Teil durch *bewusstes* Entscheiden eines psychischen Systems.

30.2 Die Kausalität unbewusster Verhaltensselektion kann entweder im *Organismus* als relevanter Umwelt oder in *sozialen Systemen* als relevanter Umwelt verortet werden.

30.3 **Organismus:** Es gibt *angeborene* und im Laufe des individuellen Lebens *erlernte* Muster der individuellen Verhaltenssteuerung, deren materielles Korrelat im Organismus verortet werden kann (z. B. bedingte und unbedingte Reflexe, senso-motorische Muster).

30.3.1 In der Struktur des Organismus sind bereits vorgeburtlich Funktionsmuster vorgegeben, durch welche physiologische, das Überleben sichernde, *vegetative Prozesse* gesteuert werden, die entweder vollkommen oder zum großen Teil der Beeinflussung durch das Bewusstsein entzogen sind.

30.3.2 Verhaltens-, Interaktions- und Kommunikationsmuster, die im Laufe des individuellen Lebens erlernt wurden, sind, soweit sie automatisiert wurden, aktuell durch *intrakorporale Prozessmuster* (senso-motorische Muster / Muster der Hirnfunktion) zu erklären (= *Somatisierung*).

30.3.3 Körperlich verankerte, individuell das äußere Verhalten (z. B. Mimik, Gestik, Gewohnheiten ...) steuernde Prozesse laufen *unbewusst* ab, sind aber *der Bewusstwerdung zugänglich*.

30.4 **Soziale Systeme:** Es gibt *allgemeine* und *spezielle Muster* der unbewussten Verhaltenssteuerung des Individuums, die durch

Muster der Spielregeln sozialer Systeme (= *kulturelle* Regeln) erklärt werden können.

30.4.1 Da neugeborene Menschen nur als Mitglied eines sozialen Systems überleben können, müssen sie sich an die Spielregeln der Interaktion und Kommunikation dieses (= irgendeines) konkreten sozialen Systems anpassen, das heißt, sie müssen die Regeln des im System gebrauchten Unterscheidens und Bezeichnens anwenden lernen.

30.4.2 Zu unterscheiden sind die Spielregeln des unmittelbaren, das Überleben sichernden sozialen Systems (z. B. einer Familie) und anderer Typen sozialer Systeme (von der Organisation bis hin zur jeweiligen Kultur der Sprachgemeinschaft).

30.4.3 Wer in ein spezifisches System sozialisiert wird, setzt die Spielregeln des Systems (von der Sprache über Verhaltensregeln und Konventionen bis hin zu Werten/Reiz-Reaktions-Schemata aller Art) als *selbstverständlich* voraus.

30.4.4 Durch Sozialisation im Laufe des Lebens erlernte kulturelle Spielregen werden zu einem großen Teil *unbewusst* befolgt, sind aber *der Bewusstwerdung zugänglich*.

30.5 Das Bewusstsein (= psychisches System) gewinnt eine zentrale Funktion bei der Kopplung von sozialem System und Organismus, indem es die Selektion sozialer Spielregeln vornimmt (unterscheidet zwischen relevant und irrelevant) und dann durch Wiederholung und Automatisierung der Verhaltensmuster für deren *Somatisierung* sorgt.

30.6 Sowohl der *Organismus* als auch das *soziale System* (insbesondere die Kultur einer Sprachgemeinschaft) sind deswegen für die unbewusste Steuerung des individuellen Verhaltens so relevant, weil die *Elemente ihrer Prozessmuster* (organische Funktionsmuster / kulturelle Spielregeln) relativ *fester gekoppelt* (= starrer, weniger flexibel) sind als die Elemente der Muster des Bewusstseins.

30.7 Da dem Bewusstsein sowohl Organismus als auch soziales System nur *begrenzt durchschaubar* sind (= black boxes), sind seine eigenen Prozessmuster stets Ergebnis eines historischen *Selektionsprozesses*, der aus der Kopplung der beiden Systemtypen resultiert.

30.8 Die Selektion psychischer Prozessmuster (= Strukturen) erfolgt nicht zielgerichtet, sondern ist Niederschlag individueller, jeweils aktuell verhaltensbestimmender Präferenzen bzw. deren unmittelbarer (z. B. affektiver) Bewertung.

30.9 **Schlaf:** Im Schlaf kommt es zu einer vorübergehenden Entkopplung des Bewusstseins als Beobachter vom aktuellen sozialen System, an dem es im Wachzustand teilnimmt und auf das es seine Aufmerksamkeit fokussiert.

30.9.1 Durch die Entkopplung des Bewusstseins vom sozialen System gewinnt die Kopplung an den Organismus, d. h. an die *somatisierten, unbewussten Prozessmuster*, relativ an Bedeutung.

30.9.2 Im *Traum* wird *potenziell* ein Zugang zu unbewussten, somatisierten *Prozessmustern* eröffnet, das heißt, ihre Inszenierung kann *erlebt* (= Geschichten) und *implizite* Strukturmerkmale können *beobachtet* und *analysiert* werden (was nicht heißt, dass sie objektiv interpretiert werden könnten).

31 Selbstorganisation des individuellen Weltbilds

31.1 Die allgemein gültigen Operationsprinzipien des Beobachtens strukturieren auch die Organisation des individuellen Weltbilds: unterscheiden, bezeichnen, zu größeren Einheiten *koppeln* (*assoziieren*), in kleinere Untereinheit *ausdifferenzieren* (*dissoziieren*), in Raum und Zeit *positionieren* usw.

31.2 Die Bildung und Erhaltung konkreter psychischer Strukturen bzw. des bewussten Beobachtens erfolgt – analog zur Logik evolutionärer Prozesse im Bereich lebender Systeme – in drei Schritten: *Variation, Selektion, Retention*.

31.2.1 **Variation:** Seine sensorische Ausstattung stellt dem Neugeborenen eine (zunächst: ungeordnete) Menge von *Wahrnehmungen* bzw. *Wahrnehmungsmustern* zur Verfügung, die entweder mit *anatomisch-physiologisch determinierten* motorischen Reaktionen *gekoppelt* sind (= Reflexe) oder aber *aufgrund von Lernprozessen* mit motorischen Aktionen gekoppelt werden können (= Bildung *senso-motorischer Muster* – der Organismus als Beobachter).

31.2.2 **Selektion:** Nach Maßgabe der Nicht-Anpassung (Registrieren eines *Mangels* bzw. einer *Bedarfslage*) selektiert der Organismus, welche *Wahrnehmungen/Wahrnehmungsmuster* mit welchen *Verhaltensmustern* beantwortet werden (= Selektion spezifischer senso-motorischer Muster – der Organismus als lernender Beobachter).

31.2.3 **Retention:** Falls die selektierten senso-motorischen Muster durch die zeitlich gekoppelte Beseitigung des Mangels als »fit« bestätigt werden, werden sie *wiederholt* (= *Repetitive senso-motorischer Muster* – der Organismus als Beobachter, der seine Beobachtungen *bestätigt*/confirmiert).

31.2.4 Die selektierten und retendierten/bestätigten senso-motorischen Muster sind als *kognitive Muster* bzw. als *verkörpertes Wissen* zu betrachten: Sie beschreiben die Lebenswelt des Kindes, d. h. seinen *Organismus* in Interaktion mit seinen *physischen* und *sozialen Umwelten*.

31.3 Mit der Geburt wird der Mensch – ohne sich dessen zunächst bewusst zu sein – zum *Teilnehmer an einem Kommunikationssystem*, da sein Verhalten von anderen Menschen beobachtet und ihm *Bedeutung* zugeschrieben bzw. zwecks Informationsgewinn interpretiert wird.

31.3.1 Das Verhalten des Neugeborenen wird als *Mitteilung* (z. B. als Ausdruck eines Bedürfnisses wie Hunger, Durst etc.) *verstanden* (= Variation) und entsprechend der Spielregeln des jeweiligen sozialen Systems von einem jeweils unterschiedlichen Verhalten anderer Menschen beantwortet (= Selektion).

31.3.2 Es bilden sich Interaktionsmuster (= *Emergenz*), die keinem der Teilnehmer an der Interaktion einseitig kausal zugeschrieben werden können.

31.4 Durch die Einbindung des individuellen Verhaltens in einen interaktiven Kontext vollzieht sich für jeden Menschen die *Schließung* eines *Rückkopplungskreises* zwischen *Sensorium* und *Motorik*, d. h. zwischen individueller Wahrnehmung und individuellem Verhalten bzw. umgekehrt zwischen individuellem Verhalten und individueller Wahrnehmung.

31.4.1 Die Beobachtung des eigenen Verhaltens und des Verhaltens der anderen Interaktionsteilnehmer sowie die jeweils gegenseitige Deutung (= *Erklärung*) der Verhaltensweisen als einerseits *Mitteilung* und andererseits *Verstehen* der Mitteilung ermöglicht die An- und Einpassung (Assimilation und/oder Akkomodation) eines Menschen an das soziale System, dessen Mitglied er ist, d. h. seine *Teilnahme* an der Kommunikation.

31.4.2 Aufgrund der Rückmeldungen/Reaktionen der anderen an der Interaktion beteiligten Menschen findet auf individueller Ebene eine *Selektion* der senso-motorischen Muster statt, die nur zum Teil (nach Maßgabe der Nicht-Anpassung) bewusst werden.

31.5   Die Selektion psychischer Funktionsmuster ist stets abhängig vom *sozialen Kontext*, ohne dass der Kontext determinieren könnte, *welche konkreten* senso-motorischen bzw. allgemein: kognitiven Muster selektiert werden.

32 Präverbale Psychodynamik

32.1 Das *Bewusstsein* des Neugeborenen entwickelt sich nach *Maßgabe der Nichtanpassung* des Organismus an den nachgeburtlichen physischen und sozialen (= interaktionellen/kommunikativen) Kontext, d. h. aufgrund der mangelhaften Befriedigung seines Sauerstoff-, Flüssigkeits- und Nährstoffbedarfs bzw. des Verlusts der physiologischen Homöostase.

32.2 Das *Erleben* eines Mangels, das als *basale Unterscheidung* des psychischen Systems fungiert, durch welche der aktuelle Zustand des Organismus beobachtet (= bewertet) wird, soll *Unlust* genannt werden.

32.2.1 Unlust als eine *bewertende* Sensation, die sich auf den gesamten Körper (in dieser Entwicklungsphase der Wirklichkeitskonstruktion wahrscheinlich die ganze kindliche Welt) als Einheit bezieht und nicht einzelnen Sinnesorganen zugeordnet werden kann, soll – wie später zu nennende andere Sensationen dieser Art – als *Affekt* (= *Gefühl, Emotion*) bezeichnet werden.

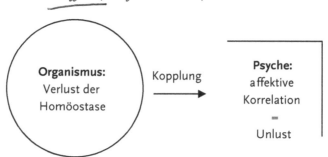

Figur 38

32.2.2 Das *Erleben* von Unlust ist mit einem äußerlich wahrnehmbaren *Verhalten* des Kindes gekoppelt (Schreien, Weinen, Jammern …), das von Beobachtern in für das konkrete soziale System (z. B. eine Familie in einer bestimmten Kultur) spezifischer Weise als Äußerung des individuellen psychischen und/oder körperlichen Befindens *gedeutet* und mit Verhalten *beantwortet* (= Element des Kommunikationssystems) wird.

32.2.3 Die je nach sozialem System unterschiedliche Interaktion mit anderen Menschen (z. B. Mutter-Kind-Interaktion) sorgt für das (je nachdem: schnelle, langsame, schleppende, mangelnde ...) Stillen der körperlichen kindlichen Bedürfnisse (und damit die Beseitigung der Unlust), das heißt, ein soziales System tritt *funktionell* an die Stelle der physiologischen Regulationsmechanismen des mütterlichen Organismus (= Äquifunktionalität).

32.3 Werden die körperlichen Bedürfnisse des Kindes gestillt, so vollzieht der Organismus einen *kontinuierlichen Wandel* von einem Zustand der verlorenen Homöostase zu einem homöostatischen Zustand.

32.3.1 Der *kontinuierliche* Wandel im Verlauf physiologischer Prozesse wird psychisch *diskontinuierlich* bezeichnet, das heißt, die Eigenarten der beobachteten körperlichen Prozesse unterscheiden sich von der *Logik* ihrer Beobachtung durch das Bewusstsein.

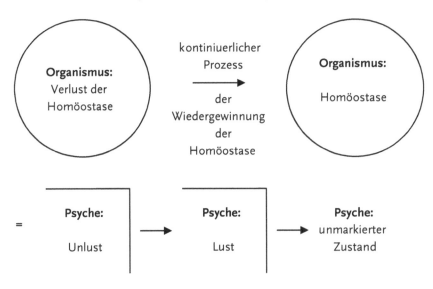

Figur 39

32.3.2   Der Übergang von einem als *unlustvoll* zu einem als *nicht-unlustvoll* bewerteten Zustand, wird vom Kind als *lustvoll* erlebt (= *affektiv bewertet*).

32.4   Soweit seine Hirnfunktionen hinreichend für die Bildung von Gedächtnis gereift sind, kann sich das Kind im Zustand der Unlust an deren Beseitigung bzw. die Lust *erinnern* (d. h. *wiederholt* sie in der Vorstellung) und konstruiert auf diese Weise die Dimension *Zeit*.

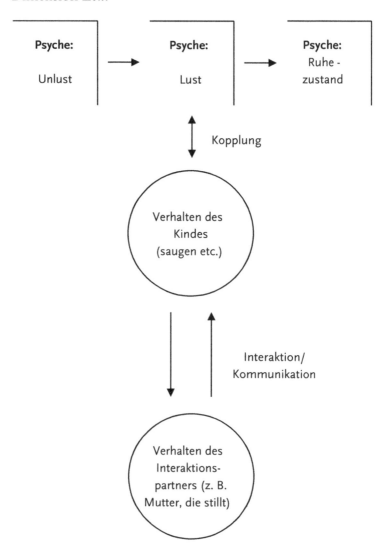

Figur 40

32.4.1 Da das Bewusstsein des Neugeborenen als Beobachter nicht gleichzeitig bei Homöostase und Nicht-Homöostase des Organismus anwesend sein kann, weist es dem als Unlust und Lust bewerteten Erleben einen *zeitförmigen Abstand* zu.

32.4.2 Wenn auch der bis dahin *unmarkierte Zustand* (als erlebter Unterschied des körperlichen Funktionierens, der *weder* die Merkmale von Unlust *noch* von Lust aufweist) markiert wird, entwickelt das kindliche Bewusstsein die *Erwartung* einer zeitlichen Prozessstruktur (= Oszillation), deren *Bestätigung* (= confirmation) stets an die *kompensatorische Funktion* des sozialen Systems für vom Körper selbst nicht zu behebende Mangelzustände gebunden ist.

32.4.3 Der erlebte Affekt *bewertet* die *ganze Welt* des Kindes, da es (noch) keine Innen-außen-Unterscheidung vollzieht, die sich an den Grenzen des Organismus orientiert.

32.5 Mit der Reifung der einzelnen (diakritischen) Sinnesorgane werden intrakorporal entweder *gleichzeitig* (= synchron) oder *ungleichzeitig* (= diachron) unterschiedliche Zustände (Reizung von Nervenzellen / 1. Unterscheiden) generiert (selektive Kopplung an physische und soziale Umwelt) und als wahrgenommene/erlebte Unterschiede bezeichnet/korreliert (= Kopplung mit dem Bewusstsein / 2. Unterscheiden).

32.5.1 Das Bezeichnen der diakritischen Wahrnehmungen führt zur *Differenzierung* des kindlichen Weltbildes (*Beschreiben von Phänomenen*) über das Lust-Unlust-Unterscheiden (*Bewerten von Phänomenen*) hinaus.

32.5.2 Soweit diakritische Wahrnehmungen mit dem Erleben von Lust oder Unlust gekoppelt (= assoziiert) sind, werden sie *affektiv bewertet*.

32.5.3 Die wahrgenommenen Unterschiede (= Daten) werden zeitlich und/oder räumlich geordnet (nacheinander/nebeneinander), das heißt, individuell werden Raum und Zeit organisiert.

32.5.4 Die basalen Organisationsprinzipien von Weltbildern lassen sich als *synchrone* und *diachrone Assoziation* vs. *synchrone* und *diachrone Dissoziation* von Daten charakterisieren (= gleichzeitige oder ungleichzeitige Kopplung zu umfassenderen Einheiten/ Spaltung von umfassenderen Einheiten).

32.6 Die individuelle zeitliche Ordnung der wahrgenommenen Daten ist mit der *Zuschreibung* von *Bedeutung* verbunden (= Interpretation, Kreation von Information).

32.6.1 *Synchrone Assoziationen*: Daten, die *wiederholt* gleichzeitig wahrgenommen werden, werden als *zusammengehörig* interpretiert.

32.6.2 Gleichzeitigkeitsassoziationen, die wiederholt vollzogen werden, bilden die Grundlage der Kreation *zusammengesetzter Einheiten*, z. B. von Gegenständen/Objekten/Lebewesen, die durch unterschiedliche Merkmale charakterisiert werden können.

32.6.3 *Synchrone Dissoziationen*: Keine synchrone Assoziation ohne synchrone Dissoziation (= Außenseite des Unterscheidens), das heißt, die Assoziationen müssen stets in einem aktuellen Kontext erfolgen, in dem auch nicht-assoziierte Wahrnehmungen verfügbar sind.

32.6.4 *Diachrone Assoziationen*: Daten, die wiederholt nacheinander in derselben Reihenfolge wahrgenommen werden, werden als *Wenn-dann-Relation* verknüpft.

32.6.5 Ungleichzeitigkeitsassoziationen, die wiederholt vollzogen werden, bilden die Grundlage der Kreation von *Prozessmustern*, z. B. Geschichten/Narrativen/Storys/Dramaturgien.

32.6.6 *Diachrone Dissoziation*: Keine diachrone Assoziation ohne diachrone Dissoziation (= Außenseite des Unterscheidens), das heißt, die Assoziationen müssen in *unterschiedlichen Kontexten* erfolgen, in denen jeweils auch nicht-assoziierte Wahrnehmungen verfügbar sind.

32.7 Die Überlebenseinheit des Kindes ist nicht sein Organismus, sondern sein Organismus in der *Kopplung* an andere Menschen (oder deren Ersatz, siehe »Wolfskinder«) und deren Funktionsübernahme, d. h. ein *soziales System*.

32.7.1 Durch *Wenn-dann-Relationen* werden Ereignisse bzw. die damit verbundenen Erlebensweisen zunächst als Wirkung eigenen und/oder *fremden* Verhaltens interpretiert, d. h. als Wirkung menschlicher Interaktion/Kommunikation.

32.7.2 Auch die unbelebte Welt wird *analog* der *menschlichen Interaktion* interpretiert, das heißt, wenn die Erfahrung des Widerstands, den Objekte leisten (= Gegenstände) gemacht wird, werden ihnen Merkmale menschlicher Akteure zugeschrieben (= Personalisierung).

32.7.3 Ein kindliches Weltbild, das von der Beziehung des Kindes zu den versorgenden Menschen abstrahieren würde (= Pseudoautonomie), wäre in Bezug auf sein Überleben dysfunktionell.

33 Kommunikation

33.1 Die beobachtbare *Koordination* der *Aktionen* unterschiedlicher *Akteure* (= Beobachter) lässt sich dadurch erklären, dass sie miteinander kommunizieren, das heißt, *Kommunikation ist ein Erklärungsprinzip.*

33.1.1 Kommunikation ist *kein* direkt beobachtbares Phänomen, kein Verhalten oder Handeln eines einzelnen Akteurs.

33.1.2 Wenn davon gesprochen wird, dass Kommunikation stattfindet, so wird vom Beobachter ein *generierender Mechanismus* für das Verhalten mehrerer Menschen oder anderer Akteure konstruiert.

33.2 **Verstehen:** Um sich an einem menschlichen Kommunikationssystem zu *beteiligen,* muss man sein eigenes *Verhalten* und das *Verhalten* anderer Menschen als *Mitteilung* (von irgendwas = Information) *interpretieren,* d. h. als Teilnahme an Kommunikation deuten und ihm einen (vermeintlich) *gemeinten Sinn* zuschreiben.

33.2.1 *Wie* zwei (oder mehr) Teilnehmer an der Kommunikation (= Beobachter) ihr jeweiliges Verhalten *verstehen* (= welchen Sinn sie ihrem und dem fremden Verhalten zuschreiben), ist nicht *determiniert* (= *doppelte Kontingenz*).

33.2.2 Zwischen dem, was *mitgeteilt* wird (= Information X), und dem, was *verstanden* wird (= Information Y), besteht keine geradlinige (= deterministische) Ursache-Wirkung-Beziehung, das heißt, jede Mitteilung könnte immer auch *anders* verstanden werden bzw. jeder Teilnehmer an der Kommunikation liest *unterschiedliche Informationen* aus den beobachtbaren Verhaltensweisen heraus bzw. in sie hinein.

33.2.3 Die Grundlage des gegenseitigen Verstehens und damit der Kommunikation von Menschen ist die *Möglichkeit,* das Erleben eines anderen zu simulieren, d. h. *selbst* analog zum Erleben eines anderen zu erleben und/oder sein Denken nachvollziehen zu können (= Empathie/Perspektivübernahme).

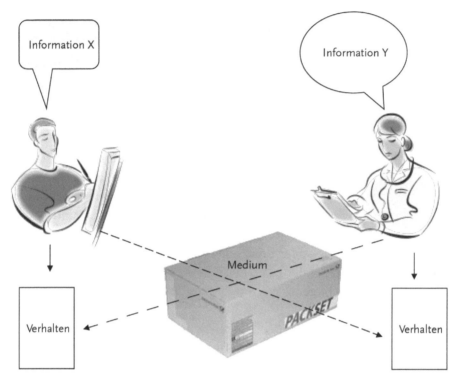

Figur 41

33.2.4 Die Tatsache, dass man sich in einen anderen Menschen *einfühlen* kann oder tatsächlich *einfühlt* bzw. sein Denken nachzuvollziehen meint, beweist nicht, dass er aktuell tatsächlich so fühlt und/oder denkt, wie man selbst.

33.2.5 *Verstehen/Empathie bzw. Verstanden zu werden/Einfühlung zu erfahren* ist immer riskant, da es eine Grenzverletzung darstellt und der Versuch ist, Zugang zu einem *nicht direkt* beobachtbaren Phänomenbereich – der Psyche eines anderen Menschen – zu erlangen.

33.2.6 *Verstehen/Empathie* bzw. *Verstanden zu werden / Einfühlung zu erfahren* ist eine Chance, weil damit die Grenze zu einem *nicht direkt* beobachtbaren Phänomenbereich – einer fremden Psyche – durchbrochen wird und ihre fundamentale Trennung vom Rest der Welt aufgehoben wird.

33.3 Jede Kommunikation kann als aus *vier Elementen* zusammengesetzt betrachtet werden: dem (a) *mitteilenden Verhalten*, dem (b) *mitgeteilten Inhalt* der Mitteilung (= mitgeteilte Information), dem (c) *verstandenen Inhalt* (= verstandene Information) und dem (d) *Verhalten*, das signalisiert, dass verstanden worden ist bzw. so gedeutet wird.

33.4 *Muster* der *Koordination von Verhalten* (= Kommunikationsmuster, Spiele) können unabhängig von konkreten Akteuren die Zeit überdauern (= re-inszeniert werden), wenn die *Teilnehmer* an der Kommunikation (= Spieler) *austauschbar* sind.

33.5 Wenn Beobachter unterscheiden, zerlegen sie den kontinuierlichen Strom der Interaktion in *distinkte Abschnitte*, d. h. in einzelne Verhaltensweisen (= *Interpunktion*).

33.5.1 Unterschiedliche Beobachter können den Strom der Interaktion unterschiedlich interpunktieren, das heißt, es gibt nicht eine einzige, »richtige« Interpunktion.

33.5.2 Unterschiedliche Interpunktionen der Interaktion eröffnen den Raum für unterschiedliche Bedeutungsgebungen zu den jeweils gegeneinander abgegrenzten Verhaltensweisen durch unterschiedliche Beobachter – z. B. die Teilnehmer an der Interaktion.

33.5.3 Aus unterschiedlichen Interpunktionen ergeben sich unterschiedliche – konflikträchtige – Möglichkeiten der Wirklichkeitskonstruktion.

33.5.4 Unterschiedliche Interpunktionen der Interaktion durch die Teilnehmer an der Kommunikation bilden eine Grundlage für gegenseitiges Nicht-Verstehen und die Entstehung von Konflikten.

33.6 *Soziale Kognition*: Das Verstehen anderer Menschen entwickelt sich im Laufe der Entwicklungsgeschichte eines Individuums stufenweise als Übernahme *unterschiedlicher* Innen- und Außen-Perspektiven der Beobachtung.

33.6.1 *Egozentrische Perspektive*: Das eigene Erleben ist Dreh- und Angelpunkt der Beobachtung der Beobachtung, das heißt, alles, was um den Beobachter herum geschieht, bezieht der Beobachter auf sich, d. h. erklärt und bewertet es emotional entsprechend.

33.6.2 Übernahme der *Perspektive des Interaktionspartners*: Der Beobachter ist in der Lage, *sich* in die Position des anderen zu versetzen und dessen *Erleben* mit- oder nachzufühlen bzw. vorwegzunehmen.

33.6.3 *Außenperspektive auf die Interaktion bzw. die Beziehung der Teilnehmer an der Kommunikation*: Der Beobachter ist in der Lage, aus einer hypothetischen Außenperspektive auf sich selbst und seinen Interaktionspartner zu schauen und eine Hypothese zu entwickeln, wie beide Teilnehmer der Kommunikation sich in ihrem Verhalten und Erleben *gegenseitig* beeinflussen.

33.6.4 Es ist nicht zwangsläufig, dass ein Individuum im Laufe seiner Sozialisation diese Entwicklungsstufen durchläuft, das heißt, er kann als Beobachter auf jeder dieser Stufen bzw. ihrer Perspektive verharren.

34 Sprechen und Sprache

34.1 Der Produktion von *Lauten* kann wie jedem anderen beobachtbaren Verhalten Bedeutung zugeschrieben werden.

34.2 Laute haben gegenüber allen anderen Arten von Verhaltensweisen die Eigenschaft, sich ohne großen energetischen Aufwand und große körperliche Veränderungen nahezu unbegrenzt *variieren* und zu *größeren Einheiten zusammensetzen* zu lassen, sodass ihre Produktion sich in idealer Weise als *Medium der Kommunikation* eignet (= lose gekoppelte Elemente).

34.3 *Sprechen* ist die Bildung lautlicher *Formen*: Worte, Sätze, Geschichten, Diskurse …

34.4 Die *Bedeutung* (= Sinn) lautlicher Formen ergibt/erschließt sich aus ihrem *Gebrauch*.

34.5 Durch die Nutzung lautlicher Formen in der Kommunikation entwickeln sich *Spielregeln* ihres Gebrauchs (= grammatische Regeln).

34.5.1 Eine Sprache ist definiert (= unterscheidet sich von anderen) durch ihre *Spielregeln*.

34.5.2 Spielregel heißt: Es werden *spezifische Muster* der Interaktion (beim Sprechen: Muster des Gebrauchs von Lauten und der Reaktion anderer auf diese Laute) *wiederholt* in Szene gesetzt.

34.5.3 Die *Selektion* sprachlicher Spielregeln folgt dem evolutionären Dreischritt von *Variation, Selektion, Retention*.

34.5.4 Die Spielregeln des Sprechens erhalten sich *autonom*, d. h. unabhängig von den konkreten Teilnehmern an der Kommunikation, solange bzw. dadurch, dass sie befolgt werden.

34.5.5   Sprachen können als autopoietische Systeme betrachtet werden, da sie in der Lage sind, sich selbst zu reproduzieren, indem sie sich ihre (austauschbaren) Sprecher suchen.

34.6   Sprechen als Formung von Lauten kann in andere Zeichensysteme übersetzt werden (z. B. in Schrift, Morsezeichen, Codierungen unterschiedlicher Art), was seine Funktion als Medium der Kommunikation über den Bereich der Face-to-face-Kommunikation hinaus auf *Fernkommunikation* (= Raum und Zeit überbrückend) erweitert.

35 Spracherwerb

35.1 Das Kind wird mit seiner Geburt Teilnehmer an einem sozialen System und mit dessen *Spielregeln* der Interaktion, zu denen auch das Sprechen gehört, konfrontiert.

35.2 Das Kind assoziiert charakteristische Lautformen mit spezifischen sozialen *Kontexten*, d. h. mit Interaktionsformen/Szenen (= *Sprachspielen*).

35.2.1 Die mit den Lautformen assoziierten Szenen (= Formen der Koordination von Akteuren bzw. ihren Aktionen) sind für das Kind an charakteristische körperliche Zustände bzw. deren Veränderung gekoppelt.

35.2.2 Durch die verschiedenen körperlichen *Kopplungen* (= Assoziationen) mit Interaktionsmustern werden die Interaktionsmuster vom Kind *affektiv* bewertet.

35.3 Das Kind lernt die im jeweiligen sozialen System allgemein praktizierten Spielregeln des Verhaltens durch *Nachahmung* (= Mimesis).

35.3.1 *Mimesis* ist ein kreativer Prozess, bei dem vom Beobachter (= dem Kind) das beobachtete Verhaltensschema anderer eigenständig (nach-)*erfunden* wird.

35.3.2 Die Regeln der Mimik und Gestik sowie andere äußerlich wahrnehmbare Besonderheiten des Verhaltens, die für die spezifische Körpersprache in einem sozialen System charakteristisch sind, werden *mimetisch* erworben.

35.3.3 Die Regeln des Sprechens (der Sprache) werden durch *Nachahmung* erworben, d. h. sowohl sprachliche Äußerungen als auch die Merkmale des Sprechverhaltens wie Intonation, Rhythmus, Schnelligkeit, Färbung der Laute, Mundart etc.

35.4   Das Sprechen des Kindes beginnt mit der Artikulation eines Wortes (= *Einwortphase*), das aber vom Kind anders gebraucht wird als von den Akteuren in seiner Umgebung.

35.4.1   In der Einwortphase assoziiert das Kind ein einzelnes Wort mit einem charakteristischen *Kontext,* einer spezifischen *Interaktionsszene* (= Bedeutungsgebung), das heißt, es verwendet das Wort *nicht* als Bezeichnung für ein Objekt oder als Namen einer Person.

35.4.2   Die Wahl dieses Wortes erfolgt als *Selektion* aus der *Variation* der vielen Worte, die das Kind in von ihm als *nicht-unterscheidbar* beobachteten (= miteinander identifizierten) Szenen *wiederholt* hört (= gemeinsamer *Nenner*).

35.4.3   Welches Wort in der Einwortphase gesprochen wird, hängt von der *Häufigkeit des Gebrauchs* durch die Interaktionsteilnehmer und der *Artikulationsfähigkeit* (= Möglichkeit der Nachahmung) des Kindes ab.

35.5   In der Einwortphase verwendet das Kind (s)ein Wort mit einer gemessen am Sprachgebrauch des umgebenden sozialen Systems überdehnten (= überinklusiven) Bedeutung, die sich auf unterschiedliche Dimensionen bezieht: a) die *eigene Befindlichkeit* wird ausgedrückt; b) eine *Interaktionsszene* mit *Akteuren* in spezifischen *Beziehungen* zueinander wird beschrieben; c) eine *Handlungsaufforderung* wird an andere Interaktionsteilnehmer gesandt.

35.5.1   Wenn das Kind z. B. Mama (Nana, Dada, Papa ...) lallt, schreit oder klagend jammert, so darf dies nicht als Benennung einer anwesenden Person (z. B. der Mutter) verstanden werden, sondern muss als Ausdruck der Befindlichkeit des Kindes (z. B. »Ich habe Hunger«), als Handlungsaufforderung an die andere Person (z. B. »Gib mir was zu trinken und zu essen«) und als Beziehungsangebot an diese andere Person (z. B. »Ich bin abhängig von dir, übernimm eine Funktion für mich, die ich nicht selbst erfüllen kann!«) interpretiert werden.

35.5.2 Durch die Weise, wie die Interaktionspartner des Kindes mit ihrem *Verhalten* auf seine Worte antworten, erlebt das Kind, welche *Bedeutung* den von ihm produzierten Lauten gegeben wird bzw. welchen *Sinn* sie für es selbst gewinnen.

35.5.3 Wenn die Verhaltensweisen des Kindes – z. B. seine Worte – von den Interaktionsteilnehmern in einer spezifischen Weise verbal kommentiert werden, erfährt das Kind, wie man in dem sozialen System bzw. der Sprachgemeinschaft das *nennt*, was es *tut* oder *erlebt*.

35.5.4 Die zunächst passiv erlebte Bedeutungsgebung kann vom Kind aktiv und zielgerichtet bei der Wahl seiner Worte und seiner sonstigen Verhaltensweisen gebraucht werden.

35.5.5 Erfolgt die erwartete oder erhoffte Reaktion, so wird der hypothetische Sprachgebrauch bzw. das angebotene Verhalten des Kindes in seiner Bedeutungsgebung *bestätigt* (= confirmation) – wenn nicht, dann wird das vollzogene Bezeichnen *entwertet* (= cancellation).

35.6 Mit der Steigerung der Menge der gebrauchten Worte, schränkt sich deren *Bedeutungsfeld* bzw. *-umfang* ein.

35.6.1 Durch die Variation der Kontexte, in denen ein Wort gebraucht wird, engt sich sein *Bedeutungsfeld* auf die konstant mit seiner Lautfolge assoziierten Wahrnehmungen ein, sodass im Extremfall ein einzelnes Wort irgendwann seinen *konnotativen* Hof verlieren und *denotativ* ein einzelnes Objekt oder eine konkrete Person benennen kann.

35.6.2 Die Bedeutungswandlung der Worte im Laufe des Spracherwerbs und der Ausdifferenzierung des Wortschatzes erfolgt von der Überdehnung (= Überinklusivität) zur Einengung des Bedeutungsfelds, vom Abstrakteren zum Konkreteren.

35.7 Auch die Bildung größerer, zusammengesetzter Einheiten von Lautformen (Sätze, Erzählungen usw.), die nötig ist, um das gesamte Bedeutungsfeld, das in früheren Stufen des Spracherwerbs durch einzelne Worte oder Laute ausgedrückt werden konnte, zu umfassen, wird mimetisch erlernt (= Syntax).

35.7.1 Der Lernprozess der Syntax einer Sprache erfolgt wie der Wortgebrauch (= Semantik) durch Nachahmung und *Analogieschluss*.

35.7.2 Die Reaktionen der Interaktionspartner (= *Fokussierung der Aufmerksamkeit*) auf den Sprachgebrauch des Kindes steuern die Selektion der von ihm gebrauchten syntaktischen Formen (Bestätigung vs. Korrektur).

35.8 Die in der Einwortphase implizierten Aspekte der Beschreibung des sozialen Kontextes, des Ausdrucks der eigenen Befindlichkeit des Sprechers, der Handlungsaufforderung an den Gesprächspartner, das Angebot einer spezifischen Beziehungsdefinition sowie eventuelle Sachthemen können nun (im Prinzip) *getrennt* und *differenziert* formuliert werden.

35.8.1 Der Gebrauch auch in ihrem Bedeutungsfeld eingeschränkter Worte ist immer noch mit einem *konnotativen* Hof umgeben, der von Sprecher zu Sprecher unterschiedlich umfassend ist.

35.8.2 Je abstrakter die Bedeutung eines Wortes, um größer und offener der Raum für konnotative Assoziationen, d. h. umso geringer die Festlegung, was konkret bezeichnet wird.

35.9 Der im Vergleich zum Sprachgebrauch der umgebenden Sprachgemeinschaft (= soziales System) passende Bedeutungsumfang der gebrauchten Worte, Sätze und anderen Zeichen (= indication) wird im Laufe der Sozialisation / des Spracherwerbs durch die *Fokussierung der Aufmerksamkeit* in der Kommunikation *erlernt* (= selektiert).

35.9.1 Durch die Fokussierung der Aufmerksamkeit wird individuell wie in der Kommunikation ein Bedeutungsbereich eingegrenzt (= *Innen-außen-Unterscheidung*), der bezeichnet wird.

35.9.2   Die in der Kommunikation vollzogene Fokussierung der Aufmerksamkeit definiert, welche *Prädikate* (= Merkmale der 1. Unterscheidung, distinction) einer Bezeichnung (= indication, 2. Unterscheidung) sozial zugeschrieben werden müssen/ dürfen, um in einem gegebenen sozialen Kontext *verstanden* zu werden.

35.9.3   In der Kommunikation wird durch die Fokussierung der Aufmerksamkeit die Angemessenheit des Zeichengebrauchs, d. h. des Umfangs der Bedeutungsgebung, und damit auch ein Bereich abweichenden Gebrauchs von Bezeichnungen (Über- oder *Unterinklusion von Bedeutungen* = *Überdehnung oder Verengung*) definiert.

35.9.4   Durch die Fokussierung der Aufmerksamkeit wird eine Menge *gekoppelter Prädikate* selektiert, wobei ein Teil dem sozial validierten Sprachgebrauch entspricht (= Denotation), ein anderer von individuellen und/oder kollektiven Assoziationen gebildet wird (= Konnotation).

35.9.5   *Über-* oder *Unterinklusion* von *Prädikaten* (Bedeutungszuschreibungen, Merkmalen der Unterscheidung) im Gebrauch von Bezeichnungen (Worten, Sätzen, anderen Zeichen und Symbolen …) führt in sozialen Systemen zum Nicht-Verstandenwerden (= Exkommunikation) einer Person, wenn bzw. solange sie diesen idiosynkratischen Gebrauch praktiziert.

36 Spiele und Spielregeln

36.1 Soziale Systeme = *Spiele*.

36.1.1 *Spiele* sind durch *Spielregeln* definiert, die zum einen das *Spielfeld* beschreiben und zum anderen *Gebote* und *Verbote* festlegen, die den Freiraum des Verhaltens der Spieler begrenzen.

36.1.2 Das Verhalten eines Individuums ist im Prinzip *kontingent*, das heißt, es könnte sich immer anders verhalten, aber auf diesen *Freiraum* muss es verzichten und sich an die gegebenen *Spielregeln* des sozialen Systems halten, um sich in dieses soziale System zu *integrieren* (Integration = Einschränkung / Aufgabe von Freiheitsgraden).

36.1.3 Durch die Kreation *unterschiedlicher Spielfelder* und/oder *Spiele* wird der Verhaltensfreiraum des Individuums erweitert, aber auch die Anforderung an seine Anpassungsfähigkeit erhöht, da es zwischen unterschiedlichen Spielfeldern unterscheiden muss, in denen unterschiedliche Wirklichkeitskonstruktionen sowie Gebote und Verbote gelten können.

36.2 **Deskriptive (= beschreibende) Regeln:** Definieren das *Spielfeld* (= *Kontext*), in dem die jeweiligen Spielregeln gelten.

36.2.1 Deskriptive Regeln beschreiben *Wirklichkeiten*, die von den potenziellen (Mit-)Spielern als *gegeben* akzeptiert werden.

36.2.2 Durch deskriptive Regeln gegebene *Beschreibungen* können sich auf naturgesetzliche oder auf soziale Wirklichkeiten beziehen.

36.2.3 Deskriptive Regeln (= Beschreibungen), die sich auf soziale Systeme beziehen, können durch die jeweiligen sozialen Systeme (= kommunikativ) geändert werden.

36.3 **Präskriptive Regeln (= Gebote):** Legen fest, welche Verhaltensweise Spieler zu *zeigen* haben, wenn sie mitspielen / als Mitspieler akzeptiert werden wollen.

36.3.1 Gebote definieren, welches Verhalten *auf jeden Fall* von einem Spieler zu erwarten ist, das heißt, er kann *erwarten*, dass dieses Verhalten von ihm *erwartet* wird.

36.3.2 Präskriptive Regeln sind nur manchmal explizit und den Spielern bewusst, sie sind aber im Prinzip *dem Bewusstsein zugänglich*.

36.3.3 Gebote legen lediglich das *minimal erwartete* Verhalten fest, begrenzen aber nicht den Raum, kreativ neue Verhaltensweisen zu erfinden und zu zeigen.

36.3.4 Die Nichtbefolgung von Geboten wird innerhalb des Spiels *sanktioniert*.

36.4 **Proskriptive Regeln (= Verbote):** Legen fest, welche Verhaltensweisen Spieler zu *unterlassen* haben, wenn sie mitspielen wollen.

36.4.1 Verbote definieren, welches Verhalten *auf jeden Fall* von einem Spieler unterlassen werden muss, das heißt, er kann *erwarten*, dass von ihm *erwartet* wird, dieses Verhalten *nicht* zu zeigen.

36.4.2 Proskriptive Regeln sind nur manchmal explizit und den Spielern bewusst, sie sind aber im Prinzip *dem Bewusstsein zugänglich*.

36.4.3 Verbote erlauben, kreativ neue Verhaltensweisen zu erfinden und zu zeigen, soweit sie nicht gegen die Verbote verstoßen.

36.4.4 Die Missachtung von Verboten wird innerhalb des Spiels *sanktioniert*, im Extremfall durch *Ausgrenzung*.

36.5 Welche *Spiele* gespielt werden, ist in der Kommunikation an *Kontextmarkierungen* erkennbar.

36.5.1 In *unterschiedlichen Spielfeldern* können *dieselben Spiele* gespielt werden.

36.5.2 In *demselben Spielfeld* können *unterschiedliche Spiele* gespielt werden.

36.6 Um sich den präskriptiven und deskriptiven Regeln eines Spiels entsprechend zu verhalten, braucht ein Spieler kein dieses spezielle Verhalten begründendes Motiv, er braucht lediglich ein *Motiv zum Spielen des Spiels*.

36.6.1 Spiele erhalten sich über die Zeit, weil sich Spieler finden, die ein *erwartetes*, die Regeln befolgendes Verhalten zeigen, d. h. sich an die Spielregeln halten.

36.6.2 *Spielregeln* entstehen und erhalten sich, weil Spieler erwarten, dass von ihnen ein bestimmtes Verhalten erwartet wird (= *Erwartungserwartungen*).

37 Face-to-Face-Kommunikation

37.1 In der Kommunikation unter Anwesenden (Interaktion) wird das gegenseitige Zuschreiben von Bedeutung/Sinn zu den gegenseitig beobachteten Verhaltensweisen (wechselseitige Wahrnehmung des Körpers) nicht allein von den jeweils gesprochenen Worten und deren Inhalt bestimmt, sondern von deren *Kontextualisierung*.

37.2 **Deutungsrahmen/Kontextualisierungen:** Der verbal mitgeteilte *Inhalt* wird vom Hörer/Sprecher in unterschiedliche Deutungsrahmen/Kontexte gesetzt, die sich gegenseitig kommentieren.

37.2.1 **Formulierung:** Der Inhalt erfährt eine sprachliche Codierung, das heißt, es werden Worte gewählt und Sätze formuliert, die den vermeintlich selben mitgeteilten Inhalt in seiner Bedeutung verändern können.

37.2.2 **Sprechakt:** Wie gesprochen wird, d. h. Mimik, Gestik, Tonfall, Lautstärke usw., kommentiert den gesamten Inhalt und kann ihn bestätigen oder entwerten.

37.2.3 **Interaktionsepisode:** Kommunikation erfolgt in der Zeit, das heißt, vor einem Sprechakt gab es Ereignisse in der Interaktion der Kommunikationsteilnehmer, die ihn bzw. seine Bedeutung in einen Rahmen setzen, und nach ihm geht die Interaktion weiter und färbt nachträglich die Bedeutung des Gesagten.

37.2.4 **Beziehung:** Dieselben Sätze mit phänomenologisch denselben nonverbalen Kommentierungen in einer scheinbar identischen Interaktionssequenz verändern radikal ihre Bedeutung in Abhängigkeit von der Art der Beziehung, die zwischen den Kommunikationsteilnehmern besteht (z. B. Eltern – Kind vs. Geschwister, Chef – Mitarbeiter vs. Kollegen …).

37.2.5 **Spiel/Geschichte:** Beziehungen zwischen Kommunikationsteilnehmern schweben nicht im leeren sozialen Raum, sondern sind Elemente von *Spielen* und damit deren *Spielregeln* unterworfen (z. B. familiären oder organisationalen), sodass das Verhalten jedes Akteurs im Rahmen von Befolgung/Verstoß von/gegen irgendwelche Spielregeln gedeutet werden kann. Die Regeln solcher Spiele werden meist durch das Erzählen von Geschichten tradiert.

37.2.6 **Kulturelles Muster:** In unterschiedlichen Kulturen werden unterschiedliche Geschichten erzählt und unterschiedliche Spiele gespielt, Sprechakte sind verschieden, da Mimik und Gestik anders genutzt werden usw., sodass der *kulturelle Kontext,* in dem eine Face-to-face-Kommunikation stattfindet, stets die Bedeutungsgebung individuellen Verhaltens (mit-)steuert.

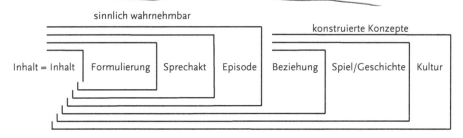

Figur 42

37.3 Es gibt Deutungsrahmen/Kontextualisierungen, die sich auf direkt wahrnehmbare Phänomene/Verhaltensweisen beziehen (= Formulierung, Sprechakt, Episode) und Deutungsrahmen, die sich auf Ideen bzw. Konstrukte beziehen (= Beziehung, Spiel, Geschichte, Kultur) bzw. aus ihnen ableiten.

37.4 Es gibt in der Interpretation des gesprochenen Wortes keine Hierarchie unter den Deutungsrahmen/Kontextualisierungen.

37.5 Je mehr *gemeinsame Geschichte* die Teilnehmer an der Kommunikation durchlaufen haben, umso größer ist die Wahrscheinlichkeit, dass sie bei der Deutung von Verhalten auf ähnliche Deutungsrahmen zurückgreifen bzw. voraussetzen können, dass ihr Kommunikationspartner ähnliche Zuschreibungen von Bedeutungen vornimmt (z. B. schicht- und subkulturabhängig oder in wissenschaftlichen/professionellen Fachsprachen).

38 Beschreiben, Erklären, Bewerten

38.1 **Wahrnehmen/Beschreiben:** Konstruktion von *Phänomenen* durch ein psychisches System und/oder die Kommunikation (= Beobachter).

38.1.1 *Phänomen*: Ein *räumlich* und *zeitlich* geordnetes Muster sinnlich (oder mithilfe von Beobachtungsinstrumenten) *wahrgenommener* (= unterschiedener und bezeichneter) *Daten*, unabhängig davon, ob dieses Muster selbstorganisiert entstanden oder durch den Beobachter konstruiert ist.

38.1.2 Phänomene werden im individuellen Weltbild und in der Kommunikation *beschrieben* (*codiert* in Form von Zahlen, Sprache/ Texten, Bildern), wobei die Kommunikation auf die *sinnliche Wahrnehmung* ihrer Teilnehmer (= Organismus als relevante Umwelt) angewiesen ist.

38.1.3 Das Wahrnehmen/Beschreiben von *Phänomenen* erfolgt immer *selektiv*, d. h. aus den verfügbaren *Daten* könnten stets auch andere Informationen gebildet, Bedeutungsgebungen vollzogen und Muster konstruiert werden.

38.1.4 *Limitierung 1*: Die Variationsbreite der *Wahrnehmung* von Phänomenen ist für menschliche Beobachter durch die Modalitäten der menschlichen *Sinnesorgane* begrenzt.

38.1.5 *Limitierung 2*: Die Variationsbreite der *Beschreibung* von Phänomenen, über die kommuniziert werden kann, ist durch die Möglichkeit, Daten zu *codieren*, begrenzt (Sprache/Texte, Bilder, Zahlen).

38.1.6 Wenn unterschiedene und bezeichnete Ereignisse/Prozesse/ Objekte etc. in einem Raum oder in einer Zeit verortet werden, die aktuell *nicht*, *nicht mehr* oder *noch nicht* beobachtet werden können, so sollen sie *Fiktionen* genannt werden.

38 Beschreiben, Erklären, Bewerten

38.2 **Erklären (= Hypothesenbildung/Abduktion/Retroduktion):** Konstruktion *generierender Mechanismen* für wahrgenommene/ beschriebene Phänomene, welche diese Phänomene hervorbringen würden, wenn sie *tatsächlich* realisiert wären/würden.

38.2.1 Erklärungen können sich auf die *Vergangenheit* beziehen, das heißt, die generierenden Mechanismen *aktuell* zu beobachtender Phänomene werden in der Vergangenheit zeitlich verortet und (re-)konstruiert (= *gegenwärtige Vergangenheit*).

38.2.2 Erklärungen können sich auf die *Gegenwart* beziehen, das heißt, die generierenden Mechanismen *aktuell* zu beobachtender Phänomene werden in der Gegenwart zeitlich verortet und können aktuell beobachtet werden.

38.2.3 Erklärungen können sich auf die *Zukunft* beziehen, das heißt, die hypothetischen generierenden Mechanismen (noch) *nicht realisierter, nicht aktuell* zu beobachtender Phänomene werden in der Zukunft zeitlich verortet und konstruiert (= *gegenwärtige Zukunft*).

38.2.4 Aus Erklärungen lassen sich Handlungsanweisungen ableiten.

38.2.5 Lernen beruht zu einem großen Teil darauf, dass *Hypothesen*, d. h. konstruierte generierende Mechanismen früher beobachteter Phänomene *verallgemeinert* werden zu *deskriptiven, präskriptiven* und/oder *proskriptiven Regeln*.

38.3 **Bewerten:** Zuweisung oder Absprechen *qualitativer Merkmale* zu Phänomenen bzw. Fiktionen und/oder ihr *quantitativer* Vergleich (*mehr* vs. *weniger*) in Bezug auf ein Merkmal (= Maßstab, Kriterium), das zugeschrieben wird.

38.3.1 Bewerten kann bewusst oder unbewusste erfolgen.

38.3.2 Bewerten erfolgt in unterschiedlichen Dimensionen, die sich gegenseitig *ergänzen* und *beeinflussen*: Auf der einen Seite stehen *affektive* Kriterien, auf der anderen Seite *logisch-diskursive* Kriterien.

38.3.3   Ohne Bewerten, kein *Entscheiden*.

38.3.4   Unterschiedliches Bewerten ist Grundlage des Entscheidens (= Selektion) zwischen unterschiedlichen *Verhaltensoptionen*.

38.3.5   Ohne Bewerten kein Unterscheiden, kein Bezeichnen, kein Beobachten, kein Beobachter …

38.4   **Heterarchie von Beschreiben, Erklären und Bewerten:** Keiner der drei Aspekte menschlicher Wirklichkeitskonstruktion ist dem anderen per se hierarchisch übergeordnet.

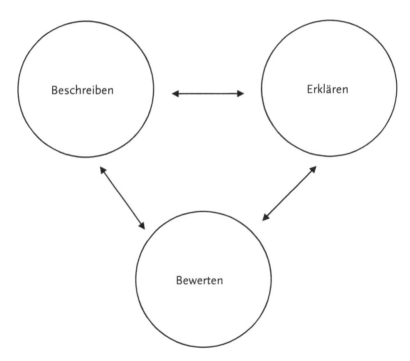

Figur 43

38.4.1   Wie bewertet wird, bestimmt die *Selektion* der Wahrnehmungen/Beschreibungen und ihrer Erklärung.

38.4.2   Wie wahrgenommen/beschrieben wird, bestimmt die *Selektion* der Bewertungen und Erklärungen.

38.4.3 Wie erklärt wird, bestimmt die *Selektion* der Wahrnehmungen/ Beschreibungen und Bewertungen.

38.4.4 Veränderungen in *einem* der drei Aspekte der Kreation eines Weltbilds (= Wirklichkeitskonstruktion) führen zu Veränderungen in den anderen beiden Aspekten.

38.4.5 Es besteht eine *heterarchische* Beziehung (= verwickelte Hierarchie/strange loop) zwischen Beschreiben, Erklären und Bewerten, das heißt, jeder der drei Aspekte kann sowohl logisch als auch zeitlich als Grundlage der Kreation der aktuellen Weltsicht verwendet werden.

38.5 In der Bildung einer individuellen Weltsicht sind alle drei Aspekte gemischt, sodass im Sprachgebrauch der Bedeutungshof von Worten meist mehr als nur einen der drei Aspekte (und manchmal auch alle drei) umfasst.

39 Medien des Wahrnehmens und Beschreibens

39.1 Jedes Wahrnehmen besteht primär aus einem *körperlichen Ereignis* oder *Prozess*: einer körperlichen Veränderung als *strukturdeterminiertem Reagieren* auf eine Veränderung einer Umwelt bzw. die durch sie initiierte Verstörung (= *Perturbation/Irritation*).

39.1.1 Für bestimmte Klassen von Perturbationen hat der Organismus spezialisierte Sensoren entwickelt (= *Sinnesorgane*), deren Funktion *sinnliches Wahrnehmen* genannt werden soll.

39.1.2 Sensorische Aktivitäten sind stets (mehr oder weniger fest) mit motorischen Aktivitäten gekoppelt, d. h. Elemente *senso-motorischer Muster*, sodass sinnliche Wahrnehmungen Verhaltenskonsequenzen haben.

39.1.3 Eine Selektion aus der Variation der durch Perturbationen ausgelösten körperlichen Ereignisse und Prozesse wird gekoppelt mit Veränderungen des *Bewusstseins* (= psychische Ereignisse oder Prozesse).

39.1.4 Nur eine Auswahl aller sinnlichen Wahrnehmungen wird bewusst, der größte Teil bleibt unbewusst bzw. unterhalb der bewussten Wahrnehmungsschwelle.

39.2 Der Organismus ist das *Medium*, das extrakorporale Ereignisse mit der Wahrnehmung des Bewusstseins verbindet.

39.2.1 Um die Welt wahrzunehmen, ist das Bewusstsein auf die Sensoren (= Sinnesorgane) des Organismus als *relevante Umwelt* angewiesen, sodass deren Sensibilität die Wahrnehmungsmöglichkeiten des Bewusstseins begrenzen.

39.2.2 Dem Bewusstsein werden sinnlich *nicht direkt wahrnehmbare* Ereignisse und Prozesse durch technische Beobachtungsinstrumente (= technische Medien) zugänglich, die sie in sinnlich wahrnehmbare Phänomene (z. B. Daten, Bilder etc.) transformieren.

39.3 Als *Medien* des *Beschreibens*, die in der Kommunikation verwendet werden können, sind alle *Codesysteme* verwendbar, die der Wahrnehmung *unterschiedlicher Beobachter* zugänglich sind.

39.3.1 Durch einen Code werden nur *einem* Beobachter zugängliche, von ihm unterschiedene und bezeichnete Wahrnehmungen in anderen Teilnehmern an der Kommunikation zugängliche *Zeichen* übersetzt, denen unterschiedliche Beobachter unterschiedliche *Informationen* zuschreiben.

39.3.2 Die *Eigenarten* des Mediums bestimmen, welche Inhalte wie beschrieben werden können.

39.3.3 Mithilfe *unterschiedlicher Medien* lassen sich unterschiedliche Phänomene beschreiben.

39.3.4 Dieselben Ereignisse/Gegenstände lassen sich mithilfe unterschiedlicher Medien unterschiedlich beschreiben.

40 Paradigmen des Erklärens / der Hypothesenbildung

40.1 **Geradlinige Kausalität:** Wenn ein *Ereignis*, eine *Ereignisfolge* oder ein *Zustand* A zum Zeitpunkt t_1 (»*Ursache*«) das *Ereignis*, die *Ereignisfolge* oder den *Zustand* B zum Zeitpunkt t_2 (»*Wirkung*«) deterministisch zur Folge hat / hervorbringt (= instruktive Interaktion/»Trivialität« des Systems).

Figur 44

40.1.1 **Implizite Prämisse:** Der Status quo bedarf *keiner* Erklärung (= wird als gegeben und statisch betrachtet / erwartet), nur *Veränderung* muss erklärt werden.

40.1.2 **Schwache Kausalität:** Wenn *gleiche* »Ursachen« *gleiche* »Wirkungen« zur Folge haben / hervorbringen.

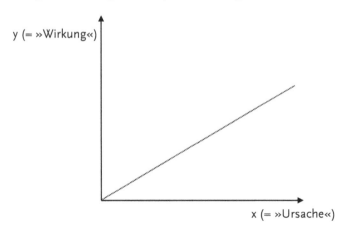

Figur 45

40 *Paradigmen des Erklärens / der Hypothesenbildung*

40.1.3 **Starke Kausalität:** Wenn ähnliche »Ursachen« ähnliche »Wirkungen« zur Folge haben / hervorbringen.

40.1.4 **Linearität:** Korrelation zwischen (mindestens) zwei Variablen (»Ursache«/»Wirkung«) im Sinne einer *linearen Funktion*, das heißt, kleine »Ursachen« haben kleine »Wirkungen« und große »Ursachen« haben große »Wirkungen«.

40.1.5 **Nicht-Linearität:** Korrelation zwischen (mindestens) zwei Variablen (»Ursache«/»Wirkung«) im Sinne einer *nicht-linearen Funktion*, das heißt, kleine »Ursachen« können große »Wirkungen« haben und große »Ursachen« können kleine »Wirkungen« haben.

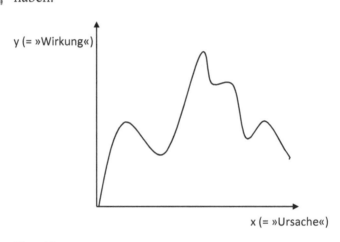

Figur 46

40.2 **Zirkuläre Kausalität:** Wenn ein *Ereignis*, eine *Ereignisfolge* oder ein *Zustand A* zum Zeitpunkt t_1 *selbstbezüglich* (= rekursiv) das *Ereignis*, die *Ereignisfolge* oder den *Zustand A* zum Zeitpunkt t_2 zur Folge hat (= hervorbringt/erhält), sodass »*Ursache*« und »*Wirkung*« für den Beobachter nicht unterscheidbar sind.

40.2.1 **Implizite Prämisse:** Der Status quo (= statisch erscheinende Phänomene) bedarf der Erklärung, das heißt, er ist stets das Resultat einer (zirkulär organisierten) *Dynamik*, die ihn *hervorbringt* und *erhält*.

40 Paradigmen des Erklärens / der Hypothesenbildung

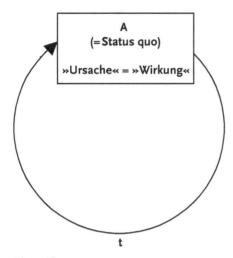

Figur 47

40.2.2 Um selbstbezügliche Prozesse als kreisförmig (= zirkulär) zu *bezeichnen*, bedarf es der *Abstraktion von der Zeit* bzw. einer kreisförmigen Konstruktion von Zeit.

40.2.3 Wenn zirkuläre Prozesse in der (geradlinigen) Zeit realisiert werden, dann bestehen sie in der *Wiederholung* äquifunktionaler Ereignisfolgen (= generierender Prozesse), deren Folgen (= Ereignisse, Zustände) dann dem Beobachter als *identisch* (= nicht unterschieden) erscheinen.

40.2.4 Die statisch erscheinenden Strukturen *autopoietischer Systeme* lassen sich durch eine zirkuläre, selbstbezügliche Dynamik ihrer internen Prozesse erklären.

40.3 **Intentionalität:** *Ereignisse, Ereignisfolgen* und *Zustände* sind Ausdruck oder Resultat *absichtsvollen Entscheidens* und *Handelns*.

40.3.1 **Implizite Prämisse:** Beobachtete Einheiten, ob belebt oder unbelebt, funktionieren nach dem Modell *handelnder Subjekte*.

40.3.2 Beobachtete Phänomene werden kausal *absichtsvollen* Aktionen von Menschen, Göttern, Geistern, Verschwörern (o. Ä.) zugeschrieben, d. h. einem Willen, Plan, Ziel, oder anderen *Motiven* eines Akteurs.

40 *Paradigmen des Erklärens / der Hypothesenbildung*

40.4 **Funktionalität:** Die Wechselbeziehungen zwischen *Ereignissen, Ereignisfolgen* und *Zuständen* (= Variablen) lassen sich im Sinne *mathematischer Funktionen* beschreiben.

40.4.1 **Explizite Prämisse:** Die Beziehungen zwischen Variablen sind berechenbar und vorhersehbar (außer bei rekursiven Funktionen).

40.4.2 Wenn eine Variable verändert wird oder sich ändert, so hat das *deterministische* (= berechenbare/vorhersehbare) Folgen für andere Variablen, ohne dass der Wirkmechanismus betrachtet oder erkannt werden müsste.

40.5 **Kontingenz:** Eine determinierende Regelhaftigkeit des Auftretens von *Ereignissen, Ereignisfolgen* und *Zuständen* ist für den Beobachter nicht erkennbar, das heißt, sie sind für ihn nicht berechenbar oder vorhersehbar und könnten immer auch anders sein – das heißt, sie sind *weder notwendig noch unmöglich* (»Nicht-Trivialität« des Systems).

41 Kriterien des Bewertens (= Wertmaßstäbe)

41.1 **Affektives Bewerten** – *Kriterien*: unlustvoll/lustvoll (jeweils mehr vs. weniger) bzw. das (koinästhetische) Erleben des eigenen lustvollen/unlustvollen körperlichen Zustands, das mit anderen Wahrnehmungen gekoppelt ist, sowie die zunehmende Ausdifferenzierung dieser Erlebensweisen und Kopplungen.

41.1.1 Die *Funktion* affektiven Unterscheidens besteht darin, eine *Beziehung* zu Interaktionspartnern *herzustellen, zu erhalten* oder *zu beenden* und ihre Merkmale *zu diagnostizieren* sowie *verhaltensleitende Impulse* zu produzieren (= Aktivierung senso-motorischer Muster).

41.1.2 Durch Affekte selektiertes Verhalten sorgt aktuell entweder für *Annäherung* oder *Distanzierung* zum jeweiligen Interaktionspartner und langfristig für entweder Steigerung oder Senkung der Wahrscheinlichkeit einer *künftigen gemeinsamen Interaktionsgeschichte* (= Bildung oder Auflösung eines sozialen Systems).

41.1.3 Die erlebten Affekte liefern dem Teilnehmer an der Interaktion jeweils aktuell eine *Beschreibung* und *Bewertung* der (aktuellen und/oder potenziellen) *Beziehung* zu seinen Interaktionspartnern, die ihm *schnelles Handeln* ermöglicht (und wahrscheinlich macht).

41.1.4 Die in Affekten implizierten Dimensionen des (binären) Unterscheidens sind *aktiv* vs. *passiv, stark* vs. *schwach, gut* vs. *schlecht* (= semantische Dimensionen).

41.1.5 In Affekten erlebt der Beobachter (= Akteur) andere Akteure in Relation zu sich als *relativ* aktiv oder passiv, *relativ* stark oder schwach, *relativ* gut oder schlecht, wodurch die *Selektion* seines Verhaltens gesteuert wird.

41.1.6 Affektives Bewerten ermöglicht *schnelles (Re-)Agieren* ohne die Notwendigkeit des Reflektierens (was zeitaufwendig wäre) und folgt einer Entweder-oder-Logik (Aktion vs. Nicht-Aktion).

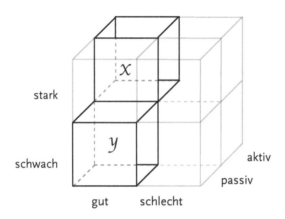

Akteur x: stark, aktiv, gut (z.B. Helden, Superman)
Akteur y: schwach, passiv, gut (z.B. Witwen und Waisenkinder)

Figur 48

41.1.7 Zeitgewinn/Schnelligkeit des Entscheidens sind *Chance* und *Risiko* affektiven Bewertens bzw. (Re-)Agierens.

41.1.8 Affekte sind Zustände psychischer Systeme, die als relevante Umwelten neue soziale Systeme (aktuell/situativ: *Interaktionssysteme*, längerfristig: *Paare, Familien, Freundschaften* etc.) hervorbringen und erhalten oder zur Auflösung bestehender sozialer Systeme (Konflikte, Beziehungs- und Kommunikationsabbrüche, Schismogenese, Kriege etc.) führen können.

41.1.9 Affekte sind akut und kurzzeitig nur für einen Beobachter *direkt* beobachtbare/erlebbare Phänomene (= Ereignisse), die schnell vergehen, wenn sie nicht aktiv (durch intrapsychische oder kommunikative Prozesse) aufrechterhalten werden.

41.2 **Ästhetisches Bewerten** – *Kriterien*: schön/hässlich, harmonisch/disharmonisch, symmetrisch/asymmetrisch, appetitlich/eklig, attraktiv/abstoßend usw., wobei vom Beobachter irgendwelchen (*sinnlich wahrnehmbaren*) Phänomenen – aus der Außenperspektive – diese Merkmale zugeschrieben werden.

41.3 **Bewerten physikalischer Merkmale** – *Kriterien*: groß/klein, lang/kurz, hoch/tief, dick/dünn, schnell/langsam, schwer/leicht, warm/kalt, hell/dunkel usw., das heißt, beobachtete Merkmale werden jeweils mit einem implizit oder explizit normierten, physischen Maßstab verglichen bzw. an ihm *gemessen*.

41.4 **Bewerten der Rationalität** – *Kriterien*: rational/irrational, d. h. angemessen/unangemessen, verhältnismäßig/unverhältnismäßig, womit die Funktionalität/Dysfunktionalität beobachteter Entscheidungen/Urteile/Verhaltensweisen etc. in Bezug auf ein spezielles *Referenzsystem* bzw. dessen *Ziele* und *Zwecke* bewertet wird.

41.4.1 **Logisches Bewerten** – *Kriterien*: wahr/falsch, konsistent/inkonsistent, tautologisch/paradox usw., das heißt, Aussagen über die Welt wird ein Bedeutungs- und Wahrheitsgehalt zugeschrieben oder abgesprochen.

41.4.2 **Ökonomisches Bewerten** – *Kriterien*: zu zahlender Preis / zu gewinnender Nutzen (jeweils mehr vs. weniger), effizient/ineffizient, effektiv/ineffektiv usw., wobei Aufwand und Ertrag nicht nur in Geldwert betrachtet wird, sondern auch Arbeit, Leistung, Anstrengung, Stress, Aufregung, Lebensqualität etc. in einer wie auch immer spezifizierten Gewinn/Verlust-Rechnung bilanziert werden.

41.4.3 **Bewerten der Rechtmäßigkeit und/oder Gerechtigkeit** – *Kriterien*: rechtmäßig/widerrechtlich, gerecht/ungerecht, schuldig/unschuldig, gesetzestreu/ungesetzlich, kriminell usw., das heißt, die Einhaltung formaler, aber auch informeller Verhaltensregeln und -normen wird beurteilt, wobei formale Rechtmäßigkeit in Widerspruch zum Erleben von Gerechtigkeit/Ungerechtigkeit geraten kann.

41.4.4 **Bewerten der Gesundheit** – *Kriterien*: gesund/krank (mehr oder weniger), normal/unnormal usw., womit ursprünglich sozial wahrnehmbare Abweichungen des körperlichen Erscheinungsbildes und des Verhaltens eines Menschen als durch *intrakorporale* Prozesse *verursacht* erklärt und bewertet wurden (allerdings hat sich der Gebrauch dieses Bewertungskriteriums auch auf *nicht* körperlich begründete Phänomene wie psychische und soziale Systeme ausgedehnt).

41.4.5 **Moralisches Bewerten** – *Kriterien*: Achtung verdienend/zu verachten, ehrenvoll/ehrlos, schamlos/schamhaft, anständig/unanständig, respektvoll/respektlos usw., wodurch Spielregeln bzw. Erwartungen an das Verhalten von Mitgliedern sozialer Systeme definiert sind, gegen die zu verstoßen mit Ansehens- und Statusverlust, Ehrverlust, Missachtung oder auch Ausgrenzung bedroht ist.

41.4.6 **Politisches Bewerten** – *Kriterien*: mächtig/machtunterworfen, freundschaftlich/feindlich, zur eigenen/fremden Partei gehörend, gewinnen/verlieren usw., das heißt, es geht und die Frage: Lassen sich Entscheidungen als *kollektiv bindend* gegen den Widerstand einer feindlichen/oppositionellen Partei durchsetzen oder nicht?

41.5 **Religiöses Bewerten** – *Kriterien*: gläubig/ungläubig, sündig/rein, göttlich/teuflisch, heilig/profan, gottgefällig/lasterhaft, orthodox/ketzerisch usw., das heißt, Orientierung an einem transzendenten (meist verkündeten = gottgegebenen) Bezugsrahmen, der – je nach Glaubenssystem – entweder neben und unabhängig von allen anderen Bewertungskriterien verwendet wird oder aber allen anderen übergeordnet ist.

41.6 **Bewerten der Neuigkeit** – Kriterium: alt/neu, bekannt/unbekannt, erwartet/überraschend usw., was – wie bei allen anderen Bewertungen – immer relativ zu verstehen ist, d. h. auf einen speziellen Beobachter und seine Beobachtungen bezogen ist.

41.7 und so weiter ...

41.8   **Fuzzy-Bewertungen:** Obwohl Bewertungskriterien meist binär im Sinne des Innen-außen-Unterscheidens konstruiert sind, heißt dies nicht, dass jede Bewertung einer *Entweder-oder-Logik* folgt, denn abhängig vom jeweiligen Bewertungskriterium lassen sich vom Beobachter auch *Mehr-weniger-Differenzierungen* vornehmen, d. h. Zwischenstufen zwischen 0 (= gar nicht) und 1 (= total).

42 Verhalten vs. Handeln

42.1 Man kann sich nicht *nicht* verhalten, das heißt, jeder Akteur (z. B. ein lebender Mensch) verhält sich immer in irgendeiner Weise.

42.1.1 **Verhalten:** Der *von außen* beobachtbare *Zustand* bzw. dessen *Veränderungen* eines autopoietischen Systems (z. B. eines Menschen) sollen *Verhalten des Systems* genannt werden.

42.1.2 Das Verhalten eines autopoietischen Systems ereignet sich in bzw. als *Element* einer Umwelt (z. B. als Element eines Interaktions-/Kommunikationssystems).

42.1.3 Je nachdem, wie ein beschriebenes Verhalten bewertet wird, wird es erklärt, und je nachdem, wie ein Verhalten erklärt wird, wird es bewertet.

42.2 **Handlung:** Verhaltensweisen eines Menschen, die *seiner Entscheidung* kausal zugerechnet werden (dem psychischen System), sollen *Handlungen* genannt werden.

42.2.1 *Handlungen* lassen sich durch Motive, Ziele, Zwecke, Absichten, Intentionen etc. (= unterschiedliche Bewertungen der beiden Seiten einer Unterscheidung) eines Bewusstseins erklären.

42.2.2 Verhaltensweisen, die durch *unbewusste* Prozesse erklärt werden, werden *nicht* als Handlungen bewertet.

42.2.3 Zwei Typen von Handlungen lassen sich unterscheiden: Akte und Unterlassungen.

42.2.3.1 **Akt:** eine Handlung, die nicht gezeigt werden müsste, wird aktiv realisiert (= ist beobachtbar).

42.2.3.2 **Unterlassung:** eine Handlung, die gezeigt werden könnte, wird nicht realisiert (= ist nicht beobachtbar).

42.2.3.3 Beim bewussten *Entscheiden* über Verhalten eröffnet sich stets die Alternative, zu *tun* oder zu *lassen*.

42.2.4 Ob eine Verhaltensweise als *Handlung* betrachtet wird, hängt von den Theorien und Geschichten ab, die der Beobachter seiner Interpretation zugrunde legt.

42.3 **Sprechakte:** Waches Sprechen ist als Handlung (= Sprechakt) zu bewerten, wobei spezielle Typen von Sprechakten die *Handlung vollziehen*, die sie *bezeichnen* (= performative Sprechakte), und so eine direkte soziale Wirkung entfalten, die über die Mitteilung von Informationen hinausgeht, und eine Veränderung der Wirklichkeit herbeiführen (z. B. Ernennung zum ..., das Ja-Wort bei der Eheschließung, Urteilssprüche vor Gericht, magische und rituelle Formeln in den entsprechenden religiösen oder Kult-Kontexten ...).

42.4 In sozialen Systemen werden Handlungen (= Akte/Unterlassungen), die den selbstverständlichen *Erwartungen* der Mitglieder (= Spielregeln, Strukturen) entsprechen, als *normal* bewertet.

42.4.1 Für die Teilnehmer an der Interaktion (= Innenperspektive) bedarf die Befolgung der erwarteten Spielregeln keiner Erklärung, das heißt, sie erscheint als *selbstverständlich*.

42.4.2 Normales, den jeweiligen Spielregeln und Strukturen *konformes* Verhalten durch die Mitglieder eines sozialen Systems lässt sich (Außenperspektive) dadurch erklären, dass die Akteure *erwarten*, dass bestimmte Handlungen von ihnen *erwartet* werden (= Erwartungserwartungen) und dementsprechend handeln.

42.5 In der Unterscheidung Verhalten/Handlung ist die Idee eines *handelnden Subjekts* impliziert, das *bewusste*, von ihm zu *verantwortende Entscheidungen* trifft.

42 Verhalten vs. Handeln

42.5.1   Die Annahme eines für das eigene Handeln verantwortlichen Subjekts ist nützlich, um das Verhalten des Zusammenlebens einer großen Zahl von Menschen zu steuern, unabhängig davon, ob dieses Konstrukt sachlich richtig ist oder nicht.

42.5.2   Die Fremdbeschreibung (= soziale Definition) eines Menschen als handelnd und verantwortlich, leitet die sozialen Erwartungen an ihn.

42.5.3   Die Selbstbeschreibung eines Menschen als handelnd und verantwortlich, leitet/verändert sein Verhalten.

42.6   Die *Kommunikation von Erwartungen* erhält und tradiert soziale Spielregeln/Strukturen über die Zeit, unabhängig von den Teilnehmern an der Kommunikation.

42.7   **Abweichendes Verhalten:** Nicht den *Erwartungen* und *Erwartungserwartungen* in einem sozialen System entsprechendes und beobachtetes Verhalten eines Menschen soll *abweichendes Verhalten* genannt werden.

42.7.1   *Option 1*: Wenn das abweichende Verhalten als Handlung erklärt wird (= Schuldfähigkeit des Akteurs), dann wird es den Spielregeln des Rechtssystems entsprechend bewertet und gegebenenfalls *sanktioniert*.

42.7.2   *Option 2*: Wenn das abweichende Verhalten *nicht* als Handlung erklärt wird (= Exkulpation des Akteurs), dann wird es als durch autonome, durch das betreffende Individuum nicht zu verantwortende Prozesse erklärt (= psychische und körperliche Prozesse oder Einwirkungen von außen).

42.7.2.1   *Option 3*: Wenn abweichendes Verhalten durch körperliche Prozesse erklärt wird, dann wird es den Spielregeln des Gesundheitssystems entsprechend bewertet und gegebenenfalls *medizinisch behandelt*.

42.7.2.2   *Option 4*: Wenn abweichendes Verhalten durch übernatürliche Prozesse erklärt wird (z. B. Besessenheit, Erleuchtung, Hexerei etc.), dann wird es den Spielregeln *religiöser* und/oder *magischer* Systeme entsprechend bewertet und entsprechenden *Ritualen* unterzogen.

42.8   Die Zuweisung von Bedeutung zu Verhalten wird immer vom jeweiligen sozialen *Kontext* bestimmt, d. h. als Befolgung oder Abweichung von systemspezifischen *Spielregeln* erklärt und bewertet.

42.8.1 Das phänomenologisch selbe Verhalten kann gleichzeitig als Element unterschiedlicher Spiele (= sozialer Systeme) fungieren.

42.8.2 Das sich verhaltende Individuum hat *keine Kontrolle* (= Definitionsmacht) darüber, welchem *Spiel* (= soziales System) sein Verhalten von anderen Beobachtern zugerechnet wird und welche *Rolle* ihm als *Person* zugeschrieben wird.

43 Integrierte Formen der Weltsicht: Geschichten vs. Theorien

43.1 **Geschichte:** Eine sprachliche und/oder bildliche Darstellung (z. B. im Film, auf der Bühne) vergangener, gegenwärtiger und/oder künftiger *Ereignisse (Handlungen, Verhaltensweisen)* und *Interaktionen* in einer raum-zeitlichen Ordnung (= Story, Erzählung, Narration, Mythos ...) soll *Geschichte* genannt werden.

43.1.1 In Geschichten werden konkrete *Akteure* beschrieben, die mit ihren unterschiedlichen Umwelten – seien sie belebt oder unbelebt – in *Interaktion* treten und dabei charakteristische *Szenen, Situationen* und *Dramen* (= *Dramaturgie*) durchleben.

43.1.2 Durch Geschichten werden unterschiedliche *Beziehungsmuster* von Akteuren (z. B. Personen), *Muster ihrer Interaktionen* sowie deren *Veränderung in der Zeit* (= synchron/diachron) von irgendeinem gesetzten Anfang bis zu einem gesetzten Ende als *Einheit* dargestellt.

43.1.3 Aus Geschichten lassen sich *Spielregeln* der Interaktion ableiten, die in der Darstellung des Geschehens *impliziert* sind, bzw. umgekehrt: *Geschichten sind Konkretisierungen* von *Spielen* und ihren (deskriptiven, präskriptiven und proskriptiven) Regeln.

43.1.4 Durch das Erzählen (Niederschreiben, Publizieren) von Geschichten werden Spiele und ihre Regeln *kommuniziert* und – manchmal über Jahrhunderte – *tradiert*.

43.1.5 Das in unterschiedlichen Geschichten *beschriebene* Geschehen suggeriert charakteristische *Erklärungen* und *Bewertungen* der Interaktion bzw. der Akteure (= Psychodynamiken, Konflikte, Motive etc.), das heißt, sie reduzieren und eröffnen Komplexität auf eine erlebnisnahe Weise.

43.1.6   Geschichten laden die Beobachter (Hörer, Leser, Zuschauer) ein, sich mit einzelnen Akteuren zu *identifizieren* und die Geschehnisse *empathisch* aus der *Innenperspektive* des Akteurs *mitzuerleben*, sodass sie für ihn *Relevanz* gewinnen.

43.1.7   Unterschiedliche Geschichten bilden den *Kontext* des jeweils individuellen *Erlebens*, sodass sie den Rahmen individueller und kollektiver *Sinnstiftung* in Bezug auf Gegenwart, Vergangenheit (= gegenwärtige Vergangenheit) und Zukunft (= gegenwärtige Zukunft) liefern.

43.1.8   Menschen *denken* in den Formen unterschiedlicher *Geschichten*.

43.1.9   Religionen und die mit ihnen verbundenen Vorstellungen *gesellschaftlicher Ordnung* und der *Stellung des Einzelnen* in ihr werden durch *Geschichten* vermittelt (meist in »Heiligen Schriften« überliefert).

43.2   **Witz:** Eine – idealerweise – extrem kurze Geschichte, die eine Situation beschreibt, in der Personen/Protagonisten in einer Weise handeln, die dem Hörer, Leser usw. (= Beobachter 2. Ordnung) die *Absurdität* der konkreten *Beschreibungen*, *Erklärungen* oder *Bewertungen* des/der Protagonisten (= Beobachter 1. Ordnung) – beginnend bei ihrem *Unterscheiden* und *Bezeichnen* – zeigen und die Logik der konsensuellen, d. h. als selbstverständlich erwarteten Wirklichkeitskonstruktionen durch *Nonsens* (= andere Seite der Unterscheidung) reflektieren.

43.3   **Theorie:** System von *Erklärungen* von *Ereignissen* und *Interaktionen* in ihrer raum-zeitlichen Ordnung aus einer (tatsächlichen oder hypothetischen) *Außenperspektive*, die einer gemeinsamen, übergeordneten *Logik* folgen.

43.3.1   Theorien sind – wie Erklärungen generell – Erfindungen (= Konstruktionen) von Beobachtern.

43.3.2   Durch Theorien wird die Genese konkret beobachteter Phänomene unter Anwendung *allgemeiner/abstrakter* Erklärungsprinzipien *(re-)konstruiert* (= Hypothesenbildung).

43.3.3   Theorien als Systeme von Erklärungen folgen einer jeweils spezifischen *Logik* des Schließens und Folgerns.

43.3.4   Theorien *fokussieren* die *Aufmerksamkeit* des Beobachters, sodass sie die *Selektion* der wahrgenommenen und beschriebenen Phänomene leiten/verändern und jede Theorie ihre eigenen *blinden Flecke* produziert.

43.3.5   Für alle wahrgenommenen/beschriebenen Phänomene ließe sich immer auch eine alternative Erklärung konstruieren, was entweder die Erweiterung oder den Wechsel der Theorie als Konsequenz hat.

43.3.6   Unterschiedliche Theorien können zu *kontradiktorischen* Folgerungen führen, auch wenn sie in sich jeweils logisch schlüssig und widerspruchsfrei sind.

43.3.7   Mithilfe unterschiedlicher Theorien lassen sich unterschiedliche aktuell beobachtbare (gegenwärtige) Gegenwarten wahrnehmen (= erfinden) und unterschiedliche (gegenwärtige) Vergangenheiten rekonstruieren (= erfinden) sowie unterschiedliche (gegenwärtige) Zukünfte prognostizieren (= erfinden).

43.3.8   Menschen *denken* in den Formen unterschiedlicher *(Alltags-) Theorien*.

43.3.9   Wissenschaften und die mit ihnen verbundenen Vorstellungen *gesellschaftlicher Ordnung* und der *Stellung des Einzelnen* sind in der *Paradoxie* verstrickt, dass Wissenschaftler aus der *Innenperspektive* der Mitglieder von Gesellschaft Theorien aus einer fiktiven *Außenperspektive* formulieren.

43.4   Menschen denken *sowohl* in Form von Geschichten *als auch* Theorien.

44   Personen

44.1   **Person:** Das in der Kommunikation von ihm selbst und den anderen Kommunikationsteilnehmern gemeinsam konstruierte *Bild* eines Menschen, d. h. seiner körperlichen und psychischen Merkmale, soll *Person* genannt werden.

44.1.1   Durch das Konstrukt Person wird ein konkretes psychisches System und ein konkreter Organismus (= Körper) an ein konkretes soziales System *gekoppelt*.

44.1.2   Die Kopplung zwischen Person und psychischem System sowie Organismus ist *lose*, das heißt, mit einem Körper und einer Psyche können *unterschiedliche Personen* (d. h. soziale Konstrukte/ Bilder eines Individuums) gekoppelt sein.

44.2   Das in bzw. durch Kommunikation entstandene *Bild* (= Image) der Psyche / des Charakters / der Persönlichkeit eines Menschen darf *nicht* mit der Psyche dieses Menschen verwechselt werden.

44.3   Das psychische System eines Menschen hat *keine Kontrolle* darüber, welche Person in der Kommunikation konstruiert wird, da es keine Kontrolle über die Beschreibung, Erklärung und Bewertung seiner körperlichen Merkmale oder seines Verhaltens durch die Teilnehmer an der Kommunikation hat.

44.4   Das psychische System eines Menschen macht in der Kommunikation durch die Selektion des Verhaltens *Angebote*, als welche Person es gesehen werden kann/will/soll, die von den Kommunikationsteilnehmern zum Teil angenommen, zum Teil abgelehnt, zum Teil ignoriert werden.

44.5   In unterschiedlichen sozialen Kontexten tritt jeder Mensch als unterschiedliche Person auf.

44.6 Der Teilnehmer an der Kommunikation ist immer *Opfer* und *Täter* zugleich, was die soziale Konstruktion seiner Person angeht.

44.7 Soweit eine Person als handelndes Subjekt (= Täter) betrachtet wird, wird ihm als *Autor* seines Verhaltens die Verantwortung für dessen Wirkung zugeschrieben und die Kommunikation wird entsprechend adressiert.

44.8 Psychisches System und Organismus eines Menschen sind immer nur relevante Umwelten für die kommunikative Konstruktion seiner Person.

45 Beziehungsformen

45.1 Generell können die *Beziehungsformen* zwischen *Akteuren*, seien es Personen oder soziale (Sub-)Systeme, aufgrund der *Gleichheit* oder *Ungleichheit* ihres *Verhaltens* bzw. der ihnen zugeschriebenen *Merkmale* und/oder *Funktionen* unterschieden werden.

45.2 **Symmetrie:** Eine Beziehung, die durch *Gleichheit* (des Verhaltens, der Merkmale, der Funktionen …) der Elemente/Komponenten charakterisiert ist, soll *symmetrisch* genannt werden.

45.2.1 **Symmetrische Interaktion/Kommunikation:** Auf ein Verhalten (A, B, C bzw. ein Verhalten, dem die Bedeutung A, B, C zugeschrieben wird) wird mit dem gleichen Verhalten (A, B, C bzw. einem Verhalten, dem die Bedeutung A, B, C zugeschrieben wird) geantwortet.

45.2.2 **Symmetrische Beziehung:** Die Beziehung der Akteure beruht auf der Gleichheit ihrer Merkmale und/oder Funktionen, das heißt, keiner der Beteiligten genießt/beansprucht einen Vorrang gegenüber dem/den anderen (= »Augenhöhe«).

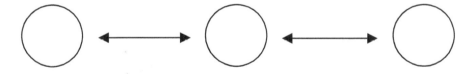

Figur 49

45.3 **Asymmetrie:** Eine Beziehung, die durch *Ungleichheit* (des Verhaltens, der Merkmale, der Funktionen …) der Elemente/Komponenten charakterisiert ist.

45.3.1 **Asymmetrische Interaktion/Kommunikation:** Auf ein Verhalten (A, B, C bzw. ein Verhalten, dem die Bedeutung A, B, C zugeschrieben wird) wird mit einem anderen Verhalten (D, E, F bzw. einem Verhalten, dem die Bedeutung D, E, F zugeschrieben wird) geantwortet.

45.3.2 **Asymmetrische Beziehung:** Die Beziehung der Akteure beruht auf der Ungleichheit ihrer Merkmale und/oder Funktionen, wobei einem der beteiligten Akteure ein Vorrang (= Überordnung) gegenüber dem/den anderen (= Unterordnung) zugewiesen sein kann (aber nicht muss).

Figur 50

45.4 **Machtbeziehung:** Eine spezielle Form der *asymmetrischen Beziehung*, bei der die *Funktion* eines der beteiligten Akteure/Beobachter (= *Machthaber*) vom anderen beteiligten Akteur/Beobachter als *weniger austauschbar* bzw. als *positiver* oder *negativer bewerteter* wird als seine eigene Funktion (= *Machtunterworfener*).

45.4.1 Machtbeziehungen können im Rahmen *formal definierter* Rollen und Strukturen (= hierarchischer Kontext) eines sozialen Systems festgelegt sein (z. B. Herr/Knecht, Vorgesetzter/Untergebener, Befehlshaber/Befehlsempfänger).

45.4.2 Machtbeziehungen können *ohne formale Definition* im Laufe der gemeinsamen Geschichte mehrerer Akteure aufgrund unterschiedlicher Funktionen oder Funktionserwartungen aneinander und/oder Erfahrungen miteinander entstehen (z. B. durch Monopolisierung von Funktionen).

45.4.3 Ob eine Machtbeziehung zwischen zwei (oder mehr) Akteuren besteht, entscheiden die Beteiligten aufgrund der *Bewertung* ihrer gegenseitigen Funktionen bzw. Austauschbarkeit.

45.5 Repetitive symmetrische oder asymmetrische Interaktionsmuster können im Laufe einer gemeinsamen Interaktions-/Kommunikationsgeschichte zu *fixierten* symmetrischen bzw. asymmetrischen *Beziehungsmustern* zwischen den beteiligten Akteuren (= Strukturen) führen.

45.6 **Komplementäre Beziehung:** Die Beziehung der Akteure beruht auf der *Ungleichheit* ihres *Verhaltens*, ihrer *Merkmale* und/oder *Funktionen*, die sich *funktionell ergänzen* und aufeinander angewiesen sind (*Idealtypus: Rollenbeziehungen*), wobei einem der beteiligten Akteure ein Vorrang gegenüber dem/den anderen zugewiesen sein kann (aber nicht sein muss).

45.6.1 Die Komplementäre Interaktion/Kommunikation ist kontextabhängig, situativ und zeitlich aufgrund funktionell unterschiedlich definierter, sich ergänzender Rollen eng *begrenzt*.

45.6.2 Die Beziehung der beteiligten Akteure bleibt auf die Erfüllung der sich ergänzenden Rollen und Funktionen begrenzt und komplementär.

45.7 **Oszillation asymmetrischer Interaktion/Kommunikation:** Die Beziehung der Akteure beruht auf der *Ungleichheit* ihrer *Verhaltensweisen, Merkmale* und/oder *Funktionen*, die sich *funktionell ergänzen* und aufeinander angewiesen sind, wobei ein regelmäßiger Positionswechsel zwischen Über- und *Unterordnung* bzw. der in der Position gezeigten *Verhaltensweisen, Merkmale* und/oder *Funktionen* erfolgt.

45.8 **Reziproke Beziehung:** Die Beziehung der Akteure beruht sowohl auf *Gleichheit* als auch *Ungleichheit* ihrer Merkmale und/oder Funktionen, wobei es im Laufe der gemeinsamen Geschichte zu keiner dauerhaften Über-/Unterordnung (= Hierarchie) einer der beteiligten Parteien kommt, sodass eine Form der *Meta-Symmetrie* entsteht.

45.9 Beziehungen werden überwiegend in *räumlichen Metaphern* konzeptualisiert (was wahrscheinlich damit zu erklären ist, dass der menschliche Körper – Egozentrik des Beobachters – als Bezugssystem des Beziehungserlebens fungiert).

45.9.1 Auf Ungleichheit beruhende (= asymmetrische) Beziehungen werden, wenn die verschiedenen Positionen mit gegenseitiger Über- oder Unterordnung (= Hierarchie) gekoppelt sind, meist in einer Oben-unten-Metaphorik beschrieben (= vertikal geordnet).

45.9.2 Auf Gleichheit beruhende (= symmetrische) Beziehungen werden, wenn es zwischen den verschiedenen Positionen keine Über- oder Unterordnung gibt, meist in der Metaphorik der gleichen Ebene (= Augenhöhe) beschrieben (= horizontal geordnet).

45.9.3 Beziehungen zwischen *Richtungen* und/oder *Geschwindigkeiten* von Entwicklungen/Veränderungen werden im Sinne einer Vorn-hinten- bzw. Vorwärts-rückwärts-Metaphorik beschrieben (z. B. Fortschritt/Rückschritt, Vorreiter/Nachzügler usw.).

46 Pragmatische Paradoxien

46.1 **Paradoxie:** In der *Aussagenlogik* wird als *paradox* eine Form der *Selbstbezüglichkeit* bezeichnet, bei der jeder von zwei Sätzen (p, q), deren Wahrheit sich im Sinne der *zweiwertigen Logik* gegenseitig ausschließt (= *entweder* p ist wahr *oder* q ist wahr), gerade dann *wahr* ist, *wenn* er *falsch* ist, und gerade dann *falsch* ist, *wenn* er *wahr* ist.

Figur 51

46 *Pragmatische Paradoxien*

46.1.1 Paradoxien sind dem Phänomenbereich der *Bezeichnungen* (*indication*, z. B. Landkarten, Speisekarten) zuzurechnen.

46.1.2 Paradoxien entstehen nur, wenn Bezeichnungen im Sinne einer zweiwertigen Logik Bedeutungen zugeschrieben oder abgesprochen werden bzw. Aussagen über sie Wahrheit oder Falschheit zugeschrieben wird.

46.1.3 Im Phänomenbereich *materieller Objekte* (= distinction/z. B. Landschaften, Speisen) sind keine Paradoxien beobachtbar.

46.1.4 Eine Paradoxie produziert *logische Unentscheidbarkeit*.

46.1.5 Gegenstück zur Paradoxie ist die *Tautologie*: eine Form der *Selbstbezüglichkeit* zweier (oder mehrerer) Sätze (p, q, ...), deren Aussagen sich im Sinne der *zweiwertigen Logik* gegenseitig in ihrer *Wahrheit* bestätigen (*sowohl* p ist wahr, *als auch* q ist wahr) bzw. genauer: Wenn p *wahr* ist, dann ist auch q *wahr*; wenn q *wahr* ist, dann ist auch p *wahr*; wenn p *wahr* ist, dann ist auch q *wahr* ... usw. (= logische Konsistenz, *confirmation*, Widerspruchsfreiheit, Wahrheit als konstanter *Eigenwert* ...).

46.2 **Fuzzy Logik:** Wenn die kontradiktorischen Merkmale der Innen- und Außenseite einer Unterscheidung (= distinction) jeweils nur zu einem gewissen Prozentsatz (zwischen 0 und 100 %, d. h. einem Wert zwischen 0 und 1) zugeschrieben werden können (= indication), dann bietet die *zweiwertige Logik* kein angemessenes Modell der *Bezeichnung*, da solch eine *Unterscheidung* nicht klar begrenzt ist, sondern vage und/oder widersprüchlich bzw. vieldeutig ist.

46.2.1 Solch eine vage Bezeichnung kann angemessen sein, wenn eine Oszillation (= distinction) zwischen innen und außen stattfindet, die so schnell ist, dass sie für den Beobachter nicht beobachtbar ist, das heißt, wenn die Merkmale der Unterscheidung beim Beobachten aktuell *nicht* innen *oder* außen verortbar sind.

46.2.2 Solch eine vieldeutige und vage Bezeichnung kann angemessen sein, wenn ein *Grenzübergang* bzw. *Merkmale der Grenze* beobachtet werden.

46.3 Die Prozesse des Lebens bzw. lebender oder Leben voraussetzender Systeme (= Organismen, psychische Systeme, soziale Systeme) sind in einer Weise organisiert, die sich als *paradox* beschreiben lässt.

46.3.1 Paradoxien in der *Beschreibung* (= indication, 2. Unterscheiden) von *Lebensprozessen* (= distinction, 1. Unterscheiden) entstehen durch die *Abstraktion* von der Geradlinigkeit der Dimension *Zeit*.

46.3.2 Lebende und/oder Leben voraussetzende Systeme müssen *antagonistische*, sich (zweiwertig-)logisch gegenseitig ausschließende Tendenzen realisieren und balancieren.

46.4 **Pragmatische Paradoxie:** Form von *Geboten* und/oder *Verboten* (= Handlungsanweisungen), die sich im Sinne der zweiwertigen Logik gegenseitig ausschließen (= Soll-Sätze bzw. Soll-nicht-Sätze).

46.4.1 **Gebot vs. Gebot:** Wenn zwei sich gegenseitig *ausschließende* Handlungen (*p, q*) gleichzeitig *geboten* werden (sowohl *p* als auch *q*).

46.4.2 **Gebot vs. Verbot:** Wenn eine Handlung (*p*) gleichzeitig *geboten* und *verboten* wird (sowohl *p* als auch *nicht-p*).

46.5 **Unentscheidbarkeit und ihre Bewältigung:** Pragmatische Paradoxien haben zur Folge, dass es *logisch unentscheidbar* ist, welche der zur Wahl stehenden *antagonistischen* Handlungsoptionen die richtige ist.

46.5.1 **Entscheiden:** Eine erste *pragmatische* Bewältigungsform pragmatischer Paradoxien besteht ungeachtet der logischen Widersprüchlichkeit im *Entscheiden* zugunsten *einer* der Alternativen (willkürlich oder zufällig gewählt etc. bzw. nach irgendwelchen *nicht-logischen,* d. h. nicht logisch begründbaren, und *nicht berechenbaren* Kriterien).

46.5.1.1 Der Preis dieses Entscheidens (z. B. *p*) liegt im *Verstoß* gegen eines der Gebote (*q*) bzw. eines der Verbote (*nicht-p*) und dem Akzeptieren oder Verleugnen der damit verbundenen Konsequenzen.

46.5.1.2 Wenn *nicht entschieden* wird, wird *nicht gehandelt* (weder *p* noch *q*).

46.5.2 **Einführung von Zeit:** Eine zweite Möglichkeit der Bewältigung pragmatischer Paradoxien besteht in der Einführung von Zeit, indem die sich widersprechenden Gebote/Verbote nacheinander (= diachron) realisiert werden, das heißt, zwischen den beiden antagonistischen, sich ausschließenden Handlungsoptionen wird *oszilliert* (*p* folgt auf *q* folgt auf *p* folgt auf *q* ... oder *p* folgt auf *nicht-p* folgt auf *p* folgt auf *nicht-p* usw.).

46.5.3 **Veränderung von Bedeutung/Sinn** (= 2. Unterscheiden): Pragmatische Paradoxien können *beseitigt* werden, indem der *Sinn* der gebrauchten Bezeichnungen (*p* und *q* bzw. *nicht-p* und *nicht-q*), d. h. der Gebote und/oder Verbote, verändert wird, sodass sie sich *nicht* mehr logisch ausschließen.

46.5.4 **Spaltung/Verschmelzung:** Pragmatische Paradoxien können dadurch bewältigt werden, dass die *handelnde Einheit* in *Untereinheiten* gespalten (= ausdifferenziert/entfaltet) wird, die in der Lage sind, *gleichzeitig* (= synchron) sich logisch ausschließende Handlungen zu vollziehen, oder – das Gegenmodell – dass *antagonistisch handelnde Einheiten* zu einer übergeordneten, *zusammengesetzten Einheit* verschmolzen werden (= Fusion), die in der Lage ist, *gleichzeitig* (= synchron) sich logisch ausschließende Handlungen zu vollziehen.

46.6 **Ambivalenz:** Das *Erleben* eines *psychischen* Konflikts durch einen Akteur, der mit pragmatischen Paradoxien, d. h. kontradiktorischen Geboten (*p*/*q*) bzw. Geboten und Verboten (*p*/*nicht-p*), konfrontiert ist, soll als *Ambivalenz* bezeichnet werden.

46.6.1 **Psychischer Konflikt:** Zwei sich gegenseitig *logisch ausschließende* individuelle (= psychische) Bewertungen, die gleichzeitig als gültig und relevant für eine Entscheidung erlebt werden.

46.6.2 Bipolare Bewertungsskalen (im Sinne des Entweder-oder) werden der *antagonistischen* (= *paradoxen*) *Funktionslogik* lebender und Leben voraussetzender Systeme nicht gerecht, da für diesen Typus System *widersprüchliche* Verhaltensweisen/Handlungen und Prozesse überlebensnotwendig (funktionell) sind und daher entsprechend bewertet werden müssen (im Sinne des *Sowohl-als-auch*).

46.6.3 Bei der Bewertung der Verhaltensoptionen lebender und Leben voraussetzender Systeme muss Ambivalenz als Form der *Rationalität* betrachtet werden, da auf das Realisieren keiner der jeweils antagonistischen Tendenzen verzichtet werden kann.

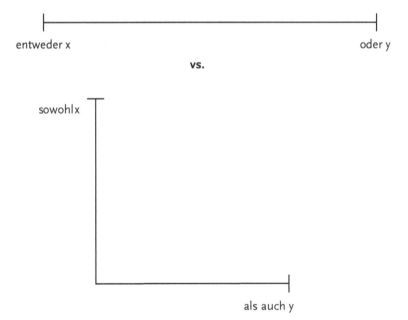

Figur 52

46.6.4 **Doppelbindung** (*double bind*): Pragmatische Paradoxien, die von einem psychischen System in einem sozialen Kontext erfahren werden, der überlebenswichtig für es ist und *nicht verlas-*

sen werden kann und in dem jegliche *Metakommunikation* über die *Unmöglichkeit*, den sich (zweiwertig) logisch gegenseitig ausschließenden Geboten/Verboten gerecht zu werden, *verboten* ist, fördern als *generierender Mechanismus* das Finden/die Erfindung *kreativer* Lösungen beim betroffenen psychischen System, die sich in Form von Wahnsinn, künstlerischer Aktivitäten, Humor o. Ä. zeigen (die allesamt in ihrer Bedeutung/ihrem Sinn durch *Unentscheidbarkeit* im Sinne der zweiwertigen Logik gekennzeichnet sind).

46.7 **Tetralemma:** Die (mindestens) *vier Möglichkeiten* von *Handlungen* (*Akte* vs. *Unterlassungen*) oder *Verhaltensweisen* bzw. deren *Funktionen*, die sich bei miteinander im (zweiwertig) logischen Widerspruch stehenden Optionen (z. B. *p* vs. *q*) ergeben, sollen als *Tetralemma* bezeichnet werden.

46.7.1 Die vier Optionen des Tetralemmas sind: *entweder p* (Akt p) *oder q* (Akt q), *weder p noch q* (Unterlassung von sowohl von p als auch von q), *sowohl p als auch q* (sowohl Akt p als auch Akt q).

entweder p (Akt p)	sowohl p als auch q (Akte p und q)
weder p noch q (Unterlassung von p und q)	oder q (Akt q)

Figur 53

46.7.2 Im Phänomenbereich der Bezeichnungen (= indication) ist die *Sowohl-p-als-auch-q-Option* (logischer Widerspruch/Paradoxie) denkbar und es kann auch über sie kommuniziert werden.

46.7.3   Im Phänomenbereich materieller Prozesse wie auch des tatsächlichen Verhaltens/Handelns (= distinction) sind die Möglichkeiten logisch (zweiwertig) widersprüchlichen Handelns (= Befolgen paradoxer Handlungsaufforderungen) durch den *Raum* begrenzt, das heißt, wenn ein Akteur/Beobachter eine *materielle Einheit* bildet (z. B. ein menschliches Individuum), kann er sich nicht an zwei unterschiedlichen Orten *gleichzeitig* aufhalten und agieren.

46.8   **Entfaltetes Tetralemma (= entfaltete Paradoxie):** Die Bewältigung pragmatischer Paradoxien durch *Spaltung* von Systemen und/oder ihre *Ausdifferenzierung* in Untereinheiten, die jeweils *synchron* antagonistische Funktionen ausüben können, soll *Entfaltung von Paradoxien* genannt werden.

46.8.1   Wenn zwei oder mehr Akteure (Systeme) sich zu einer übergeordneten *sozialen Einheit* (= soziales System) zusammenschließen, so ist diese Einheit in der Lage, *gleichzeitig* Aktionen *an verschiedenen Orten* zu vollziehen, weil ihre Mitglieder (= Komponenten) unabhängig voneinander agieren können.

46.8.2   Die Bildung *sozialer Systeme* führt dazu, dass pragmatische Paradoxien *nicht entschieden* werden müssen, weil die abgespaltenen/ausdifferenzierten Komponenten/Untereinheiten *getrennt agieren* und (zweiwertig) *logisch widersprechenden* Geboten gerecht werden können, d. h. *gemeinsam* (= zusammengesetzte Einheit) die *Sowohl-als-auch-Option* im Tetralemma kooperativ/arbeitsteilig realisieren können (= entfaltetes Tetralemma).

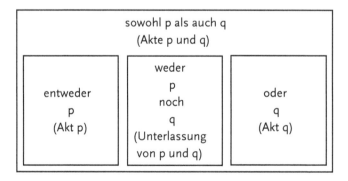

Figur 54

46.8.3 Während die jeweiligen Subsysteme (= Untereinheiten/Abteilungen/ Komponenten) *ambivalenz-* und *konfliktfrei* handeln können, *entfaltet* das soziale System als Ganzes, d. h. *als handelnde Einheit,* die *Paradoxie* und verwandelt die logische Kontradiktion in eine *soziale Struktur,* ohne im Sinne einer *Entweder-oder-Alternative* für oder gegen die eine oder andere Seite zu entscheiden.

46.8.4 Die *Rationalität* sozialer Systeme resultiert aus der Möglichkeit, die zweiwertig-logischen Beschränkungen der Handlungsfähigkeit von Individuen zu überwinden, indem sie ihre aktuellen Aktionen von dem in einem konkreten Raum und zu einer bestimmten Zeit verorteten *Körper* des Akteurs entkoppelt.

46.8.5 Die *Rationalität* sozialer Systeme resultiert aus der *Entfaltung pragmatischer Paradoxien,* das heißt, konflikthafte Handlungsaufforderungen bzw. -notwendigkeiten werden in *strukturelle Konflikte* zwischen sozialen (Unter-)Einheiten oder Individuen überführt.

46.8.6 Die zur Struktur gewordene *Unentscheidbarkeit* zwischen den sich logisch ausschließenden Seiten paradoxer Handlungsaufforderung hat zur Folge, dass immer wieder aufs Neue *entschieden* werden muss, welche der Seiten aktuell handlungsleitend wird, wodurch die *Flexibilität* des sozialen Systems gewährleistet wird.

47 Soziale Differenzierungsformen

47.1 Soziale Systeme können pragmatische Paradoxien generell bewältigen, indem sie sich gemäß unterschiedlicher *abstrakter Muster* in Untereinheiten *ausdifferenzieren*, die gleichzeitig widersprüchlich handeln können.

47.2 **Segmentierung:** Das soziale System ist in autonome Untereinheiten (Subsysteme) gespalten, die in einer *symmetrischen* Beziehung zueinander stehen (= horizontale Differenzierung).

47.2.1 Jedes Segment (= Einheit/System/Subsystem) ist autonom lebensfähig, und es gibt keine gegenseitigen Abhängigkeiten oder Über-/Unterordnungsbeziehungen (z. B. Nationen, Dörfer, Städte, Stämme, Unternehmen, Abteilungen, Familien etc.).

47.2.2 Die Beziehungen der Akteure bzw. ihrer Funktionen innerhalb der Segmente können unterschiedliche Formen haben (symmetrisch, asymmetrisch usw.).

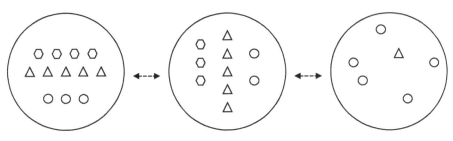

Figur 55

47.3 **Schichtung/Stratifikation:** Das soziale System ist in nicht-autonome Subsysteme (= Schichten) gespalten, die in einer *asymmetrischen* Beziehung zueinander stehen (= vertikale Differenzierung).

47.3.1 Zwischen den Schichten (Subsystemen) bestehen funktionelle Abhängigkeiten und Über-/Unterordnungsbeziehungen (= asymmetrische Beziehung).

47.3.1.1 Die Schichten werden von Akteuren gebildet, die bzw. deren Merkmale/Funktionen eine *symmetrische* Beziehung zueinander aufweisen (= intern).

47.3.1.2 Die Mitglieder jeder Schicht bzw. ihre Funktionen weisen gegenüber den Mitgliedern anderer Schichten bzw. deren Funktionen eine *asymmetrische* bzw. *komplementäre* Beziehung auf.

47.3.2 Die Zahl der Mitglieder der Untereinheiten/Schichten kann verschieden sein und im Extremfall nur ein Mitglied umfassen (Form der Pyramide mit einer Spitze).

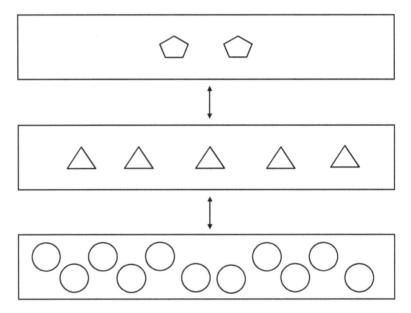

Figur 56

47.4 **Zentrum/Peripherie-Differenzierung:** Das soziale System ist in eine Menge von Untereinheiten mit gleichen Merkmalen/ Funktionen (= *Peripherie*) und *eine* zentrale Untereinheit (= *Zentrum*) gespalten (= Sternform).

47.4.1 Die zentrale Untereinheit und die peripheren Untereinheiten erfüllen unterschiedliche, komplementäre Funktionen, und zwischen ihnen besteht eine *asymmetrische* bzw. *komplementäre* Beziehung.

47.4.2   Zwischen den peripheren Untereinheiten besteht eine symmetrische, meist konkurrierende Beziehung.

47.4.3   Zwischen der zentralen Untereinheit und den peripheren Untereinheiten besteht in der Regel ein Über-/Unterordnungsverhältnis (= Hierarchie).

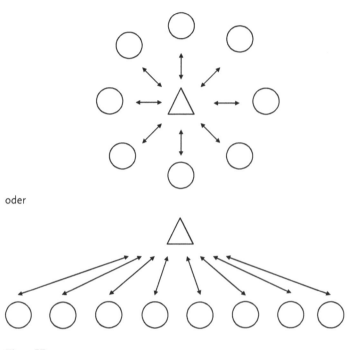

oder

Figur 57

47.5   **Funktionelle Differenzierung:** Das soziale System ist in Subsysteme gespalten, die jeweils durch eine *funktionelle Spezialisierung* definiert sind und in einer *komplementären* Beziehung *ohne* gegenseitige Über- oder Unterordnung zueinander stehen (= Heterarchie).

47.5.1   Zwischen den Untereinheiten (Subsystemen) bestehen gegenseitig funktionelle Abhängigkeiten, weil jeweils Funktionen füreinander übernommen werden (Kooperation / reziproke Beziehung).

47 Soziale Differenzierungsformen

47.5.2   Innerhalb der spezialisierten Subsysteme können zwischen den Akteuren/Mitgliedern alle denkbaren Beziehungsformen realisiert sein (Symmetrie, Asymmetrie, Komplementarität usw.).

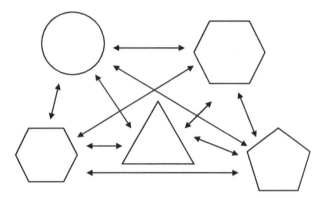

Figur 58

48 Problemdeterminierte Systeme

48.1 **Definition:** Soziale Systeme – seien sie selbstorganisiert oder fremdorganisiert – die (geplant oder ungeplant) sich um *Probleme* herum bilden, wodurch ihre Struktur bestimmt wird, sollen *problemdeterminierte Systeme* genannt werden.

48.2 **Problem:** Eine *Aufgabe*, die nicht durch bislang bestehende Verhaltens-, Handlungs- oder Interaktionsroutinen gelöst werden kann, sodass Methoden und Interaktionsmuster er-/gefunden werden müssen, um mit ihr umzugehen / sie zu bewältigen, soll *Problem* genannt werden.

48.2.1 Probleme sind immer sozial konstruiert, das heißt, nicht jeder Beobachter würde dieselbe Aufgabe als Problem definieren.

48.2.2 Problemdeterminierte Systeme können zur Chronifizierung des Problems führen, indem sie durch das Problem induzierte Kommunikationsmuster wiederholen (reinszenieren).

48.2.3 Problemdeterminierte Systeme können Lösungsroutinen für die als Problem definierten Aufgaben entwickeln und routinisieren, sodass sie als Dienstleister für entsprechende Problemlösungen fungieren können (z. B. als aufgabenorientierte Organisation).

48.3 Idealtypisch lässt sich zwischen *sachorientierten* und *personenorientierten* sozialen Systemen unterscheiden, das heißt, sie erhalten ihre Sinnstiftung durch die Lösung *sachlicher* Aufgaben/Funktionen oder *personenbezogener* Aufgaben/Funktionen.

48.3.1 Problemdeterminierte Systeme können *Probleme* ihrer Mitglieder oder übergeordneter sozialer Systeme (z. B. der Gesellschaft) *lösen* bzw. als *Reaktion* auf sie entstehen (auch wenn sie dann *keine* Problemlösung herbeiführen).

48.3.2 Entweder die Teilnehmer/Mitglieder an einem problemdefinierten System werden durch das *geteilte Problem* bzw. eine *geteilte Problemdefinition* (= Eigenmotivation) zusammengeführt, oder sie lassen sich für die Teilnahme *rekrutieren* (= Fremdmotivation), weil sie ein vom definierten Problem bzw. der zu lösenden Aufgabe abweichendes Ziel haben, das sie durch die Teilnahme erreichen können.

48.3.3 In jedem sachorientierten System geht es immer auch um Personen, und in jedem personenorientierten System immer auch um Sachfragen, aber langfristig leitet die jeweilige Priorität von Sach- vs. Personenorientierung (= determinierende Probleme) die Sinnstiftung, die Kommunikationsmuster und die Entscheidungslogik des Systems.

48.4 **Personenorientierte Systeme:** Wenn die Spielregeln eines sozialen Systems sich an die (kommunizierten) *körperlichen* und/oder *psychischen* Zustände und Bedürfnisse ihrer Mitglieder (= Personen) sowie deren Veränderungen *anpassen,* soll von einem *personenorientierten* System gesprochen werden (= determinierende Probleme).

48.4.1 Personenorientierte soziale Systeme müssen ein hohes Maß an *Flexibilität* aufweisen, da psychische Systeme und Körper für sie als relevante *Umwelten* fungieren, die sich im Laufe der Zeit – manchmal sehr schnell – verändern.

48.4.2 In personenorientierten Systemen sind die *Elemente* der Spielregeln der Interaktion/Kommunikation relativ *lose gekoppelt* (= Flexibilität der Muster) die *Teilnehmer* (= Personen) an der Interaktion/Kommunikation relativ *fest gekoppelt* (= Bindung).

48.4.3 Thema der Kommunikation in personenorientierten Systemen kann alles werden, was die einzelnen Mitglieder betrifft, d. h. ihre körperliche und psychische Verfasstheit, aber auch ihr gesamtes soziales Leben.

48.4.4 Die *Rationalität* personenorientierter Systeme besteht darin, die körperliche und psychische Entwicklung und das Wohlergehen ihrer Mitglieder zu sichern (= determinierende Probleme), die Lösung sachlicher Probleme sind dabei Mittel zum Zweck.

48.4.5 Die Personen in *personenorientierten Systemen* sind im Prinzip *nicht-austauschbar* (= einzigartig), da ihr Wert für die anderen Mitglieder des Systems *nicht* in der Erfüllung irgendwelcher sachlicher Funktionen besteht.

48.4.6 Personenorientierte Systeme sind in der funktional differenzierten Gesellschaft der Ort, wo der Einzelne in seiner Totalität, d. h. all seinen körperlichen und psychischen Merkmalen, beobachtet und in die Gesellschaft *integriert* wird.

48.4.7 Ihre unverwechselbare Bedeutung erhalten personenorientierte System (z. B. Paarbeziehungen, Familien, Freundschaften ...) dadurch, dass in einer funktionell differenzierten Gesellschaft nur hier das Individuum sich als *nicht-austauschbar* und *einzigartig* erleben kann.

48.4.8 Die meisten personenorientierten Systeme können als private Systeme betrachtet werden, wobei privat (wie in »private parts«) bedeutet: in der Regel nicht der öffentlichen Beobachtung zugänglich.

48.5 **Sachorientierte Systeme:** Wenn die Spielregeln eines sozialen Systems ihr Verhalten an *sachlichen Zielen/Zwecken* (= determinierende Probleme) orientieren und die körperlichen und/oder psychischen Zustände/Prozesse ihrer Mitglieder (= Personen) sich diesen Spielregeln bzw. ihren Veränderungen *anpassen*, soll von einem *sachorientierten System* gesprochen werden.

48.5.1 Sachorientierte soziale Systeme fordern von ihren Mitgliedern ein hohes Maß an *Flexibilität*, da sie bzw. ihre psychischen Systeme und/oder Körper sich als relevante *Umwelten* den jeweiligen Sachaufgaben anpassen müssen (= Mittel zum Zweck).

48.5.2 In sachorientierten Systemen sind die *Elemente* der Spielregeln der Interaktion/Kommunikation relativ *fest gekoppelt* (= Stabilität der Muster), die *Teilnehmer* (= Personen) an der Interaktion/Kommunikation relativ *lose gekoppelt* (= geringe Bindung/große Austauschbarkeit).

48 Problemdeterminierte Systeme

48.5.3 Thema der Kommunikation in sachorientierten Systemen sind Sachfragen, andere Themen werden zwar auch behandelt, können aber als »nicht zur Sache gehörend« disqualifiziert und ausgegrenzt werden.

48.5.4 Die *Rationalität* sachorientierter Systeme besteht darin, sachliche Ziel und Zwecke (= determinierende Probleme) möglichst effizient und effektiv zu erreichen, das heißt, die Mitglieder bzw. ihre Aktionen sind Mittel zum Zweck und im Prinzip austauschbar.

48.6 **Hybride zwischen personen- und sachorientierten Systemen:** Es gibt soziale Systeme, in denen *Personen* bzw. ihre individuellen Probleme die »*Sache*« sind, die das System organisieren, wobei spezifische professionelle Verhaltenskodizes (z. B. ärztliche und anwaltliche Schweigepflicht, Beichtgeheimnis, etc.) die nötigen privaten (= vertrauliche) Formen der Kommunikation ermöglichen, um die sachlichen Ziele erreichen zu können (z. B. Psychotherapie, ärztliche Behandlung, Beichte ...).

48.7 Problemdeterminierte Systeme können sich und ihre Strukturen auch dann noch aufrechterhalten, wenn die konkreten, sie ursprünglich ins Leben rufenden Probleme (= *Existenzgründe*) gelöst sind.

48.7.1 Problemdeterminierte Systeme sind meist Mittel zur gleichzeitigen Lösung unterschiedlicher Typen von Problemen, z. B. einerseits Mittel zur Erfüllung gesellschaftlicher Funktionen, andererseits Mittel zur Lösung von individuellen Problemen (wie Sicherung von Lebensunterhalt).

48.7.2 Problemdeterminierte Systeme, denen der Existenzgrund (= determinierendes Problem) verloren gegangen ist, suchen sich neue Probleme, für die sie eine (mehr oder weniger) passende Lösung parat haben.

48.8 Da Probleme immer auch anders gelöst werden können, kann derselbe Typus determinierenden Problems zur Entwicklung unterschiedlich strukturierter sozialer Systeme führen (= kontingent).

49 Paar

49.1 **Definition:** Ein aus zwei Akteuren bestehendes, *personenorientiertes* soziales System, das durch gegenseitige *körperliche, psychische* oder *soziale* Attraktivität zustande kommt (oder – kulturabhängig – aufgrund der Entscheidungen Dritter arrangiert ist), bei dem die beteiligten Partner eine längere gemeinsame Geschichte durchlaufen, soll *Paar* genannt werden.

49.1.1 **Definierendes Problem / Lösung:** Verfügbarkeit eines (Intim-)Kommunikations- und Sexualpartners, Bildung einer gemeinsamen ökonomischen Überlebenseinheit, *Reduktion von Unsicherheit* durch eine verlässliche, meist solidarische Beziehung und im Prinzip gegenseitige sexuelle Verfügbarkeit, Kommunikation der Besonderheit/Nicht-Austauschbarkeit als Person (= *Primat der Sozialdimension der Kommunikation*).

49.1.2 **Kommunikationsmuster:** Überwiegend findet Kommunikation als Interaktion unter Anwesenden statt, wobei Muster und Strukturen *flexibel* sind und sich mit der Änderung der relevanten Umwelten, d. h. den körperlichen und/oder psychischen Bedingungen/Bedürfnissen der beteiligten Personen (= Umwelten) ändern und ihnen anpassen.

49.2 Paarbildung erfolgt in der gegenwärtigen westlichen Gesellschaft vorwiegend aufgrund von Affekten (= Verliebtheit, Liebe, sexuelle Attraktion), die Bindungen erzeugen, und Bindungen erzeugen gemeinsame Geschichte, gemeinsame Geschichte erzeugt Affekte (gilt auch für arrangierte Partnerschaften) – die dann entweder zur Bestätigung der Bindung oder zur Auflösung der Bindung und Beendigung der Paarbeziehung als Lebensgemeinschaft führen.

49.3 **Strukturelle Kopplung:** Zwei Individuen, d. h. ihr Körper und ihre Psyche, werden strukturell gekoppelt, das heißt, sie

49 Paar

durchlaufen einen ko-evolutiven Prozess, bei dem beide füreinander (sowohl ihr Körper als auch ihre Psyche) relevante Umwelten bilden.

49.3.1 Körper und Verhalten des jeweiligen Partners werden beobachtet, da sich das jeweils *eigene Erleben* und/oder *Handeln* am Zustand des Körpers und der Psyche des anderen (bzw. den Vermutungen darüber) orientiert.

49.3.2 Körper und Psyche jedes Partners werden durch das Verhalten wie auch die Beobachtung des Körpers und die unterstellte Psychodynamik des anderen irritiert/perturbiert (= angeregt/ gestört).

49.3.3 **Sex:** Eine spezielle Form der Kommunikation unter Anwesenden (– ist einfach lustiger, wenn man dabei nicht allein ist) und struktureller Kopplung ist der Sexualakt, bei dem zwei Körper bzw. ihre Physiologie direkt gekoppelt werden, was nur unter speziellen *biologischen*, *psychischen* und *sozialen Bedingungen* geschieht und *soziale*, *psychische* und *biologische Folgen* haben kann (Schwangerschaft, emotionale Bindung, soziale Bewertungen/ Verpflichtungen …), sodass die *Wahrscheinlichkeit* verringert wird, dass es zu dieser Form der Paarung kommt.

49.4 Die *Attraktion* (aktiv wie passiv, d. h. erlebt wie ausgeübt) kann bei den jeweiligen Partnern aus unterschiedlichen Phänomenbereichen stammen, z. B. körperlichen Vorzügen, psychischen oder sozialen Qualitäten.

49.5 Die gegenseitige Orientierung des eigenen Handelns und Erlebens am Partner führt – mit großer Wahrscheinlichkeit – zur Steigerung der Interaktionsfrequenz bzw. zum Durchlaufen einer gemeinsamen Interaktionsgeschichte und Ko-Evolution (= *Bindung*).

49.6 Die Spielregeln der Paarbeziehung und die Definitionen der Beziehung der Partner (symmetrisch, asymmetrisch, komplementär, reziprok etc.) entwickeln sich selbstorganisiert.

49.6.1 Keiner der Partner hat die einseitige Kontrolle (= *Definitionsmacht*) über die gemeinsam kreierten *Spielregeln* und die *Definition der Beziehung*, sodass es zu Konflikten über das Wie des Zusammenlebens kommen kann.

49.6.2 Jeder der Partner hat die *Vetomöglichkeit* gegenüber der Beziehungsdefinition und den praktizierten Spielregeln der Beziehung, das heißt, er kann sein Verhalten willkürlich verändern und die *Erwartungen* des anderen *enttäuschen*, was zur Änderung der Spielregeln führen kann.

49.7 Ob Paarbildung und das Verhalten der Partner primär soziologisch, psychologisch oder biologisch zu erklären sind, ist unentscheidbar.

49.8 Aufgrund der sexuellen Beziehung der Partner kann das System Paar auch als biologisches System definiert werden.

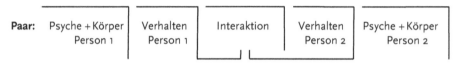

Figur 59

50 Familie

50.1 **Definition:** Ein durch biologische Verwandtschaft oder deren soziales Surrogat (= Adoption) definiertes, *personenorientiertes* soziales System, bestehend aus mindestens einem Erwachsenem und mindestens einem Kind, das als (nicht zwangsläufige) Weiterentwicklung der Paarbeziehung betrachtet werden und als Verwandtschaftssystem mehrere Generationen umfassen kann, soll als *Familie* bezeichnet werden.

50.1.1 **Definierendes Problem / Lösung:** Analog und in Ergänzung zur Paarbildung und zur *Reduktion von Unsicherheit* durch eine verlässliche, solidarische Beziehung (= *Primat der Sozialdimension der Kommunikation*) kommt das Merkmal hinzu, dass Kinder *Problem* wie *Lösung* sind: Problem insofern, dass sie neue Anforderungen (interaktionell, kommunikativ, strukturell, ökonomisch, organisatorisch, emotional etc.) an das soziale System stellen, Lösung insofern, als jedes Individuum (= Vater/Mutter) seine *Einzigartigkeit/Nicht-Austauschbarkeit* nirgends so erleben kann, wie in der Beziehung zu seinen Kindern.

50.1.2 **Kommunikationsmuster:** Analoge Muster wie bei der Paarbeziehung, aber wegen der manchmal langen geteilten Lebensgeschichten der Familienmitglieder kommt es aufgrund individueller Reifungs- und Alterungsprozesse zu einem über die Zeit oft radikalen Funktions- und Rollenwechsel, der mit einem Wandel, manchmal der Umkehrung der Beziehungsmuster verbunden ist, das heißt, die Kommunikationsmuster richten sich nach ihren psychischen/körperlichen Umwelten.

50.1.3 Familie entsteht entweder als Elter-Kind-*Dyade* oder als *Triade* zweier Partner (welchen Geschlechts auch immer) und eines Kindes bzw. als Mehr-Personen-System aus zwei oder mehr Erwachsenen und einem oder mehreren Kindern, d. h. Personen, die unterschiedlichen Generationen zuzurechnen sind (Großeltern = Generation 1, Eltern = Generation 2, Kinder = Generation 3).

50.1.4 Die *Spielregeln* und *Strukturen* der Familie entwickeln sich als *Kompromissbildung* zwischen den im Allgemeinen auf Familie bezogenen Erwartungen, Normen und Traditionen ihres aktuellen *gesellschaftlichen Kontextes* auf der einen Seite und den aktuellen *körperlichen* und *psychischen* Zuständen/Prozessen der Familienmitglieder (= relevante Umwelten) auf der anderen Seite.

50.1.5 Ob die Entstehung der konkreten Muster der Eltern-Kind-Interaktion mehr durch biologische, psychische oder gesellschaftliche (= kulturelle/sozio-ökonomische) Mechanismen zu erklären ist, ist *unentscheidbar*.

50.1.6 Bei jeder neuen Familienbildung treffen die kulturellen Muster zweier Herkunftsfamilien aufeinander, sodass unterschiedliche kulturelle Merkmale miteinander um Aktualisierung und Bestätigung konkurrieren (= dominante vs. rezessive Merkmale).

50.1.7 In (z. B. indigenen) Gesellschaftsformen, in denen Heiratsregeln bestimmen, wer wen heiraten darf, ist auch bestimmt, wessen Muster der Herkunftsfamilie sich in der neuen Familie durchsetzt.

50.1.8 In modernen westlichen Gesellschaftsformen, in denen relativ viele Möglichkeiten der individuellen Partnerwahl bestehen, entwickeln sich die kulturellen Muster neu gebildeter Familien als *Kompromissformen* zwischen den Mustern der Herkunftsfamilien, d. h. als Selektion und Re-Kombination unterschiedlicher Elemente beider Muster.

50.2 Mit der Geburt wird der kindliche Organismus Teilnehmer an der Interaktion mit anderen Menschen und *erlebt* die Auswirkungen der Spielregeln der Interaktion auf seinen Organismus (= Innenperspektive) und *beobachtet* die Interaktion der anderen Menschen (Familienmitglieder) miteinander (= Außenperspektive).

50 Familie

50.2.1 Die *Spielregeln* der Elter-Kind-Dyade wie auch der Familie des Neugeborenen werden von ihm selbst, da es sich in irgendeiner Weise verhält und auf das Verhalten anderer reagiert, die dann wieder auf sein Verhalten reagieren, mitgestaltet.

50.2.2 Familien sind das Kommunikationssystem, in dem sozial *Personen* konstruiert werden, da vom Augenblick der physischen Geburt an dem Neugeborenen von den anderen Familienmitgliedern aufgrund seines Aussehens und seines Verhaltens irgendwelche körperlichen und psychischen *Eigenschaften* zugeschrieben werden.

50.2.3 In der familiären Kommunikation konstruiert sich das Kind selbst als *Person* (= Selbstbild) durch Übernahme und/oder Ablehnung der ihm zugeschriebenen oder abgesprochenen körperlichen und psychischen Eigenschaften und Merkmale.

50.2.4 In der Familie (oder dem an seine Stelle tretenden sozialen System) erlebt und erlernt das Kind basale Spielregeln (= Regeln der Interaktion und Kommunikation) des umgebenden (sub-)kulturellen Kontextes (= *primäre Sozialisation*) sowie die *Unterscheidung sozialer Kontexte* mit unterschiedlichen Spielregeln, das heißt, dass intern in der Beziehung zu jedem der Elternteile und jedem der Geschwister ein anderes Verhalten erwartet (= positiv oder negativ beantwortet) wird und die in der Familie (= drinnen) geltenden Spielregeln unter Fremden (= draußen) nicht gelten und anders sind.

50.2.5 Durch die Interaktion in der Familie erlebt (und erlernt) das Kind den Unterschied zwischen komplementären und symmetrischen, hierarchischen und egalitären Beziehungen (Eltern-Kind- vs. Geschwisterbeziehungen).

50.3 Mit der Geburt eines (neuen) Kindes (= determinierendes Problem) ändert sich die *Struktur* aller *interpersonellen Beziehungen* in einer Familie und es kommt zu einer Neuverteilung der Ressourcen und evtl. zum Wettbewerb um sie.

50 Familie

50.3.1   Familien bilden und erhalten ihre eigenen *Kulturen*, die vom umgebenden gesellschaftlichen Kontext radikal abweichen können, was für die in solch einer Familie sozialisierten Kinder außerhalb der Familie zu Anpassungsschwierigkeiten führen kann.

50.3.2   Familiäre Spielregeln und Strukturen verändern sich im Laufe des familiären Lebenszyklus aufgrund der Veränderungen ihrer *biologischen* und *psychischen Umwelten* (= Wachstum, Reifung, Alterung der einzelnen Familienmitglieder).

50.4   Die Familie (mit Einschränkungen auch die Paarbeziehung) ist in der funktionell-differenzierten Gesellschaft das soziale System, durch das ein Individuum in seiner Totalität in die Gesellschaft *integriert* ist, d. h. als psychisches System, als Organismus und in seinen sozialen Bezügen.

50.4.1   Eltern-Kind- und Geschwister-Beziehungen sind (in den meisten kulturellen Kontexten) schwer oder gar nicht »kündbar«, das heißt, die *Akteure* sind relativ *fest gekoppelt*, während die Elemente des Kommunikationssystems bzw. der Interaktion, d. h. die Aktionen, *lose gekoppelt* sind und sich schnell ändern und an veränderte gesellschaftlich-ökonomische und kulturelle Umstände anpassen können.

50.4.2   Jedes Thema, das ein einzelnes Familienmitglied betrifft, steht potenziell im Fokus der familiären Aufmerksamkeit und ist Thema der familiären Kommunikation.

50.4.3   Innerhalb der Familie werden interpersonelle (= Selbst-/Nicht-Selbst-)Grenzen anders definiert und es gelten andere Schamgrenzen als außerhalb (= Intimkommunikation).

50.4.4   *Affekte* sind für die Entscheidungsfindung im alltäglichen familiären Zusammenleben wichtiger als sachliche Erwägungen.

50.5   *Personen, informelle Strukturen* und *kulturelle Muster* genießen (in Familien im Unterschied zu Organisationen) als *Entscheidungs-*

163

prämissen Priorität gegenüber formalen Strukturen und/oder Programmen.

50.5.1 Die Familie ist ein sozialer Ort, an dem innerhalb der Gesellschaft ein *nicht-gesellschaftsfähiges* (= abweichendes) Verhalten gezeigt werden kann, ohne dass es zur Ausgrenzung des Akteurs kommt.

50.5.2 Die körperlichen und/oder psychischen Zustände/Prozesse eines jeden Familienmitglieds (= *relevante Umwelten*) haben Auswirkungen auf die Interaktion innerhalb der Familie und damit auf jedes einzelne Familienmitglied, die nicht (oder nur schwer) ignoriert werden können.

50.6 Die Mitgliedschaft in einer Familie wird entweder durch *Geburt* (= biologisches Geschehen) oder durch eine *Entscheidung* (= Kommunikation) erworben.

50.6.1 Die Familie ist ein soziales System, in dem die Mitgliedschaft nicht an die Erfüllung sachlicher Aufgaben und Funktionen gebunden ist, sondern an die schlichte *Existenz*.

50.6.2 Die *Austauschbarkeit* der Mitglieder in einer Familie ist *gering*, allerdings kann die Kommunikation der Mitglieder zueinander unterbrochen werden.

50.6.3 Da die Position eines Familienmitglieds nicht primär durch eine von ihm ausgefüllte Funktion definiert ist, kann es zwar in Bezug auf seine Aufgabe ausgetauscht werden, nicht aber im Blick auf die interpersonellen Beziehungen.

50.6.4 Da die in einer Familie zu erfüllenden Aufgaben nicht fest an bestimmte Rollen gekoppelt sind, kann im Prinzip jedes Familienmitglied (fast) *jede Funktion* übernehmen.

50.6.5 Aufgrund der geringen Austauschbarkeit der Mitglieder und der hohen Austauschbarkeit der übernommenen Funktionen ist die Familie ein *flexibler* Typus sozialen Systems, der in der

Lage ist, in unterschiedlichen kulturellen und ökonomischen Kontexten seine *Kohärenz* zu wahren und zu überleben.

50.7 Familien sind ökonomiefreie Zonen, das heißt, Geben und Nehmen unter den Mitgliedern wird in der Regel nicht durch *Geld* honoriert.

50.7.1 Auch wenn persönliche Verdienste gegenseitig *nicht* in *Geldform* in Rechnung gestellt und bezahlt werden, so wird doch von den Mitgliedern einer Familie bewusst oder unbewusst *bilanziert*, wer wem was schuldet und welche Rechnungen noch offen sind bzw. welche Konten noch ausgeglichen werden müssen (= Schuld-/Verdienstkonten).

50.7.2 Jedes Familienmitglied nimmt seine *eigene Buchführung* nach seinen eigenen, *nicht* abgestimmten Kriterien darüber vor, wer wem was schuldet – was zu Konflikten führen kann, da es keine allgemein verbindliche Kontoführung bzw. keine objektivierbaren Bewertungskriterien für das jeweilige Geben und Nehmen gibt.

50.7.3 Die individuelle Kontoführung ist an das *Gedächtnis* des jeweiligen Familienmitglieds gebunden.

50.7.4 Die Fristen, in denen Gegenleistungen für erbrachte Leistungen einem anderen Familienmitglied gegenüber »eingeklagt« werden, erstrecken sich über die gesamte Lebensdauer.

50.7.5 Ansprüche auf Kontenausgleich ihren Kindern gegenüber können Großeltern ihren Enkeln vererben.

50.7.6 In Mehr-Generationen-Familienunternehmen wird der Begriff Familie paradoxerweise für eine *organisationsartige* Form sozialer Systeme verwendet, zu der Hunderte von Mitgliedern gehören können, die zwar miteinander *verwandt* bzw. durch Heirat, primär aber nicht durch Emotionen, sondern das *geteilte Eigentum* an einem Unternehmen, d. h. ökonomische Interessen, verbunden sind.

50 Familie

50.8   Familiäre Muster als spezifische Form kultureller Muster können von Generation zu Generation tradiert werden.

50.8.1 Die zentrale gesellschaftliche Funktion des Systems Familie bzw. der Familien eines Gesellschaftssystems besteht darin, für das jeweilige kulturelle System den Nachwuchs passender – d. h. seine Spielregeln erhaltender und damit die Autopoiese fortsetzender – *Umwelten* (= menschliche Körper und psychische Systeme) zu sichern.

50.8.2 In der familiären Interaktion wird Kindern die Kompetenz vermittelt, sich an der *Kommunikation* außerhalb der Familie *autonom* (= innengesteuert) zu beteiligen (= Mündigkeit).

50.8.3 Bei der Sozialisation von Kindern werden von der Familie widersprüchliche Funktionen ausgeübt: Bedingungslose *Fürsorge/ Pflege* auf der einen Seite stehen einer *selektiven Disziplinierung* des Verhaltens (Belohnung/Bestrafung) gegenüber.

50.9   Aus der Widersprüchlichkeit der Funktionen der Familie – Überlebenssicherung des Kindes vs. Vermittlung gesellschaftlicher Spielregeln – können einzelne Familienmitglieder für sich *paradoxe Handlungsanweisungen* und *Selbst-Definitionen* ableiten, die zu abweichendem Verhalten führen – von der *Delinquenz* bis zur *Psychose*.

51 Freundschaft

51.1 **Definition:** Ein *personenorientiertes* soziales System, zwischen dessen Mitgliedern aufgrund geteilter Erfahrungen eine affektive *Bindung* und *Vertrauens*beziehung entstanden ist, die Intimkommunikation ermöglicht, ohne dass sie primär durch sexuelle oder sachliche Interessen und Zwecke belastet ist, soll Freundschaft genannt werden.

51.2 **Definierendes Problem / Lösung:** Als verlässliche, vertrauensvolle Beziehung bildet Freundschaft einen kompensatorischen *Gegenpol* zum öffentlichen/organisationalen Raum mit seinen sachbezogenen Rollenanforderungen, in dem formale/konventionelle Anforderungen nicht relevant sind (= *Primat der Sozialdimension der Kommunikation*).

51.3 **Kommunikationsmuster:** Die Kommunikationsmuster richten sich nach den individuellen Bedürfnissen/Interessen der Beteiligten (= psychischen Umwelten) und können über lange Zeiten unabhängig von Veränderungen des sozialen Kontextes konstant bleiben.

51.4 Das individuelle Handeln wird am (beobachteten/vermuteten) psychischen und sozialen Zustand des anderen orientiert.

51.5 Freundschaften als soziale Systeme entwickeln sich meist (wenn auch nicht zwangsläufig) in der Kindheit oder Jugend, wo frei von sachlichen Zwecken/Aufgaben miteinander die Zeit vertrieben und die Welt erkundet bzw. gegen sie/Erwachsene eine Notgemeinschaft gebildet werden kann.

51.6 In Kindheit und Jugend bieten Freundschaften dem Einzelnen die Zugehörigkeit zu alternativen sozialen Kontexten, die sich von der Familie unterscheiden, wobei die Orientierung des eigenen Verhaltens an Gleichaltrigen (peers) zur Identitätsbildung in Abgrenzung von der Familie bzw. den Eltern und ihrer Lebensweise, ihren Normen und Erwartungen genutzt wird.

51.7 Freundschaft kann auch das Resultat von Schicksals-, Lebens- und/oder Leidensgemeinschaften (in Internaten, beim Militär, der Arbeit etc.) sein, wenn eine Solidarität erfordernde, gemeinsame Geschichte durchlebt wird.

52 Kultur

52.1 **Definition:** Als *Kulturen* sollen – analog zu Sprachen – *Mengen* von *Spielregeln* der *Interaktion* und *Kommunikation* definiert sein, die *alle* Aspekte des alltäglichen Lebens (d. h. die Sach-, Sozial- und Zeitdimension der Kommunikation) in einem sozialen System umfassen, deren Befolgung von den Mitgliedern als *selbstverständlich* erwartet wird.

52.1.1 **Definierendes Problem / Lösung:** Wo immer Menschen zusammenleben, bedarf es der Spielregeln der Interaktion, die nicht sachbezogen sind, sondern deren Funktion darin besteht, eine möglichst konfliktfreie Koordination des alltäglichen Umgangs miteinander wahrscheinlich zu machen, ohne dass dazu ein spezieller Kommunikationsaufwand betrieben werden müsste.

52.1.2 **Kommunikationsmuster:** Es bilden sich soziale Systeme (*Kulturgemeinschaften*), in denen kulturelle Spielregeln die kollektiven Interpretationsrahmen für beobachtbares Verhalten liefern und die Selektion der als selbstverständlich erwarteten Verhaltensmuster steuern.

52.1.3 Kulturen fungieren als *Medien der Kommunikation*.

52.1.4 Spielregeln von Kulturen funktionieren *analog* zu Sprachregeln.

52.2 Wo immer Menschen zusammenleben und eine gemeinsame Geschichte durchlaufen, müssen sie ihr *alltägliches Verhalten koordinieren*, unabhängig von spezifischen sachlichen oder persönlichen Zielen oder Zwecken, das heißt, unterschiedliche Kulturen werden durch unterschiedliche Mengen *selbstorganisierter*, allgemein gültiger *Verkehrsregeln* des Umgangs ihrer Mitglieder miteinander charakterisiert.

52.3 Es gibt keine sozialen Systeme ohne kulturelle Regeln, sie unterscheiden sich lediglich durch die konkreten Inhalte dieser Spielregeln.

52 Kultur

52.4 Ein den kulturellen Spielregeln konformes Verhalten bedarf für die Mitglieder keiner Erklärung (= *selbstverständlich*), während *abweichendes Verhalten* unmittelbar in den *Fokus der Aufmerksamkeit* tritt und die Frage nach seiner Erklärung aufwirft.

52.4.1 **Außenperspektive:** Die Spielregeln der eigenen Kultur werden dem Beobachter erst bewusst, wenn er in einen anderen kulturellen Kontext gerät und er mit dessen *abweichenden Spielregeln* konfrontiert wird, die das ihm in seiner Kultur selbstverständliche Verhalten zum *abweichenden Verhalten* machen.

52.4.2 **Innenperspektive:** Wenn ein Individuum innerhalb eines kulturellen Kontextes gegen dessen Spielregeln verstößt, bedarf sein abweichendes Verhalten einer Erklärung, die unterschiedlich konstruiert werden kann.

52.4.2.1 Wenn ein Individuum gegen die Spielregeln verstößt und sein abweichendes, den Erwartungen widersprechendes Verhalten durch *Unkenntnis* (= Nicht-Wissen) der Spielregeln bzw. der *Nicht-Zugehörigkeit* erklärt wird, wird er als *Fremder* (= nicht-zugehörig zum sozialen System) identifiziert.

52.4.2.2 Das abweichende Verhalten eines Individuums wird als *deviant* bewertet, wenn es durch *Krankheit* (Ursache in der organismischen Umwelt verortet = keine Handlung) oder *Kriminalität* (Ursache in der psychischen Umwelt verortet = Handlung) erklärt wird.

52.5 Die Stabilisierung der Spielregeln einer Kultur (= *Autopoiese*) wird dadurch sichergestellt, dass jedem Menschen vom Zeitpunkt seiner Geburt an *Erwartungen* an sein Verhalten signalisiert werden, sodass er bewusst oder unbewusst charakteristische *Erwartungen* an sein Verhalten *erwarten* kann.

52.5.1 Kulturelle Spielregeln gewinnen ihre besondere Bedeutung, weil/wenn die Mitglieder einer Kultur ihre individuelle *Identität* aus der *Zugehörigkeit* zu diesem kulturellen System gewinnen.

52.5.2   Die Anpassung eines Individuums an die kulturellen Spielregeln eines sozialen Systems ist wahrscheinlich, weil sie in einer Lebensphase seiner Sozialisation erlernt werden, in der die Zugehörigkeit zu der jeweils aktuellen Kultur Voraussetzung für das individuelle Überleben ist (Kindheit / primäre Sozialisation / Kultur der Familie).

52.5.3   Auch wenn die Drohung der *Ausgrenzung* aus einem kulturellen System, die mit deviantem Verhalten verbunden ist, nicht mehr im physischen Sinne lebensbedrohend ist (bei Erwachsenen), so ist doch das *psychische Überleben* bedroht, d. h. die *Identität* als Individuum.

52.5.4   Analog zu einer Sprache lassen sich drei Typen kultureller Spielregeln unterscheiden: *grammatische* Regeln, *informelle* Regeln, *technische* Regeln.

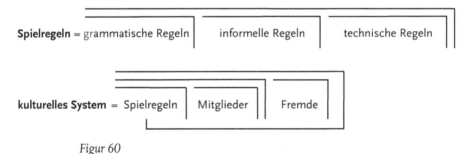

Figur 60

52.6   **Grammatische Regeln:** Gebote und Verbote, deren *Befolgung/ Zuwiderhandlung* über die *Zugehörigkeit zu* bzw. *Ausgrenzung aus* einem sozialen System entscheidet (*Sozialdimension* und *Zeitdimension* der Kommunikation).

52.6.1   Grammatische Regeln werden dem Kind implizit bereits in der präverbalen Phase seiner Entwicklung durch die *Mitteilung* (= *Zeigen*) *von Affekten* vermittelt.

52.6.1.1   Das Verhalten des Kindes, das den grammatischen Regeln (d. h. Geboten) entspricht, wird mit dem deutlichen Zeigen *positiver* Affekte der relevanten (Bezugs-)Personen belohnt.

52 Kultur

52.6.1.2 Das Verhalten des Kindes, das gegen grammatische Regeln (d. h. Verbote) verstößt, wird mit dem deutlichen Zeigen *negativer* Affekte der relevanten (Bezugs-)Personen sanktioniert.

52.6.1.3 Welche Affekte wann gezeigt werden, das heißt, welche Verhaltensweisen wie beantwortet werden, unterscheidet sich von Kultur zu Kultur.

52.6.1.4 Die Kommunikation von Affekten steuert die Selektion von gebotenem/verbotenem Verhalten in jeder Kultur.

52.6.1.5 Werden einem Individuum negative Affekte gezeigt, so wird das von ihm als Androhung des Beziehungsabbruchs erlebt.

52.6.2 Grammatische Regeln definieren die *Grenzen* (= Innen-außen-Unterscheidung) einer Kultur, das heißt, sowohl welche *Verhaltensweisen* in welch *zeitlicher* Ordnung als auch welche *Personen* zu ihr gehören oder *fremd* sind.

52.6.2.1 Die Befolgung/Missachtung der grammatischen Regeln entscheidet, ob ein Individuum von seinen *Interaktionspartnern* (= *Fremdbeschreibung*) als *zugehörig* oder *nicht-zugehörig* (= fremd) identifiziert wird.

52.6.2.2 Die Befolgung der grammatischen Regeln entscheidet, ob ein Individuum *sich selbst* (= *Selbstbeschreibung*) als *zugehörig* oder *nicht-zugehörig* zu einer Kulturgemeinschaft erlebt und identifiziert.

52.6.2.3 Der Verstoß gegen grammatische Regeln wird von den Mitgliedern einer Kulturgemeinschaft mit starken – aus der Außenperspektive meist als sachlich unangemessen erscheinenden – *Affekten* beantwortet und im Extremfall nicht nur mit Ausgrenzungsdrohung, sondern tatsächlicher Ausgrenzung.

52.6.3 Da grammatische Regeln *selbstverständlich* befolgt werden (was nicht heißt, dass sie verstanden werden) und ihre Befolgung auch selbstverständlich von anderen Menschen erwartet wird, bleiben sie meist unbewusst, können aber bewusst (gemacht) werden.

52.6.3.1 Grammatische Regeln entstehen und wandeln sich nur langsam, weil sie (relativ) fest *mit der Identität* ihrer Mitglieder *gekoppelt* sind, das heißt, der Versuch, sie zu ändern, wird (nicht zwangsläufig, aber mit einer gewissen Wahrscheinlichkeit) als Bedrohung der persönlichen Identität aller/einer großen Zahl der Mitglieder der Kulturgemeinschaft erlebt.

52.6.3.2 *Erlernt* werden grammatische Regeln nach der *Suchen-und-Festhalten-Methode*, d. h. durch das Erleben von *positivem* und *negativem* (meist implizitem) *Feedback* der Interaktionspartner.

52.6.3.3 Grammatische Regeln entwickeln sich *selbstorganisiert* im Laufe der Geschichte eines sozialen Systems und können nicht per Entscheidung eingeführt oder abgeschafft werden (= *unentscheidbare Entscheidungprämissen*).

52.6.4 Die Leitunterscheidung kultureller Systeme ist *zugehörig/nichtzugehörig* (= *fremd*).

52.7 **Informelle Regeln:** Regeln, vergleichbar mit Moden, die befolgt werden können, aber, ohne Ausgrenzung befürchten zu müssen, auch missachtet werden können (sowohl *Sachdimension* als auch *Sozialdimension* der Kommunikation betreffend).

52.7.1 Die Funktion informeller Regeln besteht in der Abgrenzung innerhalb einer Kultur, z. B. im *Zeigen* eines besonderen *Status*, der Kreation und Zugehörigkeit zu einer *Subkultur* etc.

52.7.1.1 Sachliche Vorlieben können genutzt werden, um soziale Unterschiede oder Gemeinsamkeiten zu demonstrieren.

52.7.1.2 Informelle Regeln werden über *Imitation* erlernt, das heißt, es gibt Trendsetter, die solch eine Spielregel leben und Nachahmer finden, aber wer ihnen nicht folgt, hat keine gravierenden sozialen Konsequenzen zu befürchten.

52.7.1.3 Informelle Regeln werden vom Individuum über *positives* (= verstärkendes) Feedback erlernt.

52 Kultur

52.7.2 Einhaltung oder Verstoß von/gegen informelle Regeln lösen bei den Beobachtern weder besonders starke Affekte aus, noch ist die Reaktion darauf vollkommen emotionslos oder neutral.

52.7.3 Informelle Regeln kommen und gehen, könnten auch immer anders sein, entwickeln sich *selbstorganisiert*, bestehen für eine gewisse Zeit und verschwinden dann wieder, weil vergessen wird und/oder die Motivation verloren geht, sie weiter zu praktizieren (= *unentscheidbare Entscheidungsprämissen*).

52.8 **Technische Regeln:** Explizite Gebote und Verbote, die *Verfahrensweisen* (= Prozeduren, Gesetze, Verordnungen, Gebrauchsanweisungen, Rezepte, Prozessmuster) zum Erreichen von überwiegend *sachlichen Zielen* festlegen (*Sachdimension* und *Zeitdimension* der Kommunikation).

52.8.1 Im Blick auf das Erreichen sachlicher Ziele (= Sachrationalität) gibt es meist mehr als nur einen Weg, sodass kultur- und know-how-spezifisch eine Selektion stattfindet, die *kontingent* wie jede Problemlösung ist, d. h. auch anders ausfallen könnte.

52.8.2 Technische Regeln sind nicht (bzw. nur lose) mit der Identität der Mitglieder einer Kulturgemeinschaft gekoppelt, sodass sie einer sich wandelnden *Sachrationalität* folgend *schnell* verändert werden können.

52.8.3 Das Erlernen technischer Regeln durch Individuen erfolgt durch Training, Unterricht, Befolgung von Rezepten, Üben, *positives und negatives* Feedback.

52.8.4 Die Veränderung technischer Regeln kann *schnell*, im Prinzip *diskontinuierlich*, d. h. von einem Tag zum anderen, erfolgen.

52.8.5 Technische Regeln und/oder ihre Änderung können beschlossen werden (= *entscheidbare Entscheidungsprämissen*).

52.9 **Kulturwandel:** Chance und Risiko bzw. Möglichkeit oder Notwendigkeit kulturellen Wandels ergeben sich aus manifesten sozialen *Konflikten* zwischen *grammatischen* und *informellen*, selten auch technischen Regeln bzw. den Mitgliedern einer Kultur, die sie befolgen und propagieren.

kulturelle Regel:	grammatisch	informell	technisch
Kopplung mit Affekten:	stark	mittel	schwach
Veränderung der Regeln:	langsam	mittel	schnell
Sach-/Zielorientierung:	gering	mittel	stark
Sinndimension	Sozial-/Zeit-Dimension	Sozial-/Sach-Dimension	Sach-/Zeit-Dimension
Entscheidbarkeit	unentscheidbar	unentscheidbar	entscheidbar

Figur 61

52.9.1 Informelle Regeln können Verhaltensweisen zur Folge haben, die den grammatischen Regeln zuwiderlaufen, d. h. sie negieren oder infrage stellen, sodass gleichzeitig *antagonistische Regeln* innerhalb desselben kulturellen Kontextes praktiziert werden.

52.9.2 Da die Halbwertzeit informeller Regeln kürzer ist als die Beharrungsdauer grammatischer Regeln, kommt es nur dann zum Konflikt zwischen beiden, wenn informelle Regeln *explizit* als Gegenmodell zu grammatischen Regeln praktiziert und beobachtet werden.

52.9.3 Entweder es bleibt längerfristig beim Praktizieren der *alten* grammatischen Regel oder die informelle Regel setzt sich – *schleichend* und öffentlich unbeobachtet/unbewusst – durch und wird im Laufe der Zeit zur *neuen* grammatischen Regel (= keine bewusste Entscheidung/evolutionäre Veränderung).

52.9.4 Wenn sich keine der widersprüchlichen Regeln durchsetzt, kommt es zum *offenen Konflikt* zwischen den Protagonisten und Parteigängern der beiden Regeln, der entweder chronifiziert und Spaltungstendenzen innerhalb der Kulturgemeinschaft (= Schismogenese) fördert oder aber durch die *Einigung* auf *technische Regeln* gelöst wird, die als Kompromiss von den Konfliktparteien akzeptiert werden.

52 Kultur

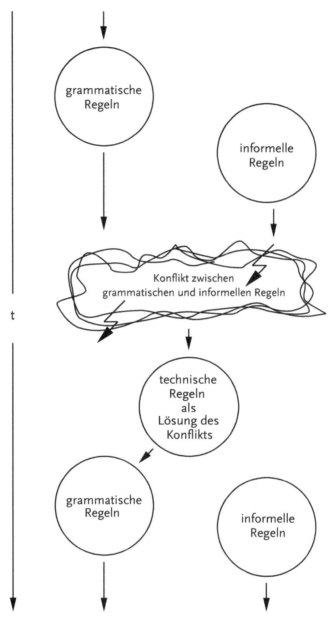

Figur 62

52.9.5 Wenn die vereinbarten technischen Regeln lange genug praktiziert werden, werden sie zu grammatischen Regeln, das heißt, sie bestimmen die selbstverständlichen *Erwartungserwartungen* der Mitglieder der Kulturgemeinschaft.

53 Kooperation

53.1 **Definition:** Die Koordination der *Aktionen* mehrerer Akteure (= Personen/soziale Einheiten) zur Lösung *sachlicher Probleme* und/oder zum Erreichen *sachlicher Ziele* soll Kooperation genannt werden.

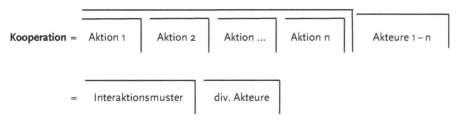

Figur 63

53.2 **Definierendes Problem/Lösung:** Es gibt sachliche Aufgaben und Ziele, welche die Handlungsmöglichkeiten einzelner Akteure *qualitativ* und/oder *quantitativ* übersteigen, sodass die Einbindung mehrerer Akteure bzw. ihrer *Aktionen* in einen *koordinierten Prozess* (= Arbeitsteilung) die individuellem Handeln gesetzten Begrenzungen überschreiten können.

53.3 **Kommunikationsmuster:** Es können entweder mehrere Akteure *qualitativ unterschiedlich* handeln und ihre Aktionen zu einer übergeordneten, von den Einzelleistungen unterscheidbaren Gesamtleistung gekoppelt werden, oder mehrere Akteure können in *qualitativ identischer* Weise handeln und so die *quantitative* Wirkung ihrer Aktion verstärken bzw. die *Quantität* ihrer identischen Aktionen steigern und dadurch die *Qualität* der Wirkung verändern.

53.4 Die beteiligten Akteure (= Individuen/soziale Einheiten) sind *Umwelten* der Kooperation und brauchen nur *selektiv*, das heißt, soweit es ihre Funktion/Rolle bei der Erledigung einer sachlichen Aufgabe betrifft, an einer zielgerichteten Interaktion/ Kommunikation beteiligt zu sein.

53.5 Kooperationen können *ereignishaft* sein, d. h. einmalig und zeitlich begrenzt und/oder unregelmäßig, sie können aber auch *repetitiv* sein im Sinne zuverlässiger und berechenbarer Kooperationspartnerschaften und Kooperationsmuster zwischen mehreren Akteuren.

53.6 Die Spielregeln der Kooperation können sich in Abhängigkeit von dem zu erreichenden Ziel oder Zweck sowohl *selbstorganisiert* als auch bewusst *geplant*, d. h. *fremdorganisiert*, entwickeln.

53.7 Die Beziehungen der Kooperationspartner können *symmetrisch* oder *komplementär* sein, d. h. auf sich ergänzender *Gleichheit* oder *Ungleichheit* der ausgeübten Funktionen beruhen.

53.8 Kooperieren können nicht nur menschliche Individuen, sondern auch soziale Einheiten (Familien, Clans, Organisationen, Staaten usw.).

54 Netzwerk

54.1 **Definition:** Eine begrenzte *Menge lose gekoppelter Komponenten*, d. h. für soziale Systeme: *autonomer Kooperationspartner* (Akteure = Personen / soziale Einheiten), die *selektiv* in unterschiedlichen, von Aufgabe zu Aufgabe wechselnden *Konstellationen* kooperieren, soll *Netzwerk* genannt werden.

54.2 **Definierendes Problem:** Es müssen *situativ* sachliche Aufgaben gelöst werden, welche die Kapazität und/oder Kompetenz einzelner Akteure überschreiten, sodass Kooperation notwendig ist, aber die Bildung einer dauerhaften Organisation überflüssig ist bzw. unökonomisch wäre.

54.3 **Kommunikationsmuster:** Die Ereignishaftigkeit bzw. Situationsabhängigkeit der Kooperationsnotwendigkeit erfordert jeweils *aktuell* neue Formen der Kopplung von Aktionen bzw. Akteuren und ihren Kompetenzen, sodass es keine *festgelegten Prozessmuster* (= Routinen) und/oder zwangsläufig miteinander kooperierende Akteure gibt.

54.3.1 Die jeweils aktuelle Kopplung von Kooperationspartnern kann mit dem Motiv der beteiligten Akteure korreliert sein, ihre Autonomie und Handlungsfreiheit zu bewahren (= lose Kopplung) und sich nicht in Abhängigkeiten begeben zu wollen (= feste Kopplung), oder aber mit dem Notstand der Akteure, keine feste Kopplung mit Kooperationspartnern eingehen zu können.

54.3.2 Die Beziehungen der Mitglieder eines Netzwerks sind *heterarchisch*, das heißt, sie verfügen über *keine* formal festgeschriebenen *Hierarchien* und zwischen ihnen bestehen keine *formalen Machtbeziehungen* (das heißt, informelle Machtbeziehungen können sich dennoch entwickeln).

54.4 Da die Selektionsmöglichkeit aus einer *Variation* (= Pool) von vielen potenziellen Kooperationspartnern besteht, sind die Ko-

54 Netzwerk

operationspartner im Netzwerk im Prinzip *austauschbar* (= lose gekoppelt).

54.4.1 Die Austauschbarkeit einzelner Netzwerkpartner ist durch deren spezielle, nicht-austauschbare Kompetenzen eingeschränkt.

54.4.2 Durch den unterschiedlichen Grad der Nicht-Austauschbarkeit können in Netzwerken *informelle Hierarchien* entstehen.

54.5 Netzwerke verfügen über keine das Netzwerk als *handelnde Einheit* steuernden Strukturen, sodass deren Teilnehmer nicht zum kooperativen Handeln verpflichtet werden können (= Autonomie).

54.6 Der Mangel an hierarchischen Strukturen bzw. deren Funktionen begrenzt die Möglichkeiten der Koordination einer großen Zahl unterschiedlicher *Akteure* bzw. ihrer *Aktionen* als Elemente *zielgerichteter komplexer Prozesse*, das heißt, die Erledigung von Aufgaben, die solch eine Koordination erfordert, ist unwahrscheinlich.

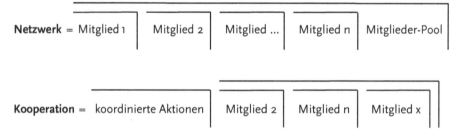

Figur 64

55 Organisation

55.1 **Definition:** Wenn *Prozesse* zum Erreichen *sachlicher Ziele/Zwecke*, welche die *wiederholte Koordination* einer Vielzahl von *Aktionen* erfordern, *strukturiert* werden und *soziale Einheiten* – meist als juristische Personen – zu deren Durchführung geschaffen werden, dann sollen derartige soziale Systeme *Organisationen* genannt werden.

55.2 **Definierendes Problem / Lösung:** Wenn das Erreichen sachlicher Ziele/Zwecke nur durch die Realisierung komplexer, *synchron und diachron* geordneter Aktionen (Prozesse/Arbeitsteilung) erreicht werden kann und dies wiederholt und zuverlässig geschehen soll, dann muss die *Unabhängigkeit dieser Prozesse* von konkreten Akteuren sichergestellt werden, was durch die Kreation sozialer Systeme gelingt, deren *Funktionen erhalten* bleiben (= fest gekoppelt), während die *Mitglieder austauschbar* (= lose gekoppelt) sind.

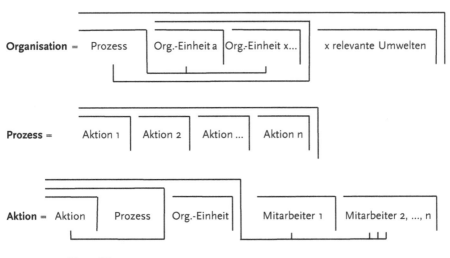

Figur 65

55.3   **Kommunikationsmuster:** Die Koordination einer Vielzahl (hunderter, tausender, hunderttausender …) autonomer Akteure (Mitarbeiter/Organisationseinheiten) lässt sich nur dadurch herbeiführen, dass *Entscheidungen* kommuniziert werden und von den jeweiligen Akteuren als *Prämissen* für ihre eigenen *Entscheidungen* akzeptiert und genutzt werden, d. h. wenn *Entscheidungen an Entscheidungen* anschließen (= Pfadabhängigkeit).

55.4   Organisationen sind darauf angewiesen, dass autonome *Akteure* (= Mitarbeiter/Organisations-Einheiten) bereit sind, ihr Handeln an Zielen zu orientieren, die nicht ihre eigenen sind, d. h. *ohne* primäre, *eigene Motivation* zu handeln, und sich obendrein dabei in einen Kommunikations- und Interaktionszusammenhang zu fügen, über den sie nicht entschieden haben.

55.4.1   Mit der *Entscheidung*, einer Organisation beizutreten, *entscheidet* (= verpflichtet) sich das Mitglied, bestimmte Spielregeln zu akzeptieren und seinen eigenen, verhaltensbestimmenden Entscheidungen innerhalb der Organisation zugrunde zu legen (= *Entscheidungsprämissen*).

55.4.2   Die Mitarbeiter einer Organisation sind bereit, fremde Entscheidungen als Prämisse ihrer Aktionen zu verwenden, auch wenn sie keine eigene Motivation für sie besitzen, wenn sie nicht ihrem Selbstverständnis zuwiderlaufen und/oder sie ihnen *indifferent* gegenüberstehen (= Indifferenzbereich).

55.4.3   Mit der *Entscheidung*, jemanden als Mitglied aufzunehmen, verpflichtet sich die Organisation bestimmte Leistungen für dieses Mitglied (z. B. Bezahlung) zu erbringen.

55.4.4   Organisation und Mitarbeiter verpflichten sich zur gegenseitigen *Loyalität* (= Einhaltung der Spielregeln).

55.5   **Entscheidung:** Eine *Kommunikation* oder ein *psychisches Ereignis*, bei dem zwischen (mindestens) zwei sich gegenseitig negierenden Handlungsoptionen (= Alternative) eine *selektiert* und als Konsequenz *tatsächlich* realisiert wird, soll *Entscheidung* genannt werden.

55.5.1 **Kollektiv bindende Entscheidungen:** Die Koordination des Verhaltens einer Vielzahl autonomer, innengesteuerter Akteure (= Mitarbeiter) ist nur möglich, wenn *kollektiv bindende Entscheidungen* getroffen und *kommuniziert* werden – von wem und wie auch immer – die von den Mitgliedern der Organisation als *Prämissen* der eigenen Entscheidungen gebraucht (= *akzeptiert*) werden.

55.5.2 Die Funktion von Entscheidungen in sozialen Systemen ist *Unsicherheitsabsorption*, d. h. die Herstellung kollektiver und individueller Entscheidungs- und Handlungsfähigkeit.

55.5.3 Entschieden werden muss in Organisationen, wie ihre generellen sachlichen Aufgaben (= determinierendes Problem / Existenzgrund) zu erledigen sind und wie aktuelle sachliche/soziale/zeitliche Konflikte und konkrete Probleme zu lösen sind.

55.5.4 Entschieden werden muss, an welcher *gegenwärtigen Zukunft* die Organisation und ihre Mitglieder ihr Handeln orientieren sollen.

55.5.4.1 Wenn über die zu wählende Zukunft entschieden wird, muss auch über den zeitlichen *Horizont* entschieden werden, das heißt, an einer wie weit entfernten oder nahen Zukunft (= zukünftige Gegenwart) die Orientierung erfolgt.

55.5.4.2 Da Entscheidungen der Organisation sich erst in der *zukünftigen Gegenwart* als richtig oder falsch erweisen werden, könnten sie immer auch anders ausfallen – deswegen sind sie immer *riskant*.

55.5.4.3 Die mit der Selektion einer Zukunft verbundenen Risiken sind für Organisation und Mitarbeiter unterschiedlich (qualitativ wie quantitativ).

55.5.5 **Risiko:** Die negative, nicht intendierte, aber mögliche Folge einer Handlung (= zukünftige Gegenwart), die einer Entscheidung kausal zugerechnet werden kann, soll *Risiko* genannt werden.

55.5.5.1   Risiken lassen sich in ihrer Wahrscheinlichkeit berechnen.

55.5.5.2   Risikokalkulationen können in Situationen konkreter Entscheidungsnotwendigkeiten oder Entscheidungsmöglichkeiten (z. B. bei der Planung) als Grundlage der Entscheidungsfindung fungieren.

55.5.5.3   Gegenüber Risiken kann durch Entscheidungen Vorsorge getroffen werden, das heißt, sie können im besten Fall *vermieden* oder zumindest *minimiert* werden.

55.5.5.4   **Gefahren:** Negativ bewertete, als möglich erachtete (= drohende) zukünftige Ereignisse und/oder Prozesse, deren Auftreten *nicht* eigenen *Entscheidungen* zugerechnet werden kann, sollen *Gefahren* genannt werden.

55.5.5.5   Gefahren lassen sich in ihrer Wahrscheinlichkeit berechnen.

55.5.5.6   Die Kalkulation drohender Gefahren kann in Situationen konkreter Entscheidungsnotwendigkeiten oder Entscheidungsmöglichkeiten (z. B. bei der Planung) als Grundlage von Entscheidungen fungieren.

55.5.5.7   Gegenüber Gefahren kann durch Entscheidungen Vorsorge getroffen werden, sie können aber nicht durch Entscheidungen vermieden, sondern lediglich in ihren Auswirkungen minimiert werden.

55.6   **Entscheidungsprämissen:** Die Koordination der Aktionen einer Vielzahl von Individuen und Organisationseinheiten, die strukturdeterminiert (= autonom) entscheiden, lässt sich dadurch erklären, dass die beteiligten Akteure ihren *selbstbestimmten Entscheidungen* Prämissen zugrunde legen, über die sie *nicht selbst entschieden* haben (= Entscheidungsprämissen/Spielregeln).

55.6.1   Es lassen sich – analytisch – (mindestens) vier Typen von Entscheidungsprämissen unterscheiden, zwischen denen es *keine* hierarchische Beziehung gibt und zwischen denen von Fall zu Fall die Wahl getroffen werden kann: *Programme, Kommunikationswege* (= *formale* und *informelle Strukturen*), *Personen*, die *Organisationskultur*.

55.6.2 **Programm:** Eine Vielzahl einzelner *Aktionen* ist in ihrer diachronen und synchronen Ordnung (= Ablauf, Prozessschritte) ein-eindeutig festgelegt (= *fest gekoppelt*), sodass im Idealfall unabhängig davon, wer handelt, das sachliche Ergebnis des Prozesses stets dasselbe ist (d. h. im Extremfall: *lose Kopplung bzw. vollkommene Austauschbarkeit der Akteure*).

55.6.2.1 **Zweckprogramm:** Ein Programm, das *routinemäßig* zum Erreichen spezifischer *Ziele* und *Zwecke* abzuarbeiten ist (= *Um-zu*-Routine).

55.6.2.2 **Konditionalprogramme:** Ein Programm, das *routinemäßig* beim Eintreten spezifischer *Bedingungen* abzuarbeiten ist (= *Wenn-dann*-Routine).

55.6.2.3 Die Etablierung von Programmen ist der Versuch, in der Vergangenheit erworbenes *Wissen/Können* in der Gegenwart und Zukunft nutzen zu können, unabhängig von denen, die es erworben, entwickelt, erfunden haben.

55.6.3 **Kommunikationswege (= Strukturen):** Selektion vorgeschriebener und/oder selbstorganisiert entstandener Kommunikationsmuster, d. h. nicht jeder kann/muss/will mit jedem kommunizieren, sondern wer mit wem wie oft und wann kommuniziert, ist durch Rollen/Funktionen und/oder persönliche Beziehungen bestimmt.

55.6.3.1 **Formale Strukturen:** Klar festgelegte (= entschiedene) Symmetrien und Asymmetrien der Beziehung von Stellen/Rollen/Funktionen (= Hierarchie vs. Egalität) und Zuständigkeiten, d. h. die jeweils gegebenen Entscheidungsspielräume und deren Grenzen sowie Über-/Unterordnungsverhältnisse und die damit verbundenen *obligatorischen* Kommunikationen (wie z. B. in Organigrammen dargestellt).

55.6.3.2 **Informelle Strukturen:** Selbstorganisierte Kommunikationswege und Beziehungsnetzwerke, die parallel zu formalen Strukturen entstehen und kompensatorische Wirkung für Defizite der formalen Strukturen, aber auch subversive Wirkungen entfalten können.

55.6.4 **Personen:** Das organisationsöffentliche Bild von Menschen (Rollenträgern), ihr Image samt der ihnen zugeschriebenen positiven und negativen Eigenschaften, auf die alle, die mit ihnen zu tun haben, sich einstellen (müssen).

55.6.5 **Organisationskultur:** Charakteristische Regeln des alltäglichen Umgangs miteinander und der Koordination des Zusammenlebens (= *grammatische Regeln*), die sich jenseits der zweckbezogenen Spielregeln in einer Organisation im Laufe ihrer Geschichte selbstorganisiert entwickelt haben und deren Befolgung von den Mitgliedern der Organisation *selbstverständlich* erwartet werden.

55.6.6 **Entscheidbare vs. unentscheidbare Entscheidungsprämissen:** Organisationen können nur begrenzt gesteuert und/oder gezielt verändert werden, da *nicht* über alle Entscheidungsprämissen entschieden werden kann.

55.6.6.1 Über *Programme, formale Strukturen* und *Personen* kann entschieden werden (= *entscheidbare Entscheidungsprämissen*), das heißt, es können von einem Tag zum anderen neue Programme eingeführt werden, Strukturen verändert und Personen ausgetauscht werden, sodass steuernd/verändernd – wenn auch nicht das Resultat determinierend – in die Kommunikationsmuster einer Organisation eingegriffen werden kann.

55.6.6.2 *Informelle Strukturen* und *Organisationskulturen* entwickeln sich *selbstorganisiert*, das heißt, es kann *nicht* entschieden werden, welche informellen Kommunikationswege und welche Kulturen sich entwickeln (= *nicht-entscheidbare Entscheidungsprämissen*), sie können aber *irritiert* oder durch Veränderung der entscheidbaren Entscheidungsprämissen *indirekt* beeinflusst werden.

55.7 Personenorientierte Kommunikation findet auch in Organisationen statt, aber deren Überleben ist langfristig abhängig vom Erfüllen sachlicher Zwecke, das heißt, die Prioritäten sind im Konfliktfall eindeutig, sodass die Effekte durch individuelle Verhaltensmuster von Personen immer nur temporär sind.

55.8 **Totale Institution:** Eine Form der Organisation, deren Mitglieder vollkommen integriert sind, das heißt, deren Leben *total* (24 Stunden, 7 Tage usw.) durch ihre *Mitgliedschaft* in der Organisation bestimmt ist, d. h. nicht durch eine Funktionsübernahme oder Aufgabe begrenzt ist und nicht durch ein außerhalb der Organisation stattfindendes *Privatleben* konterkariert wird (z. B. Militär, psychiatrische Anstalt, Kloster, Gefängnis, Sekte ...).

55.8.1 Totale Institutionen sind durch starre *hierarchische* Strukturen definiert, in denen es klare Über-/Unterordnungsbeziehungen gibt, das heißt, es herrschen Machtstrukturen mit idealtypisch komplementären Beziehungen (z. B. Wärter/Gefangener, Pfleger/psychiatrischer Patient ...).

55.8.2 Für die machtunterworfenen Mitglieder ist es unmöglich zu kündigen, sodass sie der Willkür der Personen, die hierarchische Positionen innehaben, bzw. dem Missbrauch durch sie dauerhaft ausgeliefert sind.

55.8.3 Die Anpassung der Machtunterworfenen an die Spielregeln der Organisation wird durch Überwachen und Strafen gewährleistet, ihr individueller Freiraum ist extrem eingeschränkt.

55.8.4 Die Identität der Mitglieder ist durch ihre *Rolle* definiert, das heißt, auch ihre Psychodynamik wird – in welcher Rolle auch immer – durch die Totalität der Lebenswelt der Machtunterworfenen bestimmt.

55.9 **Autopoiese der Organisation:** Der Typus von Operation, durch den Organisationen entstehen und sich reproduzieren, ist die *Entscheidung*.

55.9.1　Organisationen bedürfen der Entscheidung, um gegründet zu werden.

55.9.2　In der Kommunikation der Organisation schließen Entscheidungen an Entscheidungen an.

55.9.3　Die Organisation existiert so lange, wie die sie definierende Kommunikation (von Entscheidungen) fortgesetzt wird.

55.9.4　Über das Ende von Organisationen wird entschieden.

56 Gruppe (= Team)

56.1 **Definition:** Ein *sach-* bzw. *aufgabenorientiertes* soziales System mit einer begrenzten Zahl von Mitgliedern (max. ca. zwölf Personen), in dem *Personen* sowie die spezifische, sich in der Interaktion miteinander *selbstorganisiert* entwickelnde (Gruppen-) *Kultur* als Entscheidungsprämissen fungieren.

56.2 **Definierendes Problem / Lösung:** Innovative und kreative soziale Prozesse kommen nur zustande, wenn die emotionalen und intellektuellen Ressourcen der Mitglieder des Systems (= psychische Umwelten) für es nutzbar werden, das heißt, wenn jede Person sich als unverwechselbares Individuum akzeptiert fühlt und ihre Ideen frei in die Kommunikation bringt, was nur geschieht, wenn die Kommunikation *nicht-hierarchisch* (= *heterarchisch*) strukturiert ist.

56.3 **Kommunikationsmuster:** Gruppen/Teams verfügen über nur minimale formale Strukturen und Programme als Entscheidungsprämissen, das heißt, die sich selbst organisierenden Strukturen sind *informell*, und Entscheidungen werden interpersonell ausgehandelt.

56.3.1 Die interpersonellen Beziehungen sind *symmetrisch* bzw. *reziprok*.

56.3.2 Abhängig von der aktuellen Funktion für die Gruppe und ihre Aufgabe entwickeln sich zeitweise Asymmetrien, die aber schnell *re-symmetrisiert* werden, da Gruppen mit dauerhaft hierarchischen Beziehungen nicht kompatibel sind.

56.4 Was die Mitglieder zusammenbringt und -hält, ist das implizite oder explizite Einverständnis über den *Existenzgrund* der Gruppe (= Ziel/Zweck/Aufgabe).

56.5 Die Teilnehmer (= Akteure) einer Gruppe sind nur *begrenzt austauschbar*, da sich im Verlauf der gemeinsamen Geschichte

Strukturen entwickeln, in denen jede Person eine spezifische, nicht ohne Weiteres austauschbare Funktion und Rolle einnimmt – was allerdings nicht bedeutet, dass alle Mitglieder für das Erreichen der gemeinsamen Ziele gleich wichtig sein müssten.

56.6 Aufgrund der gemeinsamen Geschichte mit ihrer starken Fokussierung der Aufmerksamkeit auf die beteiligten Personen kann eine gegenseitige Vertrautheit entstehen, sodass die interpersonellen Beziehungen einen nahezu privaten Charakter gewinnen können.

56.7 Wenn ein Mitglied einer Gruppe gegen eine andere Person ausgetauscht wird, ändert sich die Struktur der gesamten Gruppe.

56.8 Das psychischen System jedes Gruppenmitglieds ist eine relevante Umwelt der Gruppe, da sie bzw. ihre an den Gruppenprozess gekoppelte Dynamik die Kommunikation beeinflusst, ohne sie zu determinieren.

Figur 66

57 Masse

57.1 **Definition:** Ein durch die *Synchronisierung des Erlebens* bzw. *Fühlens* einer großen Zahl von Individuen entstehendes soziales System, das zur *Synchronisierung* der individuellen *Verhaltensimpulse* führt, sodass *qualitativ gleiches*, individuelles Verhalten (= Aktionen) *multipliziert* wird, soll *Masse* genannt werden.

57.2 **Definierendes Problem / Lösung:** Ein *aktuelles Ereignis* löst synchron gleichartiges affektives Erleben vieler einzelner Akteure aus (z. B. Gefahr, Bedrohung, Begeisterung, Freude etc.), was zur *Synchronisierung ihrer Aktionen* führt (das heißt, *der soziale Prozess wird durch die multiple, identische Dynamik seiner psychischen Umwelten determiniert*).

57.3 **Kommunikationsmuster:** Da die Affekte der beteiligten Individuen ein *impulsgesteuertes*, *schnelles* und *unreflektiertes* Verhalten zur Folge haben, ist das Kommunikations- und Interaktionsmuster durch die Gleichartigkeit des Verhaltens der Beteiligten gekennzeichnet (kollektive Flucht, Panik, Begeisterung oder Angst, »Massenpsychosen«, Hooligans nach Niederlage der eigenen Fußballmannschaft, La Ola-Welle, aktionistischer Protest und Widerstand gegen ... gesellschaftliche Zustände, tendenziell auch Boom & Bust der Börse).

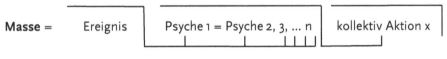

Figur 67

57.4 Massen bilden sich *ereignishaft* und *situationsabhängig*, ohne klare Außengrenzen, und sind *keine autopoietischen Systeme*, das heißt, sie reproduzieren sich *nicht* strukturdeterminiert aufgrund ihrer internen Dynamik.

57.5 Massenbildungen sind *riskant* und/oder *gefährlich*, weil sie die Normalverteilung individuellen Verhaltens außer Kraft setzen, was zu *Katastrophen* führen kann.

57.6 Zur Massenbildung kann es *selbst-* und/oder *fremdorganisiert* kommen, d. h. als spontanes Phänomen oder als inszeniertes, *geplantes* und *erwünschtes* Phänomen (= *Theater*).

57.7 Der Unterschied zur Organisation, in der ebenfalls die Aktionen einer Vielzahl von Akteuren koordiniert werden, besteht darin, dass in der Organisation *unterschiedliche Aktionen* der Akteure zu umfassenderen Prozessen koordiniert werden (= *Kooperation*), während in der Masse *dieselben Aktionen* einer Vielzahl von Akteuren sich zu einem umfassenderen Prozess organisieren (= *Bewegung*).

57.8 Die Teilhabe an Massenveranstaltungen gewinnt ihre emotionale Attraktion dadurch, dass das mit der aktuellen *Gleichheit des Verhaltens* verbundene Erleben der *Auflösung* individueller körperlicher und psychischer *Grenzen* (= ich) und das Aufgehen in einer größeren sozialen *Einheit* (= wir) Lust- und Erhabenheitsgefühle produzieren kann (was allerdings von potenziellen Teilnehmern auch als Bedrohung der eigenen Autonomie erlebt werden und Panikgefühle auslösen kann), deren Kehrseite die Aufgabe des individuellen Verantwortungsgefühls für die eigenen Verhaltensweisen sein kann (z. B. Hooligans).

57.9 Eine zur Massenbildung unter Anwesenden analoge Form der Masse kann durch *Fernkommunikation* produziert werden, wenn durch *Massenmedien* (TV, Radio, Internet, soziale Medien, Flüsterpropaganda etc.) *kollektiv Affekte* induziert werden, die – auch ohne Körperkontakt – zur Bildung eines *Wir-Gefühls* und Steigerung der Bereitschaft zu *kollektiver Aktion* führen (z. B. Kriegsbegeisterung).

58 Theater/Öffentlichkeit

58.1 **Definition:** Ein temporär begrenztes soziales System (= *Inszenierung*), bei dem es zwei definierte Subsysteme bzw. zwei Rollen/Typen von Kommunikationsteilnehmern gibt (*Publikum* und *Protagonisten*), soll *Theater* oder, wenn die Kommunikation nicht unter Anwesenden stattfindet und durch *Massenmedien* vermittelt wird, Öffentlichkeit genannt werden.

58.2 **Definierendes Problem / Lösung:** Soll einer größeren Zahl von Menschen eine Botschaft, seien es sachliche Informationen, politische oder religiöse Verkündigungen, Werbung, der rituelle Vollzug sozialer Veränderungen (z. B. Statusänderungen) und/oder ein emotionales Erlebnis, vermittelt werden, kann *Theater* als Kommunikationsform inszeniert werden, bei der nur wenige Akteure (oder auch nur ein Akteur allein) *gleichzeitig* eine Vielzahl von *Adressaten* (Zuhörern/Zuschauern) mit ihrer Botschaft erreichen können.

58.3 **Kommunikationsmuster:** Das Kommunikationssystem ist aus zwei Subsystemen (Protagonisten/Publikum) zusammengesetzt, zwischen denen eine *asymmetrische* Beziehung besteht, wobei das *Publikum* durch die *geteilte Fokussierung der Aufmerksamkeit* seiner Mitglieder die *Merkmale einer Masse* gewinnt, während die *Protagonisten* Interaktionsformen zeigen, die *organisiert* und *strukturiert* sind.

58.4 *Öffentlichkeit* findet im Unterschied zu dem in einem realen Raum inszenierten Theater in *virtuellen* Räumen statt und *ohne* die körperliche *Anwesenheit* des Publikums (= Fernkommunikation qua technischer Medien), was dazu führt, dass keine unmittelbare Reaktion des Publikums auf die mitgeteilte Botschaft der Protagonisten erfolgt.

58 Theater/Öffentlichkeit

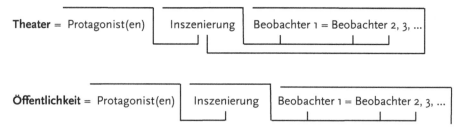

Figur 68

58.5 Theater ist eine Form *rituellen* sozialen Systems, die unwahrscheinlich ist, der *Fremdorganisation* bedarf sowie an *speziellen Orten* und zu *speziellen Zeiten* stattfindet (Arena, Kirche, Moschee, Tempel, Opernhaus, Stadion, Theater, Auditorium, Parlament, Marktplatz usw.).

58.5.1 Die situativen (= baulichen/medialen) Voraussetzungen theatralischer Ereignisse – Trennung von Akteuren und Auditorium, Tribüne vs. Spielfeld, Altar vs. Kirchenschiff, Podium der Wahlrede vs. gefüllter Marktplatz etc. – sorgen dafür, dass dem Publikum die Rolle des Zuschauers zugewiesen ist, das beobachten und bestenfalls durch Beifalls- oder Missfallenskundgebungen Einfluss auf das Geschehen nehmen kann, während aktuell die Protagonisten bzw. ihr Verhalten im *Fokus der Aufmerksamkeit* stehen.

58.5.2 Die Inhalte theatralischer Arrangements sind austauschbar, die Form bleibt konstant.

58.6 Die Akteure auf der Bühne sind – einem Drehbuch entsprechend – *fest gekoppelt*, die Mitglieder des Publikums hingegen sind *lose gekoppelt* (= austauschbar).

58.7 Die Herstellung von Öffentlichkeit bedarf spezieller *technischer Medien* (Rundfunk, Fernsehen, Internet), sodass eine dem Theater vergleichbare Kommunikationssituation entstehen kann.

58.7.1 **Massenmedien:** Auftritte in den Massenmedien folgen demselben *asymmetrischen*, fremdorganisierten Kommunikationsmuster wie die Form Theater mit der Unterscheidung zwischen den Rollen des/der Protagonisten und des Publikums.

58.7.2 **Soziale Medien:** Mit der Kreation des Internets und der sozialen Medien ist in die technisch vermittelte Kommunikation ein Aspekt der Face-to-face-Kommunikation eingetreten: die *Selbstorganisation* der Kommunikationsmuster und die Aufhebung der *Asymmetrie* zwischen Protagonisten und Publikum, das heißt, jeder kann zu jeder Zeit beide Rollen und Funktionen übernehmen (was allerdings der *Fremdorganisation* der technischen Medien als Voraussetzung bedarf), sodass ihre Wirkung de facto in der Bildung von *Netzwerken* besteht.

59 Markt

59.1 **Definition:** Ein soziales System, das durch einen spezifischen Typus von Kommunikationen charakterisiert ist: *Transaktionen* (= Geschäfte), bei denen ein *Gut* (Ware, Dienstleistung, Forderung etc.) gegen ein anderes *Gut*, meistens *Geld* (aber auch andere Güter, d. h. Waren etc.) *getauscht* wird (= Kauf/Verkauf).

59.2 **Definierendes Problem/Lösung:** Die Vielfalt unterschiedlicher Akteure (Individuen, Organisationen = Nachfrager) hat unterschiedliche Bedarfe/Wünsche, die durch *Güter* befriedigt werden können, über die andere Akteure verfügen (Anbieter/Verkäufer), sodass eine *bedarfsgerechte Allokation* von Gütern/Waren nur gelingen kann, wenn Anbieter und Nachfrager (Verkäufer/Käufer) einander treffen, um sich über Kauf/Verkauf (= Transaktion) zu einigen.

59.3 **Kommunikationsmuster:** *Märkte* sind aus einer Vielzahl voneinander unabhängiger, *lose gekoppelter* Transaktionen zusammengesetzt, wobei *Transaktionen* Kommunikationseinheiten sind, die aus der *Einheit* zweier komplementärer Elemente (*Kauf/Verkauf = Zahlung/Lieferung*) zusammengesetzt sind.

59.4 Transaktionen bedürfen (mindestens) zweier Teilnehmer, die *komplementäre* Funktionen/Rollen einnehmen (Käufer/Verkäufer = Zahlender/Zahlungsempfänger = Lieferungsempfänger/Lieferant).

59.5 Um aus einem Gut (Objekt/Dienstleistung) eine handelbare Ware zu machen, müssen deren Bewertungen durch *unterschiedliche* Beobachter in einer Art *unterschiedlich* sein, dass der Verkäufer bereit ist, sich von einem Gut zu trennen bzw. eine Aktion/Dienstleistung zu vollziehen, und der Käufer bereit ist, den geforderten Preis zu bezahlen.

59 Markt

59.6 Um sich an den Transaktionen eines Marktes beteiligen zu können, bedarf es bei den Teilnehmern vorbereitender Aktionen und Kommunikationen, um ein Gut kaufen oder verkaufen zu können, z. B. der Herstellung bzw. dem Erwerb von Gütern, Waren, Kompetenzen, dem Erwerb von Zahlungsmitteln etc.

59.7 Die Teilnehmer am Markt (= Akteure, d. h. Verkäufer vs. Käufer) sind *lose gekoppelt*, das heißt, jedes Gut könnte auch von einem anderen Käufer *nachgefragt* und *gekauft* werden bzw. von einem anderen Verkäufer *angeboten* und *verkauft* werden.

59.7.1 Marktbeziehungen sind stets *Dreiecksbeziehungen*, das heißt, es gibt für jeden potenziellen Käufer einen potenziellen anderen Käufer und für jeden potenziellen Verkäufer einen anderen potenziellen Verkäufer, das heißt, sie sind im Prinzip in ihrer *Funktion* füreinander austauschbar.

59.7.2 Märkte gewinnen ihre Dynamik aus der *Konkurrenz* der bzw. mit den *potenziellen Dritten*, seien es Käufer oder Verkäufer.

59.7.3 Wenn es nur einen potenziellen Käufer oder Verkäufer (= *Monopol*) gibt, so besteht zwischen den Beteiligten an einer Transaktion keine Marktbeziehung.

59.8 Die *Aktionen* der Teilnehmer am Markt, d. h. von Verkäufer und Käufer, sind *lose gekoppelt*, das heißt, der Weg zur Transaktion ist nicht festgelegt, weder beim Käufer noch beim Verkäufer (= gestohlene/geerbte/produzierte/konzipierte Waren etc.).

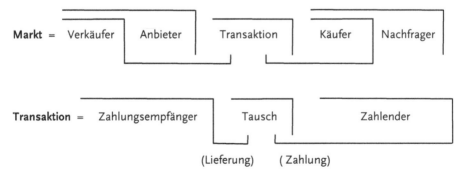

Figur 69

59 Markt

59.8.1 Der einzige Konsens bzw. die einzige Koordination des Verhaltens, die zwischen Käufer und Verkäufer notwendig ist, besteht in der beidseitigen Akzeptanz eines *Preises* für ein Gut, daher sind die Anforderungen an die *kommunikativen* Kompetenzen der Teilnehmer an einem Markt minimal.

59.8.2 Die Zugangsbarrieren zu Märkten sind niedrig, das heißt, wer etwas zu verkaufen hat und wer über Zahlungsmittel verfügt, ist im Prinzip handlungsfähig.

59.9 Die *Akteure* (Teilnehmer am Markt, d. h. Verkäufer und Käufer) sind *lose gekoppelt*, das heißt, jede *Transaktion* ist ein Ereignis, das einmalig sein kann.

59.9.1 Märkte bzw. Transaktionen bedürfen keiner persönlichen Beziehung oder personenorientierter Kommunikation zwischen den beteiligten Akteuren (Käufern und Verkäufern), was im Unterschied zum Stand auf einem Wochenmarkt in *Internetmärkten* deutlich wird, wo die Teilnehmer an einer Transaktion sich nicht persönlich begegnen müssen, d. h. von allen interpersonellen nonverbalen und/oder emotionalen Aspekten der Kommunikation radikal abstrahiert wird.

59.9.2 Wo Märkte die Kommunikation steuern (= als Entscheidungsprämissen fungieren), ist von konkreten zwischenmenschlichen Beziehungen und ihrer Geschichte, d. h. von sozialen Strukturen, Merkmalen einzelner Personen und kulturellen Mustern *abstrahiert*, und die Variation der Kommunikationsmuster wird auf die Addition/Summe von Transaktionen reduziert.

60 Religionsgemeinschaft

60.1 **Definition:** Ein soziales System, dessen Mitglieder durch ein Repertoire geteilter *Glaubenssätze* und regelhaft vollzogener *Rituale* verbunden/gebunden sind, soll *Religionsgemeinschaft* genannt werden.

60.2 **Definierendes Problem / Lösung:** Die *Begrenztheit* des *Lebens* (= Sterblichkeit) sowie das faktische *Nicht-Passen* (zweiwertig) logischer *Wirklichkeitskonstruktionen* zur *erlebten* oder *erhofften* Realität lässt nach alternativen Wirklichkeitskonstruktionen suchen, wobei die Mechanismen des Beobachtens (= Unterscheiden und Bezeichnen) es ermöglichen, einem Bereich, der außerhalb der direkt und interpersonal *beobachtbaren Phänomene* verortet ist, *Sinn* zuzuschreiben, d. h. *Akteure* (z. B. Götter) und/oder *Erklärungen* in einer *transzendenten* Welt zu konstruieren.

60.3 **Kommunikationsmuster:** Es lassen sich unterschiedliche Kommunikationsformen in der Beziehung des *Gläubigen* zu seinem *Gott* (Göttern/Heiligen/höheren Wesen etc.) von in der Beziehung der *Gläubigen untereinander* unterscheiden: Es gibt Religionen/Konfessionen, die davon ausgehen, dass jeder Gläubige *direkt* mit Gott kommunizieren kann/muss, und in anderen Religionen/Konfessionen ist die Möglichkeit, mit Gott in Kontakt zu treten, an die *Vermittlung* spezifischer *Funktionäre* (Priester, Heilige, Kirche) gebunden.

60.4 **Religiöse Wirklichkeitskonstruktionen:** Die Weltbilder, die innerhalb von Religionsgemeinschaften vermittelt werden (= Glaubensinhalte), unterscheiden sich von Religion zu Religion und *widersprechen* weitgehend dem jeweils aktuell akzeptierten wissenschaftlichen Wissen, was zwar zu psychischen und sozialen *Konflikten* (bis zum Religionskrieg) führen kann, aber dennoch den paradoxen Effekt hat, die Logik des wissenschaftlichen Weltbildes außer Frage zu stellen.

60 Religionsgemeinschaft

60.4.1   *Beschreiben* (= *Wahrnehmen*) ist *aktuell* immer durch die Beschränktheit der sinnlichen Wahrnehmung (Selektion beobachteter Phänomene) *begrenzt*, wodurch fast zwangsläufig die andere Seite der Unterscheidung – der *Bereich des Möglichen* (= Nicht-Beobachtbaren/Übersinnlichen) – in den *Fokus der Aufmerksamkeit* rückt und die Beschränkungen der Beobachtung vermeintlicher Tatsachen überschreitet.

60.4.2   *Erklären*, d. h. die Konstruktion von Kausalität, ist immer in seiner Reichweite begrenzt und führt zu Widersprüchen und/oder Paradoxien, und es versagt weitgehend, was die Vorhersage künftiger Ereignisse und Entwicklungen betrifft (= *zukünftige Gegenwart*), es ist zudem auch nur begrenzt brauchbar, was die (Re-)Konstruktion der Kausalitäten in der Vergangenheit (= *vergangene Gegenwart*) betrifft, sodass die Konstruktion von Akteuren oder Prozessen, deren Motive/Logik in ihrer Sinnhaftigkeit nicht durchschaubar sind, hilft, die aktuell verwendeten Modelle von Kausalität außer Diskussion zu stellen.

60.4.3   *Bewerten*, vor allem was Fragen der *Gerechtigkeit*, der *Moral* bzw. dessen, was sozial als *gut* oder böse definiert wird, sowie der Belohnung und/oder Bestrafung guten oder schlechten Verhaltens betrifft, hat offenbar nur geringe Auswirkungen auf das, was *tatsächlich* alltäglich erlebt wird, sodass zur Rettung der Bewertungsmaßstäbe eine richtende und Gerechtigkeit schaffende Instanz in einem Jenseits von Nutzen ist.

60.5   Die Beschränktheit der menschlichen Beobachtungs- und Handlungsmöglichkeiten wird idealtypisch kompensiert durch die Kreation/Fiktion eines *Super-Beobachters* (= Gott), der außerhalb (vor, nach, hinter, über ..., das heißt, es gibt keine Bezeichnung, die dieser Perspektive vollkommen gerecht werden würde) von *Zeit*, *Raum* bzw. *allen Unterscheidungen* überhaupt positioniert ist, der *alles sieht*, d. h. auch das für andere Menschen nicht durchschaubare psychische Geschehen des Einzelnen, und *allmächtig* ist.

60.6   Orientiert an den Glaubenssätzen, die eine spezielle Religion strukturieren, bilden sich spezifische Institutionen (*determinie-*

rendes Problem: Verkündigungswahrheiten, heilige Schriften, mündliche Überlieferung).

60.6.1 Die Auslegung der heiligen Texte fällt in die Kompetenz von Schriftgelehrten und/oder Priestern, sodass eine *asymmetrische Beziehung* zwischen ihnen und den Gläubigen besteht, was schon durch den beschränkten Zugang zu den heiligen Texten und damit den Glaubensinhalten wahrscheinlich ist.

60.6.2 *Rituale* (= Programme) sorgen dafür, dass die Gemeinde der Gläubigen sich nach dem Muster *Theater* versammelt, wobei die Funktionsträger (z. B. Priester) als Protagonisten fungieren, auch wenn Beobachter und Funktionsträger in gemeinsamen Aktionen vereint sind (z. B. Singen, Beten etc.).

60.6.3 Die Funktion der eine Gemeinschaft von Gläubigen versammelnden Rituale (z. B. Gottesdienst, Opferhandlung) besteht in der Erzeugung eines außerhalb dieses Kontextes nicht (oder nur selten) erlebbaren Gemeinschafts- und Erhabenheitsgefühls, der Zugehörigkeit und Teilnahme, der *Kommunion*.

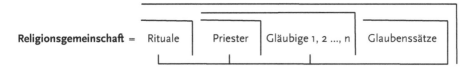

Religionsgemeinschaft = Rituale | Priester | Gläubige 1, 2 ..., n | Glaubenssätze

Figur 70

60.6.4 Je mehr religiöse Rituale an Wissende/Eingeweihte/Rollenträger (= Priester) gebunden sind, umso wahrscheinlicher ist die Bildung einer *Organisation* (= Kirche), deren Aufgabe/Zweck die *Reproduktion* der Rituale bzw. die *Rekrutierung* und Ausbildung der dafür nötigen Funktions-/Rollenträger ist (= Fortsetzung der Autopoiese).

60.6.5 Wenn sich innerhalb von Religionsgemeinschaften Hierarchien unter den Mitgliedern herausbilden, so geschieht dies unabhängig von den Glaubensinhalten der jeweiligen Religion und ist durch die Wahrscheinlichkeiten der Formung unterschiedlicher soziaIer Strukturen zu erklären (= Gruppendynamik, Organisationsbildung).

60.7 Die Funktionen von Religionen für ein Gesellschaftssystem sind widersprüchlich: Zum einen sorgen sie für die *Integration* der Mitglieder einer (Religions-)Gemeinschaft in die Gesellschaft, zum anderen sorgen sie faktisch für *Unabhängigkeit* und *Autonomie* der Mitglieder gegenüber der Gemeinschaft/Gesellschaft (= *Sozialdimension* der Kommunikation).

60.7.1 Die dyadische Beziehung zu einem (all-)mächtigen Gott (= *Asymmetrie* der Beziehung/hierarchische Struktur) als Adresse von Wünschen, Hoffnungen, Befürchtungen, relativiert für den Einzelnen die Abhängigkeit von seinem sozialen Kontext, dessen Strukturen, Autoritäten, Machthabern etc. und deren Anpassungsforderungen.

60.7.2 Wenn die Mitglieder einer Religionsgemeinschaft sich alle derselben höheren Macht und ihren rituellen Anforderungen unterordnen, besteht eine Egalität der Gläubigen (= *Symmetrie* der Beziehung).

60.7.3 Durch die *egalisierende* Funktion von Religion kann aktuell der potenzielle Widerstand gegen die mangelnde Egalität in anderen gesellschaftlichen Systemen (z. B. staatliche Herrschaft, hierarchische Kirche etc.) beschwichtigt werden.

60.7.4 Vor dem »Jüngsten Gericht« bzw. gegenüber dem Super-Beobachter/-Richter werden alle auf eine Stufe gestellt und *individuell* wie *kollektiv* die Hoffnung auf eine höhere *Gerechtigkeit* geweckt bzw. aufrechterhalten.

60.8 Durch den Verweis auf ein früheres Leben (Re-Inkarnation/Verdienste, die früher erworben wurden ...) oder ein künftiges (Belohnung beim Jüngsten Gericht/Jungfrauen im Paradies ...) kann das aktuelle Leben (vor allem in seiner Misere) erträglicher gemacht werden (= *Zeitdimension* der Kommunikation).

60.8.1 Die Zeit wird in ihrer Unerbittlichkeit relativiert, das heißt, es gibt eine Wirklichkeit jenseits der Zeit, die Ewigkeit, das ewige Leben oder auch das Ende einer immer wiederkehrenden zyklischen Zeit.

60.8.2 Das Problem der Sterblichkeit des Menschen kann bewältigt werden, wenn es hinter dem *Horizont* des Lebensendes irgendwie weitergeht.

60.8.3 Die Erfindung einer *höheren Macht* (= Gott/Götter/Weltgeist etc.), die allmächtig, d. h. an keinerlei Gesetze gebunden ist, schützt zweiwertig rationales Denken sowie das Modell der geradlinigen Kausalität bzw. die Idee der Berechenbarkeit der Welt vor Infragestellung, trotz deren nur begrenzter Funktionalität und manchmal offensichtlichen Scheiterns.

60.9 Da die Kommunikation des Individuums mit seinem Gott nicht für andere beobachtbar ist (auch wenn sie nur durch die Vermittlung eines Priesters o. Ä. möglich sein sollte), sind *Glaubensinhalte nicht falsifizierbar*, sodass *Glaubensgewissheiten* die ultimative Form der *Unsicherheitsabsorption* darstellen.

61 Gesellschaftliche Differenzierung

61.1 Die *Weltgesellschaft* (= die Menge aller menschlichen Kommunikationen bzw. aller menschlichen Kommunikationssysteme) als *zusammengesetzte Einheit* strukturiert sich nach denselben Differenzierungs-/Konstruktionsprinzipien wie zusammengesetzte Einheiten generell.

61.2 Wenn von einem spezifischen *Gesellschaftssystem* die Rede ist, soll damit eine (meist territorial begrenzte) *Untereinheit* der Weltgesellschaft bezeichnet sein, d. h. eine soziale Einheit, die im allgemeinen Sprachgebrauch *Gesellschaft* genannt wird (z. B. die deutsche, indische oder amerikanische Gesellschaft).

61.3 **Ausdifferenzierung:** Neue Einheiten (= Teilsysteme einer Gesellschaft) entstehen durch *Spaltung* bestehender Einheiten, deren Spielregeln der Kommunikation sich voneinander unterscheiden.

61.3.1 Untereinheiten einer Gesellschaft spalten sich ab und bilden neue, getrennte/abgegrenzte Gesellschaften, die füreinander Umwelten darstellen (= *außen*).

61.3.2 Untereinheiten (= *Teilsysteme/Subsysteme*) bilden sich *innerhalb* der Grenzen der ursprünglichen Einheit (= Gesellschaft).

61.3.3 Die Spielregeln der Kommunikation *unter den Mitgliedern* einer Gesellschaft (= innen) unterscheiden sich von den Spielregeln der Kommunikation *mit Mitgliedern anderer Gesellschaften* (= außen).

61.3.4 Die Spielregeln der Kommunikation *unter den Mitgliedern* eines Teilsystems/Subsystems (= innen) unterscheiden sich von den Spielregeln der Kommunikation *mit Mitgliedern anderer* Teilsysteme/Subsysteme (= außen).

61.4	**Fusion/Vereinigung:** Neue soziale Einheiten (= Gesellschaften/Teil- bzw. Subsysteme) entstehen durch *Vereinigung/Fusion* bis dahin autonomer/abgegrenzter Einheiten (Gesellschaften/Teil- bzw. Subsysteme).
61.4.1	Zwischen den Spielregeln der Kommunikation der Untereinheiten, aus denen die neu entstandene soziale Einheit zusammengesetzt ist, entsteht nahezu zwangsläufig ein *Konflikt*.
61.4.2	Es ist nicht vorherzusagen, welche der jeweiligen *konkurrierenden* Spielregeln nach dem Zusammenschluss *selektiert* wird und/oder ob sich eine *dritte Regel* entwickelt.
61.5	Welche Differenzierungsform sich zu einem historischen Zeitpunkt in unterschiedlichen Gegenden der Welt (= *zeitlicher und räumlicher Kontext*) durchsetzt/entwickelt, ist zum einen *problemdeterminiert* – das heißt, durch die jeweiligen sozialen Formbildungen werden spezifische Probleme gelöst – zum anderen *mediendeterminiert* – das heißt, durch die genutzten Kommunikationsmedien werden unterschiedliche Formen sozialer Systeme möglich und/oder wahrscheinlich.
61.6	Ein *determinierendes Problem* aller gesellschaftlicher Differenzierungsformen besteht in der Überlebenssicherung (= Fortsetzung der Autopoiese) der Mitglieder des Teil- und/oder Gesamtsystems durch die *Allokation von Ressourcen/Gütern* und die *Verteidigung gegenüber Bedrohungen von außen*.
61.6.1	Gesellschaftliche Differenzierungsformen sind vergänglich und unterliegen einem evolutionären Wandel.
61.6.2	Mit dem *Wandel* der gesellschaftlichen *Probleme* und/oder verfügbaren *Medien* der Kommunikation wandeln sich zwangsläufig die gesellschaftlichen Differenzierungsformen.
61.7	Menschliche Organismen (= individuelle Körper) überleben – zumindest während der ersten Jahre ihres Lebens – nur als Mitglieder sozialer Systeme, d. h. einer Gesellschaft.

61 Gesellschaftliche Differenzierung

61.7.1   Aus der *Kopplung* des Überlebens von Individuen an das Überleben gesellschaftlicher Systeme können sich *Paradoxien* ergeben.

61.7.2   Manchmal wird nur dann das Überleben (= Autopoiese) der *Mitglieder* eines *spezifischen* gesellschaftlichen Systems gesichert, wenn die spezifische *Form* des gesellschaftlichen Systems (= Strukturen, Muster, Regeln etc.) sein Ende findet.

61.7.3   Manchmal wird nur dann das Überleben (= Autopoiese) der *Form* eines spezifischen gesellschaftlichen Systems (= Strukturen, Muster, Regeln etc.) gesichert, wenn seine *Mitglieder* sterben (= Ende ihrer Autopoiese).

62 Segmentäre Differenzierung

62.1 **Definition:** Eine Gesellschaft setzt sich aus Untereinheiten (= Teilsystemen) zusammen, die sich *gleichen*: Stämme, Dörfer, Familien (Clans), Häuser, Länder usw.

62.2 **Determinierendes Problem / Lösung:** Durch die *autarke* Sicherung aller für das Überleben der Mitglieder jedes Teilsystems (= *Segments*) nötigen *Funktionen* und die bedürfnisgerechte Allokation der verfügbaren *Ressourcen* unter den Mitgliedern ist kein Segment auf andere soziale Einheiten angewiesen.

62.2.1 Der Einzelne hat nur als Mitglied eines *Segments*, d. h. seiner Familie, seines Clans, seines Stammes (o. Ä.), eine Überlebenschance.

62.2.2 Die Mitgliedschaft in einem Segment (= Teilsystem) wird mit der *Geburt* erworben.

62.3 Die Arbeitsteilung innerhalb des Segments betrifft *alle* zu koordinierenden *Aktivitäten* der Mitglieder, von der Aufzucht des Nachwuchses über die Nahrungsbeschaffung/-verteilung bis zur Verteidigung gegen äußere Feinde.

62.4 Die sozialen *Umwelten* des Teilsystems (= *Segment*) *gleichen* ihm in den strukturellen Merkmalen (z. B. Familie/Familien, Stamm/Stämme, Dorf/Dörfer usw.).

62.4.1 Es gibt keine Über- oder Unterordnungsverhältnisse, d. h. keine Hierarchie, zwischen den Segmenten, die sich aus dieser Differenzierungsform ergeben.

62.4.2 Die Beziehungen zwischen den Segmenten sind *symmetrisch* oder *reziprok*.

62.5 Mit der Zunahme der Mitglieder eines Segments entwickeln sich soziale Untereinheiten aus genetisch miteinander verwandten Mitgliedern (= *ethnische* Einheiten / Verwandtschaftssysteme).

62.6 Bezogen auf das Ziel des *individuellen Überlebens* ist ein Handeln des Individuums, das dem Überleben der sozialen Einheit (= Segment) dient, auch dann *rational*, wenn es mit keinem darüber hinausgehenden *individuellen* Vorteil oder Nutzen verbunden ist.

62.7 Die Kommunikation innerhalb der Segmente ist überwiegend *mündlich*, das heißt, sie erfolgt als Interaktion unter Anwesenden.

62.8 Der Erhalt von Traditionen und sozialen Strukturen (*Kultur*) ist an *mündliche* Überlieferung (Geschichten: Erzählungen, Mythen, Sagen etc.), die genaue Beobachtung der Einhaltung von *Normen* und die Reproduktion *ritualisierter Abläufe* gebunden.

62.9 Die Beziehungen der Mitglieder der Teilsysteme untereinander differenzieren sich im Laufe ihrer Geschichte und werden zum Teil *asymmetrisch*, d. h. auf *Unterschieden* beruhend, angefangen beim Unterschied zwischen den Alten und den Jungen, den komplementären Rollen und Funktionen von Männern und Frauen, bis zu Leistungs-, Kompetenz- und Bedürfnisunterschieden, und sie führen zur Ausbildung von *Rangunterschieden* und *Hierarchien* (Häuptlinge/Unterlinge, reichere/ärmere Mitglieder, Beschützer/Schutzbedürftige usw.).

63 Zentrum-Peripherie-Differenzierung

63.1 **Definition:** Die Gesellschaft setzt sich aus Untereinheiten (= Teilsystemen) zusammen, die sich in Struktur und Funktion *unterscheiden*: Stadt/Land, Metropole/Provinz usw.

63.2 **Determinierendes Problem / Lösung:** Unterschiedliche Teilsysteme (Zentrum/Peripherie) entwickeln unterschiedliche Kompetenzen und Handlungsmöglichkeiten, was einerseits aufgrund der Spezialisierung zu einer Leistungssteigerung führt, aber andererseits mit dem Verlust der *Autarkie* der Teilsysteme (= Arbeitsteilung) verbunden ist.

63.2.1 Der Einzelne kann als Mitglied unterschiedlicher Teilsysteme überleben, d. h. im Zentrum oder einem der peripheren Teilsysteme.

63.2.2 Die Mitgliedschaft in einem Teilsystem wird durch Geburt erworben, kann aber durch *Migration* (z. B. Landflucht) verändert werden.

63.3 Die sozialen Umwelten der Teilsysteme *unterscheiden* sich (periphere Teilsysteme als Umwelten des Zentrums und das Zentrum als Umwelt jedes peripheren Teilsystems), wobei die Peripherie weiter segmentär differenziert bleibt (z. B. Dorf/Dorf).

63.4 Unterschiede der *Topografie* und der damit verbundenen Aktions-/Kommunikationsmöglichkeiten und -wahrscheinlichkeiten (z. B. aufgrund gegebener Verkehrswege) führen zu den *Funktionsunterschieden* zwischen Zentrum und Peripherie.

63.5 Die Beziehungen zwischen den Untereinheiten sind zum Teil *a*symmetrisch (Zentrum/Peripherie), zum Teil *symmetrisch* (Peripherie/Peripherie).

63.5.1 Die Funktionen von Zentrum und Peripherie bzw. der Teilsysteme des Zentrums und der Peripherie ergänzen sich (= *komplementäre Beziehung*).

63.5.2 Zwischen den Teilsystemen des Zentrums und der Peripherie kommt es zu einer komplementären *Funktionsdifferenzierung*.

63.6 Das Zentrum gewinnt der Peripherie gegenüber einen übergeordneten *Rang*, da dort die für das Überleben des Gesamtsystems (= Gesellschaft) relevanten Kommunikationen *wahrscheinlicher* zustande kommen (handeln, verwalten, entscheiden etc.).

63.6.1 Da das Teilsystem Zentrum *allein* einer *Menge* strukturell gekoppelter Teilsysteme der Peripherie gegenübersteht, ist das Zentrum in seinen Funktionen *weniger austauschbar* als die Teilsysteme der Peripherie.

63.6.2 Folge der unterschiedlichen *Austauschbarkeit* ist die Entstehung einer *Machtbeziehung* (= *Hierarchie*) zwischen dem Zentrum und den Teilsystemen der Peripherie.

63.6.3 Die Teilsysteme der Peripherie gleichen sich und stehen miteinander in *Konkurrenz* in ihrer Leistung für das übergeordnete gesellschaftliche System (= *Einheit* aus Zentrum und Peripherie).

63.7 Die Koordination zwischen den Teilsystemen erfordert *kollektiv bindende Entscheidungen*, die Etablierung von *Institutionen* der Politik, der Konfliktlösung in Form der Rechtsprechung und der *gewaltgestützten* Durchsetzung ihrer Urteile, der *Verwaltung*, der Etablierung verlässlicher *Kommunikations-, Verkehrs- und Handelswege* sowie die Entwicklung von Medien der *Fernkommunikation* (= Schrift).

64 Schichtung (= Stratifizierung)

64.1 **Definition:** Das gesellschaftliche System setzt sich aus *mehr als zwei* Untereinheiten (= Teilsystemen/Schichten) zusammen, die dasselbe Territorium bewohnen und bewirtschaften, sich aber in *Rang*, *Macht* und *Funktion unterscheiden* (= Über-/Unterordnung, Hierarchie).

64.2 **Determinierendes Problem / Lösung:** Aus der unterschiedlichen Möglichkeiten von Teilsystemen über Ressourcen (Kompetenzen, Waffen, Grundbesitz, Reichtum, Kontakte, Bevölkerungsgröße etc.) zu verfügen, entspringen *Konflikte*, die durch die Etablierung einer hierarchischen Struktur entschieden werden und die Handlungsfähigkeit des jeweiligen Gesellschaftssystems sichern.

64.3 Kommt es *gewaltsam* oder aufgrund von Unterschieden der *Nicht-Austauschbarkeit* der Funktionen von Teilsystemen zu einer *Entscheidung* der Konflikte, dann gewinnt ein Teilsystem eine *Machtposition* und einen übergeordneten *Rang* gegenüber den anderen Untereinheiten.

64.4 Die Territorialität der Zentrum-Peripherie-Struktur wird aufgehoben, und aus *horizontalen räumlichen* Abständen (= hier/dort) werden *vertikale soziale* Abstände, d. h. *Rangunterschiede* (= oben/unten).

64.5 Durch die Bewertung (= größere/geringere Austauschbarkeit) unterschiedlicher Funktionen der Teilsysteme für das Gesamtsystem (= Gesellschaft) werden weitere soziale *Untereinheiten* gegeneinander abgegrenzt und nach einer *Rangordnung* geschichtet.

64.6 Die Zugehörigkeit zu einer Schicht ist durch die *Geburt* bestimmt (zumindest bei der Oberschicht/Adel), aus der im Einzelfall ein Auf- oder Abstieg möglich ist (z. B. Nobilitierung, »in der Gosse landen«).

64 Schichtung

64.6.1 Die (biologische) Sicherung der Abgrenzung der Schichten erfolgt durch das *Endogamiegebot* (nicht nur, aber vor allem beim Adel).

64.6.2 Die (soziale) Abgrenzung zwischen den Schichten wird durch *Kommunikationsschranken* (= spezifische Kommunikationscodes) hergestellt und aufrechterhalten.

64.7 Innerhalb der Schichten besteht eine segmentäre Differenzierung in gleiche Untereinheiten (»*Ganze Häuser*«).

64.7.1 Das *Ganze Haus* besteht aus den Mitgliedern einer biologischen Familie (Eltern/Kinder, entfernte Verwandte) und Personal, das nicht mit der Familie des Hausherrn verwandt ist.

64.7.2 Ganze Häuser bilden ökonomische und emotionale Überlebenseinheiten, das heißt, Leben und Arbeiten findet innerhalb dieser sozialen Einheiten statt.

64.7.3 Individuen überleben als Mitglieder eines Ganzen Hauses.

64.8 Den Häusern der unterschiedlichen Schichten stehen von der Oberschicht gebildete Institutionen gegenüber, die im *internen* Konfliktfall für *Rechtsprechung* und im *externen* Konfliktfall für *Verteidigung* gegen äußere Feinde der jeweiligen Gesellschaft sorgen, sich aber auch in der Verantwortung für die *Versorgung* der Bevölkerung in Notzeiten sehen.

64.9 Die Aufrechterhaltung der Schichtung bzw. die mit den Rangunterschieden verbundenen Unterschiede der Lebensweise bedürfen der *Legitimation* durch einen ideellen Überbau.

64.9.1 Stratifizierte Gesellschaftsformen werden meist *religiös* legitimiert (»gottgegeben«, »von Gottes Gnaden«).

64.9.2 Stratifizierte Gesellschaftsformen werden *rechtlich* legitimiert (tradierte, ererbte Rechte, im Laufe der familiären Geschichte erworben).

64.9.3 Stratifizierte Gesellschaftsformen werden *biologisch* legitimiert (bessere Gene, blaues Blut, »Herrenrasse« etc.).

64.9.4 Welche Legitimationen für die mit der Stratifikation verbundenen Unterschiede der Lebensbedingungen akzeptiert werden, ist historischem Wandel unterworfen.

64.9.5 Im Zweifel werden stratifizierte Gesellschaftsformen durch Anwendung von *Gewalt* (bzw. Gewaltandrohung) hergestellt/ aufrechterhalten.

65 Funktionale Differenzierung

65.1 **Definition:** Die Weltgesellschaft entwickelt (territorial nicht begrenzte) Subsysteme, die *spezialisierte Funktionen* für sie übernehmen (= *Funktionssysteme*), füreinander relevante *Umwelten* darstellen, eigene *Medien* der Kommunikation sowie einen speziellen Typus sozialer Systeme entwickeln (= *Organisationen*), der charakteristische Leistungen für diese Subsysteme erbringt.

65.2 **Determinierendes Problem / Lösung:** Durch die Nutzung eines neuen *Kommunikationsmediums* (des Buchdrucks), durch das die privilegierte Kopplung eines *sicheren* und *statischen* (Verkündigungs-)Wissens an die Oberschicht (Adel/Klerus) aufgehoben wurde und Wissen *unsicher* und *dynamisch* (= veränderlich) sowie die *Variationsbreite* des Wissens/der Wissenden erweitert wurde, musste/konnte sich eine neue Differenzierungsform entwickeln, deren Strukturen sich um die Erfüllung *spezifischer Funktionen* und *Aufgaben* (= determinierende Probleme) herum bildeten.

65.2.1 Die allgemeine Verfügbarkeit *heiliger*, bis dahin nur privilegierten Minderheiten zugänglicher Bücher ist mit dem *Machtverlust* von Schriftgelehrten und der Schicht, der sie angehören, verbunden.

65.2.2 Verkündete *Wahrheiten* werden *kritisierbar*, wenn die Texte, in denen sie fixiert sind, öffentlich zugänglich werden, das heißt, es können alternative Wahrheiten konstruiert werden bzw. die Suche nach ihnen kann beginnen (= *Forschung*).

65.2.3 Die Entwicklung des Wissens folgt nun einer evolutionären Logik, d. h. dem Dreischritt *Variation, Selektion, Retention*.

65.2.4 Es bilden sich Verfahrensweisen und Kriterien heraus, nach denen Aussagen über ein beobachtetes Phänomen bzw. einen beobachteten Phänomenbereich als *wahr* akzeptiert werden bzw. als *falsch* verworfen werden (= Spielregeln der Wissenschaft).

65.2.5 Zweiwertig *logisch konsistentes* Argumentieren und Überzeugen treten an die Stelle von Verkündigung und Glauben (= *Aufklärung*).

65.2.6 Es kommt zur Spaltung (= Differenzierung) zwischen Organisationen der Wissensgewinnung/-vermittlung (Universitäten/Schulen) und den Organisationen der Verkündigung und Bewahrung von Glaubensinhalten (Kirchen).

65.3 Mit der Erweiterung wissenschaftlicher Erkenntnisse steigern sich die Kompetenzen von *Technik* und *Produktion*.

65.3.1 An die Stelle von Manufaktur/Handwerk tritt *Industrie*, das heißt, die Zahl der produzierten *Waren* multipliziert sich.

65.3.2 Da systematisch mehr produziert wird, als zur Subsistenz notwendig ist, müssen/können die Überschüsse auf *Märkten* verkauft werden.

65.3.3 *Investitionen* werden damit gerechtfertigt, dass *Profite* erwirtschaftet werden können.

65.3.4 Eine *geldorientierte Rationalität* tritt an die Stelle einer auf die Bewahrung lebenssichernder *sozialer Beziehungen* gerichteten *Rationalität* (= Mitgliedschaften in konkreten sozialen Systemen).

65.3.5 Die Verfügungsgewalt von Adel/Feudalherren über die *Allokation von Gütern* endet und mit ihr die *Verantwortung* für das physische Überleben der Mitglieder eines gesellschaftlichen Teilsystems / einer Gesellschaft (= Aufhebung der Leibeigenschaft).

65.3.6 Die *Allokation* von Ressourcen, Gütern und Dienstleistungen erfolgt selbstorganisiert durch *Märkte*.

65.3.7 Die Mitgliedschaft in einem Teilsystem (Segment/Schicht) sichert *nicht* mehr das Überleben des Einzelnen, der (bzw. dessen

Familie) als *autonome ökonomische Überlebenseinheit* nunmehr seine (bzw. ihre, Beispiel Kinderarbeit) *Arbeitskraft* zu Markte tragen muss, um sich (und/oder seine Familie) zu versorgen.

65.3.8 Es bilden sich *Wirtschaftsorganisationen* (= Unternehmen) und politische *Institutionen*, die den Freiraum des Wirtschaftens regulieren.

65.3.9 Geld wird zu einem zentralen *Steuerungsmedium* der (Welt-)Gesellschaft, die Märkte lösen einerseits die alten Bindungen an Schichten auf, schaffen/erhalten aber die Unterscheidung *arm/ reich* – wenn auch die Selektion der Mitglieder zu den so charakterisierten Subsystemen auf neue Weise, d. h. nicht mehr allein durch Geburt, erfolgt, sondern auch durch spezifische Leistungen (im Prinzip) möglich wird.

65.4 Mit dem Legitimationsverlust absoluter Herrschaft müssen um der Aufrechterhaltung der Handlungsfähigkeit der Gesellschaft willen alternative *Verfahrensweisen/Institutionen* geschaffen werden, um die zur Regelung des Zusammenlebens notwendigen, *kollektiv bindenden Entscheidungen* zu treffen, ohne dass es erneut zu einer Konzentration der bislang Adel und Kirche vorbehaltenen, formalen *Macht* bei Personen oder Schichten kommt (= »Gewaltenteilung«, »Checks and Balances«).

65.5 An die Stelle von Feudalherren, die kollektiv bindende Entscheidungen treffen und Recht sprechen, treten *Prozeduren der politischen Entscheidungsfindung* und *Rechtsprechung* (= Entstehung der Funktionssysteme Politik und Recht).

65.5.1 Um die Einhaltung festgelegter, *personenunabhängiger* Verfahrensweisen zu gewährleisten, werden *Organisationen* geschaffen, deren Leistung für die Gesellschaft darin besteht, *Entscheidungen* »ohne Ansehen der Person« (bzw. deren Herkunft) zu treffen, seien es politisch oder rechtlich bindende Entscheidungen.

65.5.2 Es entwickeln sich spezifische Berufe, deren Professionalität aus der *Kenntnis* der *Normen* und *Prozeduren* des Rechtssystems resultiert, und *Rollen* und *Institutionen*, die legitimiert sind zu entscheiden und diese *Entscheidungen* qua *exekutiver Macht/Gewaltanwendung* durchzusetzen (= Politiksystem / Gewaltmonopol des Staates).

65.6 In der Welt-Gesellschaft bilden sich neue, übergeordnete *Segmente*, genannt *Staaten*.

65.6.1 Staaten sind durch Territorien definiert, innerhalb derer ihre Institutionen *legislative, judikative* und *exekutive* Macht ausüben.

65.6.2 Staaten entstehen durch die *Vereinigung* (= Assoziation) kleinerer sozialer Einheiten (= Kleinstaaten, freie Städte usw.).

65.6.2.1 Mit der Bildung von Staaten entsteht eine größere *kulturelle* Diversität innerhalb der Segmente, das heißt, sie verlieren an Homogenität.

65.6.2.2 Die Unterschiede der Wirklichkeitskonstruktionen und Lebenssituationen der Mitglieder von Staaten haben mit einer gewissen Wahrscheinlichkeit Spaltungstendenzen zur Folge (= Sezession, Dissoziation).

65.6.3 Bürger verschiedener Staaten unterscheiden sich durch ihre *Nationalität*, die *unterschiedlich definiert* sein kann.

65.6.3.1 Nationalität kann durch Abstammung (= ethnisch) definiert werden.

65.6.3.2 Nationalität kann kulturell definiert werden.

65.6.3.3 Nationalität kann durch die Territorialität der Geburt definiert werden.

65.6.3.4 Nationalität kann entsprechend gesetzlich bestimmter Kriterien und Prozeduren erworben werden.

65.7 Die Zahl der Funktionssysteme ist nicht prinzipiell begrenzt, sie hängt davon ab, welche *determinierenden Probleme* auf diese

Weise *rational* (wenn auch nicht unbedingt am rationalsten) für eine Gesellschaft gelöst bzw. welche *Funktionen* (= Dienstleistungen) für sie erbracht werden können (z. B. Politik, Wirtschaft, Wissenschaft, Gesundheit, Erziehung, Kunst, Religion).

65.8 Akteure, die in einer funktional differenzierten (Welt-)Gesellschaft agieren, müssen in der Lage sein, zwischen unterschiedlichen Funktionssystemen (= Kontexten) zu unterscheiden und als Teilnehmer ihre Aktionen den – jeweils unterschiedlichen – Spielregeln (= deskriptive, präskriptive und proskriptive Regeln) dieser gesellschaftlichen Subsysteme anzupassen (= *polykontexturale Kompetenz*).

66 Die »nächste Gesellschaft« (= next society)

66.1 **Problemdefinition / Lösung:** Mit der Entwicklung des *Internets* als neuem *Kommunikationsmedium*, von *Algorithmen* künstlicher Intelligenz und von eng vernetzten Verkehrs- und Transportinfrastrukturen ist eine Veränderung der *Kommunikationsmöglichkeiten* und *-formen* verbunden, die dadurch gekennzeichnet ist, dass der Face-to-face-Kommunikation *analoge* Aspekte in die *Fernkommunikation* einfließen (z. B. sekundenschnelles Reagieren, Akteur-Akteur-Beziehungen in Form von Netzwerken) und sie radikal verändern können, sodass sich neue Koordinationsformen der Interaktion, der Organisation von Arbeitsprozessen, der politischen Entscheidungsfindung, der zwischenmenschlichen Beziehungen usw. *evolutionär* entwickeln.

66.2 **Gegenwärtige Zukunft:** ungewiss …

66.3 **Zukünftige Gegenwart:** ungewiss …

66.4 Die neuartigen *Formen* gesellschaftlicher Differenzierung, die mit der Digitalisierung, der daran gekoppelten Beschleunigung von Kommunikations-, Entscheidungs- und Transportprozessen, der Auflösung oder größeren Durchlässigkeit nationaler und geografischer Grenzen, dem ungehemmten Verbrauch natürlicher Ressourcen, der Migration etc. als *determinierenden Problemen* verbunden sind/sein werden, dürften aller Voraussicht nach zu politischen und sozialen *Krisen* führen, die zu neuartigen (= verstörenden/irritierenden) Anpassungsanforderungen an die *psychischen Umwelten* (= betroffene Bevölkerung) führen, ehe sie *analytisch* erfasst und *benannt* werden können …

67 Konflikt

67.1 **Definition:** Ein *psychischer* Prozess (= Denken/Fühlen) oder *sozialer* Prozess (= Kommunikation), bei dem eine *Proposition* (p) *verneint* wird (nicht-p) und diese *Verneinung* ihrerseits *verneint* wird (nicht [nicht-p] = p), was seinerseits wieder *verneint* wird (nicht-[nicht-(nicht-p)] = nicht-p) usw. (= *Negation der Negation der Negation* ...), soll *Konflikt* genannt werden.

67.2 **Determinierendes Problem/Lösung:** Es muss/kann/soll zwischen mindestens zwei sich negierenden *Sinnzuschreibungen* oder *Handlungsoptionen* (= Propositionen) *entschieden* werden, weil logisch *unentscheidbar* ist, welches die zu bevorzugende Wahl ist.

67.2.1 Bei gegebenem Bewertungsmaßstab ist nicht rational *berechenbar/vorhersehbar* oder *logisch* zwingend ableitbar, zugunsten welcher Option entschieden werden muss.

67.2.2 Möglicher Hintergrund 1: Es werden *widersprüchliche* Bewertungsmaßstäbe verwendet, sodass eine Option, die nach dem *einen Maßstab* die bessere ist, nach dem *anderen Maßstab* die schlechtere ist.

67.2.3 Möglicher Hintergrund 2: Unterschiedliche Konfliktparteien bevorzugen aufgrund *widersprüchlicher Bewertungsmaßstäbe* und/oder *Interessen* jeweils andere Optionen.

67.3 **Kommunikationsmuster:** Die Wirkung eines Konflikts besteht in der *Oszillation* zwischen zwei sich gegenüberstehenden Propositionen, die sich *gegenseitig negieren*, das heißt, es handelt sich um einen *Prozess*, der sich in der Dimension *Zeit* entfaltet.

67.3.1 Solange ein Konflikt besteht, ist (noch) *keine Entscheidung* zwischen den miteinander im Konflikt liegenden Optionen gefallen (= *Unentschiedenheit*).

67.3.2   Wie ein Konflikt begonnen hat, ist für die definierenden Merkmale des *Musters*, d. h. die *Oszillation zwischen zwei sich negierenden Propositionen*, ohne dass es zu einer Entscheidung kommt, irrelevant.

67.3.3   **Aktive vs. passive Negation:** Es lassen sich zwei unterschiedliche Formen von Negationen der Proposition (p) unterscheiden, aus denen unterschiedliche Formen von Konflikten resultieren.

67.3.3.1 **Passive Negation:** *nicht-p* [er/sie/es glaubt/behauptet *nicht* den Satz p, bzw. er/sie/es vollzieht *nicht* die Aktion p, wobei undefiniert bleibt, was *nicht-p* bedeutet bzw. welches die Merkmale der Unterscheidung von *nicht-p* sind (= *unmarkierter* Raum, Zustand oder Inhalt)].

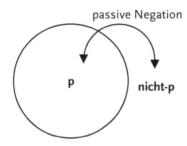

Figur 71

67.3.3.2 **Aktive Negation:** *q* (→ *nicht-p*) [er/sie/es glaubt/behauptet den Satz q, das impliziert (→) *nicht-p*, bzw. er/sie/es vollzieht die Aktion q, das impliziert *nicht-p*, denn die Bedeutung *nicht-p* ist in q impliziert und durch die Merkmale der Unterscheidung von q spezifiziert (= *markierter* Raum, Zustand oder Inhalt)].

67.4   **Formen von Konflikten:** Aufgrund des Unterschieds zwischen passiver und aktiver Negation lassen sich unterschiedliche Formen von Konflikten charakterisieren: *schwache* und *starke Konflikte*

67.4.1   **Schwacher Konflikt:** *p* vs. *nicht-p*, das heißt, die Option *p* ist durch eigene Merkmale der Unterscheidung definiert, wäh-

67 Konflikt

rend die Gegenseite allein durch die *Negation der Merkmale von p* (= *nicht-p*) gekennzeichnet ist.

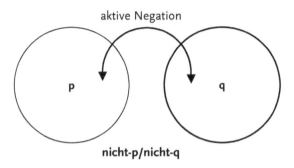

Figur 72

67.4.1.1 Im Phänomenbereich des *Bezeichnens* (= *indication*) besteht ein schwacher Konflikt zwischen der *Zuschreibung* eines Zeichens/Satzes etc. (= p) bzw. dessen *Bedeutung* zu einem Phänomen und der *Nicht-Zuschreibung* dieses Zeichens/Satzes etc. (= *nicht-p*) bzw. dessen *Bedeutung* zu diesem Phänomen.

67.4.1.2 Im Phänomenbereich der Aktion/Interaktion/Kommunikation (= *distinction*) besteht ein schwacher Konflikt zwischen dem *Vollzug* einer Aktion/Interaktion/Kommunikation (= p) und dem *Nicht-Vollzug / der Unterlassung* (= *nicht-p*) dieser Aktion/Interaktion/Kommunikation.

67.4.2 **Starker Konflikt:** p vs. q, das heißt, die Position p ist durch eigene *Merkmale der Unterscheidung* definiert, die Gegenseite q ist ebenfalls durch eigene *Merkmale der Unterscheidung* gekennzeichnet, das heißt, die jeweiligen Merkmale von p und q negieren sich *gegenseitig* und schließen sich (zweiwertig) logisch gegenseitig aus.

67.4.2.1 Im Phänomenbereich des Bezeichnens (= *indication*) besteht ein *starker Konflikt* zwischen der *Zuschreibung* eines bestimmten Zeichens/Satzes etc. (= p) bzw. dessen *Bedeutung* zu einem bestimmten Phänomen und der *Zuschreibung* eines bestimmten *anderen* Zeichens/Satzes etc. (= q) bzw. dessen *Bedeutung* zu diesem Phänomen.

67.4.2.2 Im Phänomenbereich der Aktion/Interaktion/Kommunikation (= *distinction*) besteht ein *starker Konflikt* zwischen dem *Vollzug* einer bestimmten markierten Aktion/Interaktion/Kommunikation (= p) und dem *Vollzug* einer bestimmten *anderen* markierten Aktion/Interaktion/Kommunikation (= q).

67.4.3 **Lösbare vs. unlösbare Konflikte:** Konflikte können als lösbar oder unlösbar kategorisiert werden.

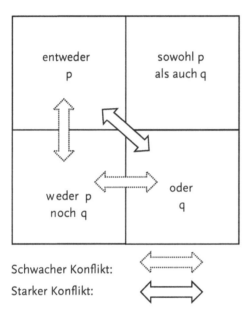

Figur 73

67.4.3.1 **Lösbarer Konflikt:** Der Widerspruch zwischen den Merkmalen von p und q lässt eine *Sowohl-p-als-auch-q-Lösung*, d. h. eine *Synthese*, eine *Aufhebung des Widerspruchs* und/oder einen *Kompromiss* zu.

67.4.3.2 **Unlösbarer Konflikt:** Die Merkmale von p und q schließen sich *logisch gegenseitig aus* (im Sinne der zweiwertigen Logik), sodass die *Sowohl-p-als-auch-q*-Position *paradox* (= *unentscheidbar*) ist, sodass zwischen *entweder p oder q entschieden* oder die Paradoxie *entfaltet* werden muss, um die *Oszillation* (= Konflikt) zwischen p und q zu beenden.

223

67 Konflikt

67.5 **Konflikte der Wirklichkeitskonstruktion:** Ein Typus generierender Mechanismen (d. h. nicht der einzige) für soziale und psychische Konflikte besteht in widersprüchlichen Wirklichkeitskonstruktionen von Beobachtern.

67.5.1 Beobachter (derselbe/unterschiedliche) können unterschiedliche *Selektionen* der zu *beschreibenden*, *erklärenden* und *bewertenden* Ereignisse/Geschehnisse (= Phänomene) vollziehen, wodurch Konflikte darüber entstehen, *was* der Fall ist, *wie* es zu erklären und *wie* es zu bewerten ist.

67.5.1.1 Die (aus der Perspektive einer Beobachtung 2. Ordnung) selben Ereignisse können unterschiedlich *wahrgenommen/beschrieben* werden (= Fokussierung der Aufmerksamkeit).

67.5.1.2 Die (aus der Perspektive einer Beobachtung 2. Ordnung) selben Ereignisse können widersprüchlich *erklärt* werden (= Konstruktion generierender Mechanismen/Hypothesenbildung).

67.5.1.3 Die (aus der Perspektive einer Beobachtung 2. Ordnung) selben Ereignisse können widersprüchlich *bewertet* werden (= sachliche/ökonomische Kriterien, moralische Wertmaßstäbe, affektive Muster etc.).

67.6 **Konflikt-Inhalt/-Thema:** Worum es in einem Konflikt geht, kann jeweils einer oder mehreren der drei Sinndimensionen der Kommunikation zugeordnet werden: *Sachdimension, Sozialdimension, Zeitdimension*

67.6.1 **Sachdimension (= Sachkonflikt):** Ereignisse/Geschehnisse werden in der Sachdimension *widersprüchlich* wahrgenommen/beschrieben, erklärt und/oder bewertet, das heißt, anstehende Sachentscheidungen führen zu Konflikten und werden durch sie (= Zeitverbrauch) verzögert/entschleunigt.

67.6.2 **Sozialdimension (= Beziehungskonflikt):** Ereignisse/Geschehnisse werden als bedeutungsvoll für Beziehungsmuster/-strukturen gedeutet, das heißt, sie werden entweder in der

Sozialdimension *widersprüchlich* wahrgenommen/beschrieben, erklärt und/oder bewertet oder aber, wenn es in der Hinsicht keinen Dissens gibt, besteht ein Konflikt über die *Beziehungsdefinitionen* von Akteuren, d. h. wie die Beziehung sein sollte.

67.6.3 **Zeitdimension (= Konflikt der zeitlichen Ordnung)**: Ereignisse/Geschehnisse werden in Bezug auf die Zeitdimension *widersprüchlich* wahrgenommen/beschrieben, erklärt und/oder bewertet, das heißt, es entstehen Konflikte über den Ablauf der (gegenwärtigen) Vergangenheit, der (aktuellen) Gegenwart oder der (gegenwärtigen) Zukunft.

67.6.4 Die drei Sinn-Dimensionen sind in realen Konflikten meist *gleichzeitig* im Spiel (auch wenn dies den Konfliktparteien meist nicht bewusst ist), sie lassen sich aber analytisch trennen und zwecks Konfliktlösung getrennt beobachten/bearbeiten.

	Sachdimension	Sozialdimension	Zeitdimension
Beschreiben	Daten?	Beziehungen?	Wann?
Erklären	Regeln/Ursachen?	Täter/Opfer?	vorher/nachher?
Bewerten	Kalkül?	Fühlen?	lang-/kurzfristig?

Figur 74

67.6.5 *Sachkonflikte*, in denen es um Entscheidungen geht, deren »Richtigkeit« (was immer deren Kriterien sein mögen) sich erst in der *Zukunft* zeigen wird, sind als *unvermeidlich* und *rational* zu bewerten, da es keine Methode gibt, eine objektiv richtige Entscheidung zu berechnen oder durch irgendein anderes Verfahren zu ermitteln (= *unentscheidbare Fragen*), sodass die Austragung des Konflikts zu besseren Entscheidungen führen kann (nicht muss), weil unterschiedliche Perspektiven einbezogen werden.

67.6.6 *Beziehungskonflikte* (= Sozialdimension) enden erst, wenn die beteiligten Personen sich entweder über die Definition ihrer

67 Konflikt

Beziehung (symmetrisch/asymmetrisch bzw. komplementär/reziprok) einig werden oder aber möglich ist, die Frage der Beziehungsdefinition aus der Kommunikation auszuklammern.

67.6.7 Prinzipiell kann zwischen Konflikten der Sinnzuschreibung zu Ereignissen/Geschehnissen (= ideelle Konflikte), in denen es um konflikthafte Wirklichkeitskonstruktionen geht, und Konflikten auf der Aktionsebene (= ausagierte Konflikte), in denen Konflikte einander *negierende Aktionen* zur Folge haben, d. h. in Aktionen/Interaktionen umgesetzt werden, deren Ziel die Negation bzw. die Negation der Negation usw. ist, unterschieden werden.

67.7 **Konflikt als autopoietisches System:** Das Prozessmuster *Konflikt* reproduziert sich, indem es seine Elemente selbst produziert, das heißt, die *Negation* induziert ihre *Negation*, die wiederum ihre *Negation* induziert, die wiederum ihre Negation induziert … ad infinitum.

67.7.1 Immer wenn eine Entscheidung zugunsten einer der in Konflikt stehenden Alternativen (*p* vs. *nicht-p* oder *p* vs. *q*) droht, wird diese Option negiert und umgekehrt [*nicht-p* vs. *nicht-nicht-p* (= *p*) oder *q* (→*nicht-p*) vs. *p* (→*nicht-q*)], weil diese Seite sonst *verlieren* bzw. nicht zu ihrem Recht, ihrer Würdigung etc. kommen würde.

67.7.2 Innerhalb eines Konfliktes ist es leichter, eine Entscheidung zugunsten einer entgegengesetzten Position (*nicht-p*) zu *verhindern* als eine Position (*p*) durchzusetzen.

67.7.3 Das Ende eines Konfliktes wird stets von derjenigen Partei/Position bestimmt, die sich *nicht* durchsetzt (»Verlierer«), da ihr immer die Möglichkeit offensteht, ihr Veto einzulegen, d. h. die vermeintliche Lösung zu negieren und den Prozess der gegenseitigen aktiven Negation fortzusetzen.

67.7.4 Konflikte können auch ohne Entscheidung enden, wenn sie *vergessen* und/oder *irrelevant* werden, das heißt, wenn das Kom-

munikationsmuster der Negation der Negation der Negation …
(= Autopoiese des Konflikts) *nicht fortgesetzt* wird (warum auch immer).

67.7.5 **Symmetrische Eskalation:** Ein Muster des Konflikts, bei dem die beteiligten Parteien/Propositionen ihre die andere Seite bzw. deren Propositionen negierenden Aktivitäten quantitativ und/oder qualitativ *steigern*.

67.7.5.1 Erklären lässt sich die Entstehung symmetrischer Eskalationen im Bereich sozialer Systeme als *paradoxer Effekt* des Bemühens zumindest einer der beteiligten Parteien, eine *asymmetrische Beziehung* herzustellen (= Gewinner/Verlierer, oben/unten, stark/schwach etc.), womit die andere Partei *nicht einverstanden* ist (= Konflikt über die Beziehungsdefinition) und diese Zumutung negiert.

67.7.5.2 Die Entstehung symmetrischer Eskalationen im Bereich psychischer Systeme lässt sich als *paradoxer Effekt* des Versuchs, zu einer Entscheidung zu gelangen, erklären, wobei es keiner der beiden Propositionen/Optionen gelingt, den Emotionen bzw. affektiven Bewertungen der jeweils anderen Seite des Konflikts den Zugang zum Bewusstsein dauerhaft zu verwehren (= Konflikt über die Priorisierung der eigenen Wünsche/Ziele/Handlungsimpulse).

67.7.5.3 Symmetrische Eskalationen in sozialen wie psychischen Konflikten führen bei den beteiligten Akteuren zur emotionsbedingten *Fokussierung* (= Einengung) *der Aufmerksamkeit* auf den Konflikt, was dazu führt, dass relevante Aspekte der Umwelt im blinden Fleck verschwinden und rationale Kosten-Nutzen-Rechnungen des eigenen Handelns unwahrscheinlich werden.

67.7.5.4 Die Logik der symmetrischen Eskalation kann in sozialen Konflikten *katastrophale* Folgen für die beteiligten Parteien haben, das heißt, es kommt zur *gegenseitigen Negation der Existenz* als ultimativen Spielzügen.

67 Konflikt

67.8 **Tödliche Konflikte (= Kriege):** Konflikte, in denen die beteiligten Parteien die *Negation der eigenen Existenz* riskieren.

67.8.1 Kriege sind *ausagierte starke Konflikte*, in denen die Konfliktparteien ihr Überleben aufs Spiel gesetzt sehen.

67.8.2 Überleben muss nicht physisches Überleben bedeuten, sondern kann auch ideell verstanden werden (Erhalt von Identität, Selbstachtung, Stolz/Ehre etc.).

67.8.3 Gegenüber dem Frieden, d. h. dem Ende des Krieges, kann jede Partei das *Veto* einlegen (indem sie mit kriegerischen Aktionen beginnt).

67.8.4 Es gibt nur zwei Möglichkeiten Kriege zu beenden: (a) eine der Parteien wird *vernichtet* (was in Bezug auf Individuen möglich ist (= Tötung), bei größeren sozialen Systemen wie Nationen, Kulturen, Ethnien, Religionen usw. so gut wie unmöglich ist), (b) der *Verlierer* entscheidet, den Krieg zu beenden, indem er *kapituliert* (das heißt, paradoxerweise hat nur er *de facto* die Macht, dem Krieg ein Ende zu setzen).

67.8.5 Die Beendigung *kriegerischer Aktionen*, das heißt, wenn der Krieg nicht offen weitergeführt und ausagiert wird, darf nicht mit *Frieden* verwechselt werden, wenn der Konflikt erhalten bleibt und lediglich eine Konfliktpartei, die sich aktuell als (zu) schwach einschätzt, auf aktive Negationen verzichtet und sich (vorübergehend) mit passiven Negationen (= Widerstand) zufriedengibt.

67.8.6 Die Attraktion von Kriegen resultiert daraus, dass die Beziehung der Kriegsgegner (= Feinde) immer *symmetrisch* ist, solange der Krieg *nicht* beendet ist (die unglücklicherweise von vielen »asymmetrisch«, weil nicht Staat gegen Staat kämpft, genannten Kriege sind daher ebenfalls durch die *Symmetrie* der Beziehung der Kriegsgegner gekennzeichnet, auch wenn ein Staat einer nicht-staatlichen sozialen Einheit von Rebellen, Terroristen, Freiheitskämpfern etc. gegenübersteht, die sich seiner Macht [= asymmetrische Beziehung] nicht unterwerfen).

67.9 **Paradoxer Konflikt:** Konflikt mit einer Partei/Position/Proposition, die man zum Erreichen seines Ziels bzw. zum Aufrechterhalten seiner eigenen Position *unabdingbar* benötigt.

67.9.1 Paradoxe Konflikte sind selbstbezüglich, d. h. *gewinnen = verlieren*.

67.9.2 Paradoxe Konflikte entstehen aufgrund *epistemologischer Irrtümer*, d. h. der Konstruktion *nicht-viabler* Überlebenseinheiten (z. B. eines isolierten Systems) und damit eines Widerspruchs (z. B. konflikthafter Ziele etc.) zwischen einem System und einer Umwelt, wenn die *System-Umwelt-Einheit* die *viable* Überlebenseinheit ist (z. B. psychisches System vs. Organismus beim Machtkampf eines anorektischen Mädchens mit ihrem Körper).

68 Soziale, psychische und körperliche Konflikte

68.1 Die *Form* des Konflikts (= Negation der Negation der Negation ... usw.) ist in den drei gekoppelten Systemen soziales System, psychisches System und Organismus identisch.

68.1.1 Psychische und soziale Systeme formen Konflikte im *Medium Sinn*, die ausagiert werden können (aber nicht müssen).

68.1.2 Organismen formen Konfliktmuster (auch wenn man sie dort nicht so nennt) stets im Phänomenbereich *physiologischer, biochemischer Prozesse*, was anatomische Folgen haben kann (aber nicht muss).

68.2 Die Art der *Konfliktbewältigung* in einem der drei gekoppelten autopoietischen Systeme (Organismus, Psyche, soziales System) hat direkte oder indirekte, größere oder kleinere Auswirkungen (= Irritationen/Perturbationen) auf jedes der beiden anderen Systeme (= Umwelten), die *nicht-deterministisch* sind, aber als *Muster der Kopplung* zu beobachten sind.

68.3 Auf einen Konflikt in einem der drei Systeme (Organismus, Psyche, soziales System) reagieren die anderen beiden mit ihm gekoppelten autopoietischen Systeme ihrer *eigenen Funktionslogik (= strukturdeterminiert)* folgend, sodass *keine* geradlinige Kausalität zwischen den Ereignissen/Prozessen innerhalb der drei Systeme besteht.

68.4 Durch die strukturelle Kopplung von Organismus, Psyche und sozialem System entstehen zwangsläufig *spezifische Konflikte* zwischen den jeweiligen (System-)*Rationalitäten* (= Funktionslogiken), die zu jeweils größeren oder kleineren strukturdeterminierten Anpassungsreaktionen innerhalb der jeweiligen Systeme führen.

68.4.1   Aus der gegenseitigen Irritierbarkeit (= Störbarkeit/Anregbarkeit) ergibt sich die Frage, welches der drei Systeme durch Veränderungen in einem der anderen jeweils aktuell *stärker* beeinflusst ist.

68.4.2   Wenn ein System sich relativ *weniger irritierbar* durch eines der gekoppelten anderen Systeme erweist, so soll dieses Merkmal *härtere Realität* genannt werden.

68.4.3   Das System, dessen Funktion für ein mit ihm gekoppeltes System *weniger austauschbar* für dessen Überleben/ Zielerreichung ist als umgekehrt, kann als das relativ *mächtigere System* definiert werden.

68.5   Im Laufe der Menschheitsgeschichte ereignet sich Wandel im Bereich sozialer Systeme (= Evolution unterschiedlicher Differenzierungsformen der Weltgesellschaft) relativ *schnell*, im Bereich des menschlichen Organismus (= Evolution der Arten) hingegen relativ *langsam*, was historisch zu jeweils unterschiedlichen Formbildungen der psychischen Systeme als Resultat der Kopplung *Organismus/soziales System* geführt hat (= Evolution psychischer Strukturen).

68.6   Psychische Systeme sind immer – zu jeder historischen Epoche – mit dem *Konflikt* zwischen körperlichen Bedürfnissen (= Lustprinzip) und sozialen Spielregeln bzw. den mit ihnen verbundenen Geboten/Verboten (= Realitätsprinzip) konfrontiert, dessen Folge das Erleben von *Ambivalenzen* bzw. *psychische Konflikte* sind, auch wenn die sozialen Spielregeln sich im Laufe der Geschichte ändern.

68.7   Die Idee des *handelnden, eigenverantwortlichen Subjekts* kann als Lösung des Problems betrachtet werden, das aus dem *strukturellen Konflikt* resultiert, den jedes psychische System immer wieder aufs Neue *entscheiden* muss, wenn es mit den widersprüchlichen strukturdeterminierten *Funktionslogiken körperlicher* und *sozialer* Prozesse konfrontiert ist (= *pragmatische Paradoxie*).

68.7.1 Psychische und soziale Systeme verdanken ihre individuell unterschiedlichen Strukturen und Funktionsmuster dem Umstand, dass *Konflikte* im Allgemeinen, *pragmatische Paradoxien* im Speziellen auf unterschiedliche Weise bewältigt/entfaltet werden können, d. h. kontingent sind und jeweils auch anders sein könnten.

68.7.2 Gemeinsamer Nenner von psychischen Systemen und Organisationen als Sinnsystemen ist, dass *Konflikte, pragmatische Paradoxien* und *Unentscheidbarkeit* der zu erwartende Normalzustand sind und stets aufs Neue *Entscheidungen* getroffen werden müssen, was dann bezogen auf beide als *Freiheit* der Entscheidung konzeptualisiert werden kann.

69 Konfliktdeterminierte kulturelle Muster

69.1 Kulturen (wie auch mit ihnen gekoppelt: psychische Systeme) entwickeln im Laufe ihrer Geschichte selbstorganisiert spezifische *Formen der Konfliktlösung* und/oder *Konfliktbewältigung* (= Konfliktorganisation), welche die *kulturelle Identität* und die *Identität* der mit ihnen gekoppelten *psychischen Systeme* definieren.

69.2 Soziale Konflikte können anders bewältigt werden als psychische Konflikte, da jede Psyche mit nur *einem* einzelnen handlungsfähigen Organismus gekoppelt ist, während ein soziales System mit den Körpern einer *Vielzahl von Akteuren* gekoppelt sein kann, die unabhängig voneinander handeln können.

69.2.1 Das menschliche *Individuum als zusammengesetzte Einheit*, die aus einem *Organismus* und einer *fest gekoppelten Psyche* gebildet wird, hat keine Möglichkeit, *gleichzeitig* Aktionen *an unterschiedlichen Orten* zu vollziehen (= Entweder-oder-Logik der körperlichen Anwesenheit und damit des *Handelns*), sodass entweder nur die *eine Seite* eines Konflikts in Handlung umgesetzt wird (= Entscheidung / eine Handlung), die *beiden Seiten* eines Konfliktes nacheinander (= Oszillation zweier Handlungen / diachron) oder gar keine der beiden Optionen (= Untätigkeit/Unterlassung) realisiert wird.

69.2.2 Soziale Systeme haben die Möglichkeit, sich zu *spalten/auszudifferenzieren* und *gleichzeitig* (synchron) koordiniert widersprüchliche Aktionen an unterschiedlichen Orten von unterschiedlichen Akteuren vollziehen zu lassen (= *Sowohl-als-auch-Logik des Handelns*), sodass soziale Systeme als Einheiten mit mehreren Mitgliedern *nicht* zwischen den Seiten eines Konflikts entscheiden müssen (= *Entfaltung statt Entscheidung von Konflikten*).

69 *Konfliktdeterminierte kulturelle Muster*

69.3 Psychische Konflikte werden als *Ambivalenz* oder *Ambiguität* erlebt.

69.3.1 Individuelles Handeln angesichts ambivalenten Erlebens erfordert individuelles Entscheiden.

69.3.2 Ambivalentes Erleben kann die Handlungsfähigkeit des Individuums beeinträchtigen, in jedem Fall verzögert es den Prozess des Entscheidens und Handelns (was im konkreten Fall positiv oder negativ zu bewerten ist).

69.4 Die Bildung von Interaktions-/Kommunikationsmustern, bei denen *widersprüchliche* Aktionen *gleichzeitig* realisiert werden, ermöglicht es den *unterschiedlichen*, daran beteiligten Akteuren *individuell* jeweils konsistent und widerspruchsfrei zu handeln, ohne einen *psychischen Konflikt* (= Ambivalenz/Ambiguität) zu erleben, während sich der Konflikt *im sozialen System* entfaltet (= *Kollusion*).

69.5 Die Menge der Muster, in denen sich Konflikte psychisch und/oder sozial organisieren können, ist begrenzt.

69.5.1 Die Zahl der möglichen *psychischen Muster* der Konfliktorganisation ist geringer als die der *sozialen Muster*, aufgrund der raumzeitlichen Beschränkung der an den Körper gebundenen Handlungsfähigkeit des Individuums.

69.5.2 Die Möglichkeit, die unterschiedlichen Seiten von Konflikten bzw. die damit verbundenen Positionen und/oder Aktionen *unterschiedlichen Protagonisten* (= Akteuren) zuzuweisen, erhöht die Variationsbreite der sozialen Muster der Konfliktbewältigung.

69.6 Psychische und soziale Konflikte können aufgrund der Kopplung beider Typen von Systemen irritierende Wirkungen aufeinander haben, d. h. gegenseitig strukturdeterminierte Anpassungsreaktionen hervorrufen, wobei sich für den außenstehenden Beobachter jeweils die Frage stellt, wessen Realität *härter* ist, das heißt, welches System sich in der Kopplung aneinander welchem *mehr* anpasst.

69.7 Kulturen tradieren in ihren *grammatischen Regeln* spezifische Formen der *Organisation von Konflikten* (= Musterbildung), unabhängig von den jeweils aktuell kommunizierten Sachthemen oder Inhalten.

69.7.1 Wie in einer Kultur Konflikte organisiert werden, bestimmt auch, wie *Sachentscheidungen* getroffen und welche *zeitlichen Ordnungen* (von Ereignissen, Aktionen etc.) konstruiert werden.

69.7.2 Wie in einer Kultur Konflikte organisiert werden, bildet den *Kontext* der Konfliktorganisation der *psychischen Systeme* ihrer Mitglieder und deren Entscheidungsfindung (= *Entscheidungsprämisse*).

69.7.3 Kulturelle Muster des Umgangs mit Konflikten (= *Konfliktorganisation*) sind mit charakteristischen psychischen Mustern ihrer Mitglieder im Umgang mit Konflikten (= *psychische Strukturen*) gekoppelt.

69.7.4 Unterschiedliche kulturelle Formen der Konfliktorganisation sind mit erhöhten/erniedrigten Wahrscheinlichkeiten charakteristischer psychischer Prozessmuster verbunden, die je nach Perspektive als *Probleme* (z. B. abweichendes Verhalten, Symptombildung, Macken und Marotten etc.) oder *Qualitäten* (positiv bewertete Charakterzüge, soziale Anpassung, Leistungsfähigkeit etc.) bewertet werden können.

70 Pseudo-Konsens-Muster

70.1 **Definition (Idealtyp):** Die *eine Seite* des Konflikts wird aus der Wahrnehmung/Kommunikation ausgeschlossen, indem Verhaltensweisen, die als konflikthaft (= Negation der sozialen Erwartungen / Verstoß gegen Gebote oder Verbote) beobachtet werden könnten, *vermieden* werden oder im Sinne der Konfliktfreiheit (= *Konsens*) umgedeutet werden.

70.2 **Soziales System:** Der Spielraum der Kommunikationen und Aktionen ist dadurch begrenzt, dass Mitgliedern des Systems implizit oder explizit Handlungsweisen *geboten* (p) sind, die spezifischen Normen entsprechen (= Orthodoxie), das heißt, die Kommunikation von Inhalten und/oder Handlungsweisen, die diese Normen *aktiv negieren* (q), ist *verboten*, das heißt, das maximale Maß an toleriertem offenem Widerspruch oder abweichendem Verhalten ist das *passive Negieren* von p, d. h. *nicht-p*.

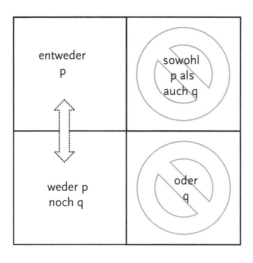

Figur 75

70.2.1　*Normgerechtes* Verhalten wird *erwartet,* und es kann erwartet werden, dass es erwartet wird, und konfliktträchtige, abweichende Verhaltensweisen werden durch implizite oder explizite Androhung *sozialer Sanktionen unterdrückt* (= Außenkontrolle).

70.2.2　Individuen, die sich nicht den normativen Erwartungen entsprechend verhalten, werden entweder *aktiv ausgegrenzt* oder sie *grenzen sich selbst aus,* das heißt, sie verlassen das soziale System.

70.2.3　Da Akteure, deren Aktionen den normativen Erwartungserwartungen widersprechen, aus der Kommunikation ausgeschlossen werden oder sich aus dem System verabschieden, ist die *Lernfähigkeit/Veränderungs-* bzw. *Innovationsfähigkeit des sozialen Systems reduziert* (= Begrenzung der Variation).

70.2.4　**Konflikt-Inhalte/-Themen:** Da das Pseudo-Konsens-Muster als kultureller Kontext (= Entscheidungsprämisse/grammatische Regel) aller Sachfragen fungiert, beeinflusst es die Kommunikation und Entscheidungsfindung in Bezug auf jedes konfliktträchtige Thema, seine besondere Relevanz gewinnt es aber – wie alle kulturellen Muster – durch seine Bedeutung für die *persönliche Identität* und damit die *affektiven Reaktionsmuster* der Mitglieder des sozialen Systems.

70.2.5　**Priorität der Gut-böse-Unterscheidung:** Verhaltensweisen und Ansichten, die *(affektiv)* als *gut* (= p) bewertet werden, müssen/sollen/können gezeigt werden (= *moralkonform*), Ansichten und Verhaltensweisen, die als böse (= q) bewertet werden, dürfen nicht / sollen nicht / können nicht gezeigt werden (= *unmoralisch*), gleichzeitig werden *schwach* und *passiv* als *gut* bewertet, während *aktiv* und *stark* als *böse* bewertet werden (wobei es meist um Fragen der Beziehungsgestaltung und nicht um Sachfragen geht).

In Schlagworten skizziert:

p (= gut):	q (= böse):
passiv	aktiv
schwach	stark
Konsens	Dissens
Gleichheit	Differenz
Symbiose	Individuation
Verschmelzung	Abgrenzung
Normativität	Abweichung
Sicherheit	Risiko
Abhängigkeit	Autonomie
Vorhersagbarkeit	Unberechenbarkeit
wir	ich
Altruismus	Egoismus
Gemeinschaft	Individuum
Harmonie	Aggression
Pflicht	Recht
Fremdkontrolle	Selbstkontrolle
Hierarchie	Anarchie
Ordnung	Chaos
Triebaufschub	Sofortbefriedigung
Beharrung	Veränderung
Moral	Unmoral
Sittlichkeit	Unsittlichkeit
usw.	usw.

70.3   **Psychisches System:** Die *langfristige* Teilnahme an einem *Pseudo-Konsens-Muster* der Interaktion/Kommunikation ist für das gekoppelte psychische System nur möglich, wenn die persönliche *Identität* eines Individuums und seine *Psychodynamik* zu dem Muster *passt* (= Innenkontrolle).

70.3.1 Konflikte werden bewusst erlebt, aber aus dem *psychischen Konflikt* resultieren keine Handlungen, welche die Normen des sozial erwarteten Verhaltens verletzen, das heißt, es kommt zu *keinem* sozialen Konflikt, sondern der Konflikt bleibt *individualisiert* psychisch (= Umwelt des sozialen Systems) und irritiert das soziale System nicht, da er nicht in die Kommunikation kommt.

70.3.2 Die Psychodynamik ist *analog* zum sozialen Pseudo-Konsens-Muster des sozialen Systems geformt, das heißt, das psychische System erlebt in Bezug auf Konflikte, die seine *Identität*, d. h. seine *Zugehörigkeit* zum sozialen System, bedrohen, *keine Ambivalenz*, denn die andere, sozial nicht akzeptierte Seite des Konflikts tritt nicht ins Bewusstsein / wird unbewusst gehalten, wozu es charakteristische psychodynamische Mechanismen nutzt: *Verleugnung, Verdrängung, Abspaltung, Alexithymie* usw.

70.4 **Organismus:** Falls es sich um einen die individuelle *Identität* (= *Zugehörigkeit*) bedrohenden Konflikt handelt, der aus dem Widerspruch zwischen sozialen Erwartungen und körperlichen Bedürfnissen resultiert und die Seite der körperlichen Bedürfnisse weder in die Kommunikation kommt noch ins Bewusstsein tritt (= *verleugnet, abgewehrt, tabuisiert* ist etc.), so reagiert der Körper strukturdeterminiert wie auf andere *Existenzbedrohungen*.

70.4.1 Auf Existenzbedrohungen reagiert der Körper autonom/automatisch mit vorprogrammierten Funktions- und Verhaltensmustern: Kampf oder Flucht, im Extremfall mit Totstellreflex, d. h. mit Steigerung der eigenen Aktivität oder mit Reduktion der eigenen Aktivität bzw. der dazu nötigen physiologischen Bereitstellungsreaktionen.

70.4.2 Wenn Flucht keine Option ist, da sie den Geboten/Verboten der Kultur bzw. der Orthodoxie widerspricht, kommt es (aufgrund der festen Kopplung psychisches System/Organismus) zur Reduktion der Aktivität: Der Organismus *hemmt* spezifische physiologische Aktivitätsmuster, und das über längere Zeit (= *Hypofunktion*).

70.4.3 Gebahnte physiologische Prozessmuster, die in der alltäglichen kurzfristigen *Oszillation* zwischen *Erregung und Hemmung* funktionell sind, werden *dysfunktionell*, wenn sie über längere Zeit (= chronisch/nicht-oszillierend) gehemmt werden.

70.4.4 Mit dem Pseudo-Konsens-Muster sind überwiegend körperliche Symptombilder (= psychosomatische Störungen) verbunden, die auf eine *dysfunktionelle*, chronifizierte *Hemmung* »an sich« normaler physiologischer Aktivitäts- bzw. Oszillationsmuster zurückzuführen sind.

71 Splitting-Muster vs. Boom-Bust-Muster

71.1 **Definition (Idealtypen):** Die beiden im Konflikt liegenden Parteien/Positionen/Propositionen (*p* vs. *q*), die sich gegenseitig *aktiv negieren*, sind entweder *synchron* (= Splitting-Muster) oder *diachron* (= Boom-Bust-Muster) geordnet (= *synchrone* oder *diachrone Dissoziation*).

71.2 **Splitting-Muster (= synchrone Dissoziation):** Es kommt zur *Spaltung* (= Differenzierung) in *antagonistische* Subsysteme, in denen die unterschiedlichen Propositionen (*p* vs. *q*) das Beobachten und Handeln leiten.

71.2.1 **Soziales System:** Der Spielraum der Kommunikationen und Aktionen ist in jedem der zwei Subsysteme begrenzt, wobei den Mitgliedern der Subsysteme (= Parteien) implizit oder explizit widersprüchliche, sich gegenseitig *aktiv negierende* Handlungsweisen *geboten* sind (= *erwartet werden*) – der einen Partei *p*, der anderen Partei *q* (wobei *p* → *nicht-q* und *q* → *nicht-p*) –, und innerhalb jeder Partei sind implizit oder explizit Handlungsweisen und/oder die Kommunikation von Inhalten *verboten* (= *nicht-erwartet*), welche die intern gültigen Gebote *aktiv negieren*, das heißt, innerhalb jeder Partei wird weder offener Widerspruch noch abweichendes Verhalten toleriert, sondern bestenfalls das *passive Negieren* von *p* bzw. *q* (= *nicht-p* bzw. *nicht-q*).

71.2.2 *Innerhalb* der Subsysteme (= Parteien) wird jeweils konfliktfreies Verhalten (im Idealfall Konsens, zumindest aber Pseudo-Konsens) erwartet und konfliktträchtige, abweichende Verhaltensweisen werden der Gegenpartei zugeschrieben und zur Abgrenzung der sozialen Einheit genutzt.

71.2.3 Individuen, die sich *nicht* den parteispezifischen Erwartungen entsprechend verhalten, werden entweder aktiv ausgegrenzt

71 Splitting-Muster vs. Boom-Bust-Muster

oder sie grenzen sich selbst aus, das heißt, sie verlassen das soziale Subsystem und wechseln gegebenenfalls zur Gegenpartei.

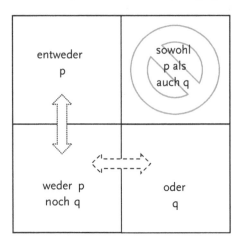

Figur 76

71.2.4 **Konflikt-Inhalte/-Themen:** Da das Splitting-Muster als kultureller Kontext (= Entscheidungsprämisse/grammatische Regel) aller Sachfragen fungiert, beeinflusst es die Kommunikation und Entscheidungsfindung in Bezug auf jedes konflikträchtige Thema, seine besondere Relevanz gewinnt es aber – wie alle kulturellen Muster – durch seine Bedeutung für die *persönliche Identität* und damit die *emotionalen Reaktionsmuster* der Mitglieder des jeweiligen sozialen Subsystems (= Bedrohung der Zugehörigkeit / persönlichen Identität durch abweichendes Verhalten).

71.2.5 **Priorität der Passiv-aktiv-Unterscheidung:** Zwei Bewertungsmuster stehen sich diametral gegenüber: Verhaltensweisen und Ansichten, die (*affektiv*) als *aktiv* (= q) bewertet werden, sind *gut*, Ansichten und Verhaltensweisen, die als *passiv* (= p) bewertet werden, sind *schlecht* – und umgekehrt als Gegenposition: Verhaltensweisen und Ansichten, die (*affektiv*) als *passiv* (= p) bewertet werden, sind *gut*, Ansichten und Verhaltensweisen, die als *aktiv* (= q) bewertet werden, sind *schlecht*.

In Schlagworten skizziert:

p (= gut):	q (= gut):
passiv	aktiv
schwach	stark

Unterlassen	Agieren
Abwarten	Initiative
Opfer	Täter
Genügsamkeit	Ambition
Normalität	Abweichung
Verantwortungsbewusstsein	Sorglosigkeit
Sicherheit	Risiko
Abhängigkeit	Autonomie
Bescheidenheit	Selbstbewusstsein
Vorhersagbarkeit	Unberechenbarkeit
Gehemmtheit	Erregung
Kontrolle	Laufenlassen
Ordnung	Kreativität
Triebaufschub	Sofortbefriedigung
Beharrung	Veränderung
Tradition	Innovation
Vorsicht	Optimismus
Sorge	Kühnheit
Dysphorie	Euphorie
Depression	Manie
usw.	usw.

71.2.6 **Psychisches System:** Die *langfristige* Teilnahme an einem *Splitting-Muster* der Interaktion/Kommunikation ist für das gekoppelte psychische System immer dann möglich, wenn die persönliche *Identität* des Individuums und seine *Psychodynamik* zu einer Seite des Musters / einem Subsystem *passt* (= Innenkontrolle), sei es zur *Aktiv*-Seite, sei es zu *Passiv*-Seite.

71 Splitting-Muster vs. Boom-Bust-Muster

71.2.6.1 Die Psychodynamik ist durch *Ambiguitätsintoleranz* geformt, das heißt, das psychische System erlebt *keine Ambivalenzen* und denkt in Schwarz-weiß-Schemata, die andere Seite des Konflikts tritt den Parteigängern *beider Seiten* nicht ins Bewusstsein / wird unbewusst gehalten, wozu es charakteristischer psychodynamischer Mechanismen bedarf: *Abspaltung, Projektion* usw.

71.2.6.2 Wenn Konflikte bewusst erlebt werden sollten, so resultieren aus dem *psychischen Konflikt* keine Handlungen oder Äußerungen, welche die Grenzen des sozial Erwarteten verletzen, das heißt, es kommt zu *keinem* innerparteilichen Konflikt; das soziale Subsystem wird nicht irritiert, es passiert aber, dass Mitglieder einer Partei überraschend die Seiten wechseln.

71.2.6.3 Generell ergibt sich im Splitting-Muster die Möglichkeit, psychische Konflikte dem Bewusstsein fernzuhalten, indem die jeweils andere Seite des Konfliktes abgespalten und der gegnerischen Partei zugeschrieben wird (= *Projektion*), was durch die Tatsache, dass diese Seite des Konfliktes von ihr tatsächlich ausagiert wird, täglich Bestätigung findet, das heißt, ein *sozialer* Konflikt (wir vs. die anderen) schafft individuell Konfliktfreiheit (= Kollusion).

71.2.7 **Organismus:** Falls es sich um Konflikte handelt, die mit besonderen körperlichen Anforderungen oder Leistungen verbunden sind oder aus dem Widerspruch zwischen sozialen Erwartungen und körperlichen Bedürfnissen resultieren, und dies *weder* in die Kommunikation kommt *noch* ins Bewusstsein tritt, so reagiert der Körper strukturdeterminiert mit den ihm verfügbaren automatisierten physiologischen Anpassungsmustern.

71.2.7.1 **Passiv-Seite:** Der Organismus *hemmt* spezifische physiologische Aktivitätsmuster über längere Zeit (= *Inhibition/Hypofunktion*) – analog zum Pseudo-Konsens-Muster.

71.2.7.2 **Aktiv-Seite:** Der Organismus *erregt* und *erhält* spezifische physiologische Muster über längere Zeit (= *Exzitation/Hyperfunktion*) – das heißt, er geht in den Kampfmodus.

71.2.7.3   Gebahnte physiologische Prozessmuster, die in der kurzfristigen *Oszillation* zwischen *Erregung* und *Hemmung* funktionell sind, werden *dysfunktionell*, wenn sie über längere Zeit (= chronisch/nicht-oszillierend) je nach Zugehörigkeit zu einer der Parteien (= Subsystemen) *aktiviert* oder *gehemmt* werden.

71.2.7.4   Mit dem Splitting-Muster sind überwiegend körperliche Symptombilder verbunden, die auf eine *dysfunktionelle*, chronifizierte *Erregung* oder *Hemmung* »an sich« normaler physiologischer Prozessmuster zurückzuführen sind, unterschieden je nach Subsystemzugehörigkeit.

71.3   **Boom-Bust-Muster (= diachrone Dissoziation):** Es kommt zur Oszillation zwischen zeitlich wechselnden, unterschiedlichen Phasen/Perioden, in denen jeweils *entweder* die eine (p) *oder* die andere (q) Position/Seite des Konflikts propagiert und handlungsleitend wird.

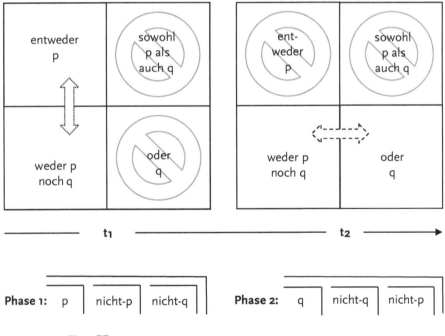

Figur 77

71.3.1   Die beiden widersprüchlichen Positionen (p vs. q), die sich *aktiv negieren*, sind *diachron* geordnet, das heißt, sie wechseln sich zeitlich ab (= *Oszillation*), eventuell unterbrochen durch neutrale Phasen, in denen keine der beiden Seiten (*weder p noch q*) bestimmend ist.

71.3.2   **Soziales System:** Der Spielraum der Kommunikationen und Aktionen ist jeweils auf einen *Zeitraum* begrenzt, wobei die Mitglieder des gesamten Systems zu jedem der Zeiträume widersprüchliche, sich gegenseitig *aktiv negierende* Handlungsweisen befolgen (= *entweder-oder*) – in der einen Periode/Phase p, der anderen Periode/Phase q (wobei p → *nicht-q* und q → *nicht-p*) –, und innerhalb jeder Phase werden Widerspruch oder abweichendes Verhalten lediglich als *passives Negieren* von p bzw. q (= *nicht-p* bzw. *nicht-q*) gezeigt.

71.3.2.1   *Innerhalb* der *Phasen* (= zeitlich begrenzt) wird jeweils Konsens gezeigt bzw. ähnliches Verhalten praktiziert, und konfliktträchtige, abweichende Verhaltensweisen werden als fremd und feindlich bewertet.

71.3.2.2   Neben den diachron geordneten Phasen, in denen die eine Seite des Konflikts (p oder q) bestimmend für das aktuell gezeigte Interaktions- und Kommunikationsmuster wird, gibt es neutrale Phasen, in denen *weder p noch q* ein Übergewicht bekommen (*nicht-p* und *nicht-q*).

71.3.2.3   **Konflikt-Inhalte/-Themen:** Da das Boom-Bust-Muster als kultureller Kontext (= Entscheidungsprämisse/grammatische Regel) aller Sachfragen fungiert, beeinflusst die jeweilige Phase bzw. das jeweils zum aktuellen Zeitpunkt praktizierte Muster die Kommunikation und Entscheidungsfindung in Bezug auf jedes Thema, das heißt, Entscheidungen sind vor allem *affektiv* determiniert.

71.3.2.4   **Priorität der Passiv-aktiv-Unterscheidung:** Es geht um Konflikte, die aus denselben Unterscheidungen resultieren wie im Splitting-Muster, das heißt, in der einen Phase werden Verhaltensweisen und Ansichten als gut bewertet, die (*affektiv*) als *aktiv* (= q) betrachtet werden, Ansichten und Verhaltensweisen, die als *passiv* (= p) kategorisiert sind, werden in der anderen Phase als gut bewertet (zu den antagonistischen Positionen des Konfliktes in Schlagworten siehe 71.2.5).

71.3.2.5 Es gibt keine expliziten Normen oder Sanktionsdrohungen, die das mustergerechte Verhalten innerhalb jeder Phase festlegen, es scheint keinen sozialen Konflikt zu geben, da das periodisch gleichartige Verhalten der Teilnehmer an der Interaktion/Kommunikation intrinsisch motiviert scheint, auch wenn es sich mit äußeren Prozessen korrelieren lässt, die als Auslöser der Phasen verstanden werden können.

71.3.2.6 Auf Individuen, die sich nicht den phasentypischen allgemeinen Erwartungen entsprechend verhalten (= *nicht-p* oder *nicht-q*), entsteht Anpassungsdruck, auch wenn sie bei Zuwiderhandlung nicht zwangsläufig sozial ausgegrenzt werden.

71.3.3 **Psychisches System:** Die Teilnahme an einem *Boom-Bust-Muster* der Interaktion/Kommunikation ist für das gekoppelte psychische System nur möglich, wenn es in der Lage ist, beide Seiten des Konfliktes *nacheinander* (*diachron*) ambivalenzfrei zu (er-)leben.

71.3.3.1 Die Psychodynamik ist von einer prinzipiellen *Ambiguitätsintoleranz* geprägt, das heißt, das psychische System erlebt keine Ambivalenzen, und entweder es erfolgt die Identifikation mit der einen Seite des Konflikts (p) – *Euphorie, Größenwahn* etc. – oder der anderen (q) – *Dysphorie, Minderwertigkeitsgefühl* etc. –, wozu es charakteristischer psychodynamischer Mechanismen bedarf (*Verleugnung, Abspaltung, projektive Identifikation, Verkehrung ins Gegenteil* usw.).

71.3.4 **Organismus:** Falls es sich um einen Konflikt handelt, der aus dem Widerspruch zwischen sozialen Erwartungen und körperlichen Bedürfnissen resultiert, und die Seite der körperlichen Bedürfnisse längerfristig weder in die Kommunikation kommt

71 Splitting-Muster vs. Boom-Bust-Muster

noch ins Bewusstsein tritt, würde der Körper wie im Pseudo-Konsens-Muster reagieren, wenn es nicht zur Gegenphase käme, in der die andere Seite des Konfliktes ausagiert werden kann, sodass die Wahrscheinlichkeit körperlicher (»psychosomatischer«) Symptombildung reduziert ist.

71.3.4.1 Der Organismus aktiviert über begrenzte Zeit (= Phase) spezifische physiologische Erregungsmuster (= *Exzitation/Hyperfunktion*).

71.3.4.2 Der Organismus hemmt über begrenzte Zeit (= Phase) spezifische physiologische Erregungsmuster (= *Inhibition/Hypofunktion*).

71.3.4.3 Die Oszillation zwischen Erregung und Hemmung erfolgt in einem anderen zeitlichen Rhythmus als im Durchschnitt zu erwarten und funktionell ist, aber sie erfolgt …, was die körperlichen, symptombildenden Auswirkungen im Vergleich zur *Nicht-Oszillation* reduziert.

72 Chaos-Muster

72.1 **Definition (Idealtyp):** *Keine Seite* des Konflikts wird aus der Beobachtung/Kommunikation ausgeschlossen, sondern ganz im Gegenteil, die zu beobachtenden Verhaltensweisen können *sowohl* im Sinne der einen Seite des Konflikts (p) *als auch* im Sinne der anderen Seite des Konflikts (q) gedeutet werden, das heißt, es bleibt *unentscheidbar*, welche Bedeutung den Aktionen und/oder verbalen Äußerungen der Beteiligten zuzuschreiben ist.

72.2 **Soziales System:** Der Spielraum der Kommunikationen und Aktionen ist *unbegrenzt*, die Mitglieder des Systems scheinen *keinen Geboten* (p oder q) zu folgen und durch *keine Verbote* in ihrer Handlungsfreiheit eingeschränkt zu sein, das heißt, sie verhalten sich unberechenbar und unvorhersehbar, der *Satz vom ausgeschlossenen Widerspruch* scheint für sie nicht zu gelten,

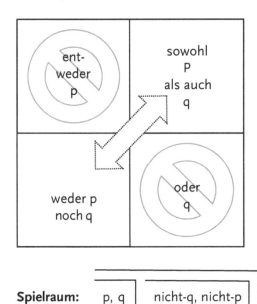

Figur 78

es besteht keine Möglichkeit, dem beobachteten Verhalten eineindeutige Bedeutungen im Sinne der zweiwertigen Logik zuzuschreiben, jede Aktion/Äußerung kann *sowohl p als auch q* bedeuten (= gegenseitige aktive Negation).

72.2.1 Die Widersprüchlichkeit der Bedeutung des individuellen Verhaltens verhindert, dass sich berechenbare und zuverlässige Spielregeln der Kommunikation etablieren.

72.2.2 Ohne erwartbares Verhalten (= Regelbefolgung) entwickeln sich keine *Erwartungserwartungen* und damit keine verlässlichen *sozialen Strukturen*.

72.2.3 Ohne verlässliche Strukturen kann es auch *keine Veränderung* der Strukturen geben, das heißt, eine konflikthafte, affektiv hoch aufgeladene Dynamik der Kommunikation sorgt für *soziale Statik* (= Nicht-Veränderung, Nicht-Entwicklung, »sterile Aufgeregtheit«).

72.2.4 **Konflikt-Inhalte/-Themen:** Als kultureller Kontext beeinflusst das Chaos-Muster (= Entscheidungsprämisse/grammatische Regel) *alle* Fragen der *Wirklichkeitskonstruktion*, seine besondere Relevanz gewinnt es aber für die Frage der symmetrischen vs. asymmetrischen Beziehungsdefinition, d. h. von Macht und Ohnmacht, von Über- und Unterordnung, was für die *persönliche Identität* und damit die *affektiven Reaktionsmuster* der Mitglieder des sozialen Systems und dessen Beziehungsmuster von zentraler Bedeutung ist.

72.2.5 **Priorität der Stark-schwach-Unterscheidung:** Es werden Verhaltensweisen und Ansichten, die (*affektiv*) als *stark* (= p) bewertet werden, gezeigt, und es werden synchron Ansichten und Verhaltensweisen, die als *schwach* (= q) bewertet werden, gezeigt; Konflikte entstehen, weil gleichzeitig *schwach* und *passiv* als *gut* bewertet, *aktiv* und *stark* ebenfalls als *gut* bewertet werden; das Muster, das so entsteht, macht es für den Beobachter unmöglich zu unterscheiden, ob das Verhalten eines Mitglieds stark oder schwach ist/war.

In Schlagworten skizziert:

p (= gut):	q (= gut):
schwach	stark
passiv	aktiv
Ohnmacht	Macht
Unschuld	Schuld
Opfer	Täter
Verschmelzung	Abgrenzung
Knecht	Herr
Verlieren	Gewinnen
Gewinnen	Verlieren
Gehorchen	Befehlen
andere	ich
ich	andere
Anpassung	Abweichung
Depression	Aggression
Frieden	Krieg
Außensteuerung	Autonomie
Egalität	Hierarchie
Ordnung	Freiheit
Triebaufschub	Sofortbefriedigung
usw	usw.

72.3 **Psychisches System:** Die *langfristige* Teilnahme an einem *Chaos-Muster* der Interaktion/Kommunikation führt für das gekoppelte psychische System zu Desorientierung, Verwirrung, Existenzangst und zur Suche nach Sicherheit und Wahrheit (ein Bedürfnis, das auch durch Formung eines Wahnsystems oder Übernahme einer Ideologie befriedigt werden kann), manchmal zu zwanghaften Kontrollbemühungen und Versuchen, Macht über andere und damit die Situation zu gewinnen.

72 Chaos-Muster

72.3.1 Ambivalenzen werden stark erlebt, schnell die Seiten wechselnd, da die soziale Wirklichkeit so vieldeutig ist und Handeln sowohl in der Fremd- als auch der Selbstbeobachtung als *inkonsistent* erlebt wird – *Unsicherheitsabsorption* wird in der Bindung und Orientierung an *Personen* oder auch an *zwanghaften Prozeduren* (= *Programme*) gesucht, das soziale System ist ständig irritiert und findet keine Ruhe, da Konflikte *nicht entschieden* werden, sodass die individuelle (und kollektive) Unsicherheit als dauerhaft erlebt wird.

72.3.2 Die Psychodynamik kann sich auch *analog* zum sozialen Chaos-Muster formen, das heißt, das psychische System *scheint* dem außenstehenden Beobachter in Bezug auf Konflikte, die seine *Identität* und *Zugehörigkeit* bedrohen, *dauerhaft ambivalent*, wobei der Betreffende/Betroffene die Ambivalenz selbst *nicht* zu erleben scheint, sondern in seinem Verhalten *schnell oszillierend* zwischen den Seiten des Konflikts wechselt und scheinbar ohne alle Ambivalenzen die eine *oder* andere Seite ausagiert, was durch psychodynamische Mechanismen wie *Abspaltung, Projektion, projektive Identifikation* usw. möglich wird.

72.3.3 Der zentrale Konflikt besteht zwischen *Autonomieerwartungen* (eigenen und fremden) und *Abhängigkeitswünschen* (eigenen und fremden), zwischen der Konstruktion der eigenen *Person* als Überlebenseinheit und einer *Gemeinschaft* als Überlebenseinheit, zwischen *Innensteuerung* und *Außensteuerung* des Individuums.

72.4 **Organismus:** Die Notwendigkeit, ständig wach und auf der Hut zu sein, um die Chancen zum Machtgewinn für sich zu nutzen und zu verhindern, dass jemand anderes sie nutzt, erschöpft, sodass Phasen der Hyperaktivität mit denen der Ruhebedürftigkeit relativ *schnell* abwechseln können, was aber keine gravierenden körperlichen Störungen zur Folge hat, da es zu den strukturdeterminierten Reaktionsmustern und Oszillationsmöglichkeiten des Organismus passt (= viabel ist).

72.4.1 Auf Existenzbedrohungen reagiert der Körper schematisch mit übersteigerter Aktivität, einem Kampf-Verhalten, das Beobachtern als übersteigert, d. h. als nicht »normal«, erscheint (= »*Plussymptom*«).

72.4.2   Wenn Kampf keine Option ist, kommt es zur Reduktion der Aktivität, d. h. einem Verhalten, das Beobachtern als zu passiv und nicht »normal« erscheint (= *Minussymptom*).

72.4.3   Die aktivierten oder gehemmten physiologischen Prozessmuster oszillieren schneller und stärker, als dies im sozialen Kontext erwartet wird, was aber aufgrund der Kurzfristigkeit der *Oszillation zwischen Erregung und Hemmung* keine langfristig *dysfunktionellen* körperlichen Folgen hat.

73 Abweichendes Verhalten

73.1 Die Mitglieder eines sozialen Systems *erwarten*, dass von ihnen *erwartet* wird, sich den Spielregeln des Systems entsprechend zu verhalten (= *Erwartungserwartungen*).

73.1.1 Sozial erwartetes Verhalten eines Individuums tritt im Alltag *nicht* in den Fokus der Aufmerksamkeit des Beobachters (= wird nicht *beschrieben/wahrgenommen*), da es als *selbstverständlich* (= normal) vorausgesetzt wird.

73.1.2 Erwartetes Verhalten (= Regelbefolgung) bedarf für die Mitglieder des sozialen Systems *keiner Erklärung*, da es als selbstverständlich erlebt wird bzw. durch die befolgte Regel bzw. die soziale Struktur als vorgegeben und begründet erscheint.

73.1.3 Für den *außenstehenden*, nicht zum System gehörenden Beobachter bedarf auch das *intern* als selbstverständlich erwartete (= normale) Verhalten der Mitglieder eines sozialen Systems der Erklärung, denn jedes Mitglied hätte die Möglichkeit sich anders zu verhalten (= kontingentes Verhalten).

73.1.4 *Abweichendes Verhalten* eines Mitglieds eines sozialen Systems tritt in den *Fokus der Aufmerksamkeit* der anderen Mitglieder, da es deren Erwartungen *enttäuscht/überrascht*.

73.2 **Plus- vs. Minusvarianten:** Verhalten kann positiv oder negativ von den Erwartungen der Beobachter abweichen.

73.2.1 **Plusvariante:** Es werden *Aktionen vollzogen* (= sind beobachtbar), die *nicht* erwartet werden.

73.2.2 **Minusvariante:** Es werden *Aktionen unterlassen* (= sind nicht beobachtbar), die erwartet werden.

73.3 **Bewertung abweichenden Verhaltens:** Wie jedes andere Verhalten kann auch abweichendes Verhalten (= Aktionen/Unterlassungen) *positiv, negativ, weder* positiv *noch* negativ, *sowohl* positiv *als auch* negativ bewertet werden, das heißt, Bewertungen können *widersprüchlich* und *ambivalent* oder auch *paradox* sein, je nachdem, welche Bewertungskriterien zugrunde gelegt werden.

73.3.1 Wenn die *Funktion/Dysfunktion* des Verhaltens beobachtet wird, kann sich die Bewertung radikal ändern, je nachdem, von welchem *Beobachter* bzw. auf *welches System* (= *unterschiedliche Systemrationalitäten*) bezogen das Verhaltens eines Individuums bewertet wird.

73.3.1.1 Bewertungen aus der Perspektive des jeweiligen *Individuums* selbst (= Selbstbeobachtung) und aus der von einem oder mehreren *Individuen* in seinem Umfeld (= Fremdbeobachtung) unterscheiden sich fast zwangsläufig, da psychische Bewertungskriterien eines Individuums der Beobachtung von außen nicht zugänglich sind.

73.3.1.2 Im Blick auf die Funktion/Dysfunktion individuellen Verhaltens für ein konkretes *soziales System* ergibt sich eine von der individuellen Bewertung abweichende Bewertung, da sie sich an der Rationalität des sozialen Systems als Überlebenseinheit orientiert.

73.3.2 **Positive Bewertung:** Als *Leistung* wird ein Verhalten eines Akteurs (= Ereignis/Prozess) erachtet, wenn es sich in der *beschriebenen Qualität* (= anders) oder *Quantität* (= mehr/weniger) vom selbstverständlich erwarteten Verhalten *unterscheidet, positiv* bewertet wird und als *erklärungsbedürftig* (= nicht selbstverständlich) erachtet wird.

73.3.2.1 Leistungen können im Bereich der *Sachdimension*, der *Sozialdimension* oder der *Zeitdimension* erbracht werden.

73.3.2.1.1 **Sachdimension:** Im Blick auf Sachfragen und Fachkompetenzen erbrachte Leistungen.

73.3.2.1.2 **Sozialdimension:** Leistungen, die entweder dem *Eigennutz*, dem Nutzen *anderer Menschen* oder dem eines *sozialen Systems* dienen.

73.3.2.1.3 **Zeitdimension:** Die *Schnelligkeit/Langsamkeit* von Prozessen, ihren *Zeitaufwand* oder den *Rhythmus* von Ereignissen verändernde Leistungen.

73.3.2.2 Leistungen werden üblicherweise einem *Akteur* (= Autor, »Leistungsträger«, »Minderleister«) zugeschrieben, der auch ein soziales System sein kann.

73.3.3 **Negative Bewertungen:** Als *Störung* wird das Verhalten eines Akteurs (= Ereignis/Prozess) erachtet, wenn es sich in der *beschriebenen Qualität* (= anders) oder *Quantität* (= mehr/weniger) vom selbstverständlich erwarteten Verhalten *unterscheidet*, *negativ* bewertet wird und als *erklärungsbedürftig* betrachtet wird.

73.3.3.1 Störungen können im Bereich der *Sachdimension*, der *Sozialdimension* oder der *Zeitdimension* bewirkt werden.

73.3.3.1.1 **Sachdimension:** Als Störungen werden Verhaltensweisen bewertet, die auf Sachfragen Antworten geben, d. h. Verfahrensweisen anwenden, die als *nicht-zielführend* oder die Zielerreichung *behindernd* bewertet werden (oft: Abweichungen vom etablierten Wissen/Können).

73.3.3.1.2 **Sozialdimension:** Als Störungen werden Verhaltensweisen bewertet, die entweder in einem *sozialen System* (in welcher Weise auch immer) gegen die mit einem etablierten Beziehungsmuster verbundenen Erwartungen verstoßen.

73.3.3.1.3 **Zeitdimension:** Als Störungen werden Verhaltensweisen betrachtet, welche die *Schnelligkeit/Langsamkeit*, den *Zeitaufwand* und/oder den *Rhythmus* von Prozessen in negativ bewerteter Weise beeinflussen.

73.3.3.2 Störungen werden einem *Akteur* (= »Autor«, »Störer« ...) zugeschrieben, der auch ein soziales System sein kann.

73.4 **Erklärung abweichenden Verhaltens:** Sowohl regelgerechtes als auch abweichendes Verhalten kann – soweit es sich um das Verhalten eines menschlichen Individuums handelt – durch Ereignisse/Prozesse in drei unterschiedlichen Phänomenbereichen/autopoietischen Systemen erklärt werden: dem *Organismus*, dem *psychischen System*, dem *sozialen System*.

73.4.1 **Biologische Erklärungen:** Für ein beobachtetes Verhalten wird ein *generierender Mechanismus* im Bereich des Organismus konstruiert (= körperliche Ursache).

73.4.2 **Psychologische Erklärungen:** Für ein beobachtetes Verhalten wird ein *generierender Mechanismus* im Bereich des psychischen Systems konstruiert (= geistig-seelische Ursache).

73.4.3 **Soziologische Erklärungen:** Für ein beobachtetes Verhalten wird ein *generierender Mechanismus* im Bereich des sozialen Systems konstruiert (= soziale Ursache).

73.4.4 Innerhalb eines sozialen Systems können *unterschiedliche* biologische/psychologische/soziologische Erklärungen für *dasselbe* abweichende Verhalten von Mitgliedern konstruiert werden.

73.5 **Reaktion auf abweichendes Verhalten:** Die Erklärungen, die innerhalb eines psychischen und/oder sozialen Systems für das abweichende Verhalten eines Menschen konstruiert werden, bestimmen, *wie* auf dieses Verhalten individuell/innerhalb des sozialen Systems reagiert wird (= Sanktionierung vs. Honorierung).

73.5.1 Reaktionen/Interventionen können in den Phänomenbereichen Organismus, psychisches System, soziales System bzw. einer Kombination dieser drei Zielsysteme erfolgen.

73.5.2 **Reaktionen auf Minusvariante (= Unterfunktion):** *Stimulation/Exzitation systeminterner* Aktivitäten (= Selbstveränderung) oder *kompensatorische Funktionsübernahme* durch äußere Aktivitäten (= Umweltveränderung).

73.5.3 **Reaktionen auf Plusvariante (= Überfunktion):** *Suppression/ Inhibition systeminterner* Aktivitäten (= Selbstveränderung) oder *kompensatorische Reduktion von Funktionen* durch äußere Aktivitäten (= Umweltveränderung).

73.6 **Verhalten vs. Handlung:** Die *soziale Bewertung* individuellen Verhaltens hängt von seiner *Erklärung* ab, d. h. von der Frage, ob der Betreffende als *willentlich handelnd* oder *sich unwillkürlich verhaltend* beurteilt wird.

73.6.1 Wenn das Verhalten als *willentliche* Handlung erklärt/bewertet wird, dann wird der Akteur für sein Verhalten *verantwortlich* gemacht und ihm dafür *Schuld* oder *Verdienst* zugeschrieben.

73.6.2 Wenn das Verhalten als *unwillkürlich* ausgelöst erklärt/bewertet wird, dann wird der Akteur nicht für sein Verhalten *verantwortlich* gemacht und ihm dafür *weder* Schuld *noch* Verdienst zugeschrieben.

74 Biologische Erklärungen abweichenden Verhaltens

74.1 **Plus- und Minusvariante:** Der *generierende Mechanismus* für konkrete Verhaltensweisen eines Individuums, die nicht den Erwartungen innerhalb eines gegebenen sozialen Systems entsprechen (= Normen zuwiderlaufen), wird als *strukturelles* (= anatomisches) und/oder *funktionelles* (= physiologisches) Merkmal (= Dysplasie oder Dysfunktion) des Organismus konstruiert.

74.2 Verhaltensweisen, die z. B. während der Bewusstlosigkeit oder des Dämmerzustandes eines Akteurs vollzogen werden, lassen sich nicht als Handlungen erklären, sodass per Ausschluss die generierenden Mechanismen im Phänomenbereich *Organismus* konstruiert werden können/müssen.

74.3 Verhaltensweisen, die durch charakteristische psychische Prozesse und/oder Strukturen erklärt werden, die ihrerseits biologisch erklärt werden, sind ebenfalls als biologisch erklärt zu erachten (Instinkt, Temperament, Talent, Begabung, unbewusste automatisierte Prozesse …).

74.4 Wenn psychische Prozesse/Strukturen durch die *Vererbung* von *Anlagen* erklärt werden, so werden sie biologisch erklärt.

74.5 *Generelles Problem biologischer Erklärungen* abweichenden Verhaltens: Biologische Verursachung ist ein Konstrukt/eine These, die sich *weder verifizieren noch falsifizieren lässt* (= *unentscheidbar*).

74.6 Wenn Verhalten biologisch erklärt wird, so hat dies psychische und soziale, d. h. letzten Endes politische Konsequenzen aufgrund der individuellen und kollektiven Reaktionen darauf.

74.7 Wenn abweichendes Verhalten biologisch erklärt wird, dann scheint es logisch, dass in den Organismus interveniert wird, um es zu *beseitigen* oder *herbeizuführen*.

74.7.1 **Plusvariante, positiv bewertet** (= *Ressource, Kompetenz*): Das abweichende Verhalten wird als Resultat einer positiven organischen Qualität (= Gene, viel Gehirnmasse ...) betrachtet.

74.7.1.1 **Intervention:** Versuch der Verstärkung/Stimulation/Exzitation der positiv bewerteten organischen Strukturen und/oder Prozesse (z. B. Züchtung, Doping, Training, Operation etc.).

74.7.2 **Plusvariante, negativ bewertet** (= *Fehlverhalten, Delinquenz, »Entartung«*): Das abweichende Verhalten wird als Resultat einer negativen organischen Qualität (= »schlechte« Gene, Veranlagung, Defekt ...) betrachtet.

74.7.2.1 **Intervention:** Versuch der Reduktion/Suppression der negativ bewerteten organischen Strukturen und/oder Prozesse (z. B. dämpfende Medikation, äußerer Zwang, Operation, Resektion etc.).

74.7.3 **Minusvariante, negativ bewertet** (= »...-Losigkeiten« verschiedener Art wie z. B. Antriebslosigkeit, Kraftlosigkeit, Libidolosigkeit etc.): Das abweichende Verhalten wird als Symptom einer *Krankheit* oder eines organischen *Defizits* oder *Defektes* betrachtet.

74.7.3.1 **Intervention:** Versuch, fehlende oder unzureichende Strukturen/Prozesse funktionell zu kompensieren (z. B. Substitution, Medikation, Operation, Prothetik etc.).

74.7.4 **Minusvariante, positiv bewertet:** Das abweichende Verhalten fällt nicht unangenehm auf.

74.7.4.1 **Intervention:** Keine Interventionen in das biologische System.

74.7.5 Da im Laufe eines individuellen Lebens aufgrund des Erlebens und der Erfahrung geformte *unbewusste Verhaltensmuster* mit spezifischen Formen senso-motorischer (= körperlicher) Strukturen gekoppelt sind, ist die Trennung von biologischen und psychologischen Erklärungen nicht ein-eindeutig möglich –

dem üblichen Sprachgebrauch folgend, werden hier lebensgeschichtlich gebildete generierende Mechanismen für *unbewusste* Verhaltensmuster den psychologischen Erklärungen zugerechnet, obwohl sie vermutlich ein organisches Substrat besitzen (und, da nicht bewusst, nicht der hier gebrauchten Definition psychischer Prozesse entsprechen).

75 Psychologische Erklärungen abweichenden Verhaltens

75.1 Psychologische Erklärungen sind generell problematisch, da die Psyche nicht für außenstehende Beobachter/Beobachtung zugänglich ist – weder ihre Struktur noch ihre Dynamik –, sodass *alle* psychologischen Erklärungen immer nur Konstruktionen sein können, die entweder aus der *Selbstbeobachtung* eines Individuums oder seiner *Teilnahme an Kommunikation* abgeleitet sind.

75.2 **Plus- und Minusvariante:** Der generierende Mechanismus für konkrete Verhaltensweisen, die nicht den Erwartungen eines gegebenen sozialen Systems entsprechen (= Normen zuwiderlaufen), wird als *strukturelles* (= persönlichkeitsstrukturelles/charakterliches) und/oder *funktionelles* (= psychodynamisches) von der Norm abweichendes Prozessmuster des psychischen Systems konstruiert.

75.2.1 Wenn das abweichende Verhalten als *Handlung* konstruiert wird, wird der Akteur als handelndes Subjekt und damit als *verantwortlich* und *schuldfähig* konstruiert.

75.2.2 Wenn das abweichende Verhalten *nicht* als Handlung konstruiert wird, sondern als *nicht bewusst* gewählt bzw. aufgrund einer als *abnorm* bewerteten psychischen Struktur und/oder Dynamik, wird der Akteur als *nicht* (bzw. nur eingeschränkt) *verantwortlich* und *schuldfähig* beurteilt.

75.3 Psychologische Erklärungen lassen sich *weder verifizieren noch falsifizieren*, das heißt, die Entscheidung über ihre Akzeptanz oder Ablehnung ist logisch *unentscheidbar*, das heißt, man muss sich für eine psychologische Erklärung *entscheiden*, da es keine objektivierbare Antwort auf die Frage gibt: wahr oder falsch?

75.4 Auch falls abweichendes Verhalten zu Recht psychologisch erklärt werden sollte, ist es *nicht* möglich, in die Psyche eines anderen Menschen *direkt zu intervenieren*, um es bzw. die ihm kausal zugrunde liegenden psychischen Prozesse/Strukturen zu *beseitigen* oder alternative Prozesse/Strukturen zu *erzeugen*.

75.5 Die Beeinflussung (= Irritation/Perturbation) eines psychischen Systems ist nur *indirekt* durch Interventionen in eine seiner *Umwelten* möglich, d. h. in den *Organismus* oder das bzw. die *sozialen Systeme*, an welche das psychische System gekoppelt ist.

75.5.1 **Plusvariante, positiv bewertet:** Das abweichende Verhalten wird als Resultat einer psychischen Qualität (*Fähigkeit, Kompetenz, Potenzial, Talent*) betrachtet, die gesteigert werden kann.

75.5.1.1 **Intervention in den Organismus** (= Umwelt): Drogen, Medikation (Stimulantien), Implantation von Mikrochips, biotechnologische Eingriffe, DNA-Veränderungen …

75.5.1.2 **Intervention in das soziale System** (= Umwelt): Psychotherapie, Coaching, tätige Hilfe, Wechsel des sozialen Kontextes, Üben/Training, Familientherapie, Teamentwicklung, Revolution …

75.5.2 **Plusvariante, negativ bewertet:** Das abweichende Verhalten wird als Resultat einer psychischen Störung/Pathologie (*Psychopathie, Neurose, Psychose, Disziplinlosigkeit, schlechte Erziehung* etc.) oder der Delinquenz (*kriminelle Energie, Bosheit, schlechter Charakter* etc.) betrachtet, die behoben oder bewältigt (z. B. Therapie, Strafe, Resozialisierung …) werden kann.

75.5.2.1 **Intervention in den Organismus** (= Umwelt): Medikation (Dämpfung), Elektroschock, Hirnchirurgie (Lobotomie o. Ä.), körperliche Züchtigung/Strafe …

75.5.2.2 **Intervention in das soziale System** (= Umwelt): Psychotherapie, Pädagogik, Sanktion, Ausgrenzung bzw. Schaffung von Institutionen, welche die individuelle Handlungsfreiheit beschneiden (Heim, Anstalt, Arrest, Gefängnis ...), Aufsicht, Bindung etc.

75.5.3 **Minusvariante, negativ bewertet:** Das abweichende Verhalten wird als Symptom einer psychischen *Krankheit, Behinderung* oder eines psychischen *Defizits* bzw. *Defektes* betrachtet, die geheilt oder funktionell kompensiert werden müssen oder, wenn Ausdruck bewusster *Verweigerung*, sanktioniert werden müssen.

75.5.3.1 **Intervention in den Organismus** (= Umwelt): Medikation (Stimulation), körperliche Sanktionierung/Züchtigung, Folter etc.

75.5.3.2 **Intervention in das soziale System** (= Umwelt): Psychotherapie, Pädagogik, Anreizsysteme, Motivation, Kreation sozialer Kontexte, welche die individuelle Initiative fördern sollen (Verantwortungsübertragung, Ermutigung), Anordnung, Forderung, Umerziehung etc.

75.5.4 **Minusvariante, positiv bewertet:** Das abweichende Verhalten wird meist als Hinweis auf eine gut angepasste, sozial unauffällige und tendenziell eher positiv bewertete Persönlichkeitsstruktur oder Eigenschaft des Charakters betrachtet.

75.5.4.1 Intervention in den Organismus (= Umwelt): keine ...

75.5.4.2 Intervention in das soziale System (= Umwelt): Psychotherapie (bei Leidensdruck des betreffenden Individuums), ansonsten: Bestätigung, paternalistische Anerkennung ...

76 Soziologische Erklärungen abweichenden Verhaltens

76.1 **Plus- und Minusvariante:** Der generierende Mechanismus für konkrete individuelle Verhaltensweisen, die *nicht* den Erwartungen eines gegebenen sozialen Systems entsprechen (= Normen zuwiderlaufen), wird als Folge der *Struktur* und/oder der *Funktion* des sozialen Systems selbst (d. h. der Paarbeziehung, Familie, Gemeinde, Organisation, Wirtschaft, Gesellschaft usw.) konstruiert.

76.2 Wo Erwartungen kommuniziert werden, entsteht die Möglichkeit, sie zu missachten bzw. ihnen nicht gerecht zu werden oder ihnen zuwiderzuhandeln.

76.2.1 Abweichendes Verhalten von Individuen ist ambivalent zu bewerten, weil es soziale Spielregeln *bewusst* macht und die *Wahlmöglichkeit* zwischen Befolgung und Nichtbefolgung dieser Spielregeln in den Fokus der Beobachtung bringt.

76.2.2 Wenn in einem sozialen System den sozialen Erwartungen zuwidergehandelt wird, so entsteht systemintern ein *Konflikt*, auf dessen einer Seite (= innen) die bestehenden, durch *Erwartungserwartungen* stabilisierten *Spielregeln/Strukturen* verortet sind und auf dessen anderer Seite (= außen) *irgendwelche* alternative Verhaltens- und Strukturmöglichkeiten bzw. Spielregeln.

76.2.2.1 **Starker Konflikt:** Auf der Außenseite der gegebenen Spielregeln sind *alternative* Spielregeln/Strukturen verortet (= *aktive Negation* der gegebenen Spielregeln/Strukturen und *markierte*, alternative Verhaltensmöglichkeiten).

76.2.2.2 **Schwacher Konflikt:** Auf der Außenseite der gegebenen Spielregeln sind *keine* alternativen Spielregeln verortet (= *passive*

Negation der gegebenen Spielregeln/Strukturen und *unmarkierte* Verhaltensmöglichkeiten).

76.3 Um die Innen-außen-Grenze zwischen einem sozialen System und seinen Umwelten (= andere soziale Systeme, gegen die es sich abgrenzt) innerhalb der systemeigenen Kommunikation beobachtbar zu halten, *bedarf* das soziale System des *abweichenden Verhaltens* bzw. des *Außenseiters*, durch welche die Außenseite der Unterscheidung *intern repräsentiert* wird.

76.3.1 Die Rolle des Außenseiters ist *paradox* und in ihrer Wirkung für den Rollenträger *ambivalent*, da sie ihm zum einen Freiheit von systemeigenen Zwängen bietet, zum anderen aber mit Ausgrenzungsdrohungen behaftet ist.

76.3.2 Die Rolle des Außenseiters ist in der Regel für den Rollenträger in ihrer Wirkung negativ, da sie meist nicht frei gewählt und mit Sanktionen verbunden ist, was nicht unbedingt mit dem Verhalten des Betreffenden zu tun haben muss, das heißt, sie ist nicht fest mit abweichendem Verhalten gekoppelt.

76.4 Der *paradoxe* Effekt der Beobachtung (= Bewusstwerdung, Reflexion, Fokussierung der Aufmerksamkeit) der Spielregeln/Strukturen eines sozialen Systems ist, dass nicht nur die Möglichkeit ihrer Nichtbefolgung und/oder alternativer Spielregeln in die Beobachtung kommt, sondern für die Mitglieder des Systems eine *Entscheidung* notwendig wird: den Regeln zu folgen oder ihnen zuwiderzuhandeln.

76.5 Wenn das abweichende Verhalten eines Mitglieds eines sozialen Systems durch Veränderungen, Störungen, Normabweichungen etc. einer seiner *Umwelten* (Organismus oder Psyche des Akteurs) erklärt wird, werden die gegebenen sozialen Spielregeln/Strukturen *nicht* infrage gestellt.

76.6 Wenn das abweichende Verhalten eines Mitglieds des sozialen Systems durch die sozialen Spielregeln *selbst* erklärt wird, wird den *gegebenen* sozialen Spielregeln entsprechend (= strukturdeterminiert) darauf reagiert.

76 Soziologische Erklärungen abweichenden Verhaltens

76.6.1   Um die *Spielregeln zu schützen*, wird der einzelne Akteur, der negativ bewertetes abweichendes Verhalten zeigt, sanktioniert und im Extremfall ausgegrenzt (und damit das störende Verhalten).

76.6.2   Es gibt positiv bewertetes abweichendes Verhalten, das die *Spielregeln bestätigt*, daher wird der Akteur, der es zeigt, honoriert und geehrt.

76.6.3   Es gibt abweichendes Verhalten, das dazu führt, dass die Spielregeln des sozialen Systems infrage gestellt werden und sich gegebenenfalls ändern, was vom System selbst (= in der Kommunikation) *ambivalent* bewertet wird und *konfliktträchtig* ist.

76.6.3.1   *Variante 1*: Die durch abweichendes Verhalten induzierten Veränderungen erfolgen schleichend (= evolutionär).

76.6.3.2   *Variante 2*: Die durch abweichendes Verhalten induzierten Veränderungen erfolgen diskontinuierlich (= revolutionär / Änderung 2. Ordnung).

76.7   Interventionen in das soziale System erfolgen nie von außen, sondern immer systemintern, das heißt, es sind Kommunikationen, die (= selbstbezüglich) an Kommunikationen anschließen (= Aktionen, denen Sinn zugeschrieben wird).

76.7.1   **Plusvariante, negativ bewertet:** Das abweichende Verhalten wird als *Störung/Problem* bewertet und durch mangelnde (quantitative) Wirkung der bestehenden Spielregeln erklärt, welche die Anpassung des Verhaltens üblicherweise wahrscheinlich und Abweichungen unwahrscheinlich machen.

76.7.1.1   **Intervention (individuumzentriert):** Die Reaktion auf diesen Typus abweichenden Verhaltens bleibt innerhalb der Logik der sozialen Spielregeln (= Änderung 1. Ordnung) und folgt dem *Mehr-desselben-Muster*, d. h. verstärkte *Sanktionierung* abweichenden Verhaltens, *Bestrafung* des Akteurs, *Verschärfung* der Gesetze (Extremform: Ausgrenzung).

76 Soziologische Erklärungen abweichenden Verhaltens

76.7.1.1.1 Die übliche Form der Verhinderung abweichenden Verhaltens ist der *physische Ausschluss* des Betreffenden aus der Alltagskommunikation und einer speziellen Form der paradoxen Integration: *Einschluss durch Ausschluss* (= Wegsperren, In-die-Ecke-Stellen), das heißt, es gibt gesellschaftliche Institutionen, deren Funktion (u. a.) in der *Begrenzung* der Möglichkeit störenden *Verhaltens* bzw. in der *Umerziehung* des Akteurs besteht.

76.7.1.1.2 Die Extremform der Sanktionierung besteht in der *Ausgrenzung* des *Akteurs* und/oder der an ihn gekoppelten *Aktionen* (Gefängnis, Internierung etc. und als physischer Ausschluss: Platzverweis, Verbannung, Ausweisung etc. und im Extremfall: Tötung).

76.7.1.2 **Intervention (systemzentriert):** Die Logik der aktuellen Spielregeln des Systems kann infrage gestellt und Änderungen der Spielregeln können gefordert/induziert werden, wobei nicht vorhersehbar ist, welche alternativen Spielregeln sich entwickeln werden (= Änderung 2. Ordnung).

76.7.2 **Plusvariante, positiv bewertet:** Das abweichende Verhalten wird als *Leistung* bewertet und als Resultat einer sozialen Qualität (*Atmosphäre, Kultur, »Vibrations«, Stil, Struktur, Spielregel* etc.) erklärt, die verstärkt werden kann und gegebenenfalls muss/ sollte.

76.7.2.1 **Intervention (individuumzentriert):** Die Reaktion auf diesen Typus abweichenden Verhaltens bleibt innerhalb der Logik der sozialen Spielregeln (= Änderung 1. Ordnung) und folgt dem *Mehr-desselben-Muster*, d. h. verstärkte *Honorierung/Belohnung* abweichenden Verhaltens bzw. Distinktionsgewinn (Erfolg, Ruhm, Ehre, Prominenz, Statusgewinn, Aufstiegsversprechen, Titel, Orden, Geld, Reichtum ...).

76.7.2.2 **Intervention (systemzentriert):** Die Logik der aktuellen Spielregeln des Systems wird nicht prinzipiell infrage gestellt, sondern bestätigt, was zur Verstärkung bereits bestehender Merkmale, z. B. bestehender sozialer Unterschiede, führen kann und damit in der Konsequenz zum *Widerstand* gegen die

Spielregeln und ihre Änderung in nicht vorhersehbarer Weise (= Änderung 2. Ordnung als Folge von *Änderungen 1. Ordnung*, das heißt, *Quantität schlägt um in Qualität*).

76.7.3 **Minusvariante, negativ bewertet:** Das abweichende Verhalten wird als Verweigerung individueller Pflichten (= Regelverletzung) oder durch die Dysfunktionalität der aktuellen (= hemmenden/Initiative behindernden/demotivierenden) Spielregeln erklärt.

76.7.3.1 **Intervention (individuumzentriert):** Die Reaktion auf diesen Typus abweichenden Verhaltens bleibt üblicherweise innerhalb der Logik der sozialen Spielregeln (= Änderung 1. Ordnung) und folgt dem *Mehr-desselben-Muster*, d. h. entweder *Motivationsversuche, Fördern und Fordern*, oder aber *Sanktionierung* des abweichenden Verhaltens, *Bestrafung* des Akteurs.

76.7.3.2 **Intervention (systemzentriert):** Die Logik der aktuellen Spielregeln des Systems (z. B. ihre »Gerechtigkeit«, »Gesundheit«, »ideologische Korrektheit«, »Nützlichkeit« …) kann infrage gestellt und Änderungen der Spielregeln gefordert/induziert werden, wobei nicht vorhersehbar ist, welche alternativen Spielregeln sich entwickeln werden (= Änderung 2. Ordnung).

76.7.4 **Minusvariante, positiv bewertet:** Das abweichende Verhalten tritt nicht in den Fokus der Aufmerksamkeit und damit nicht in die Kommunikation, das heißt, es wird nicht als störend bewertet, sodass darauf auch nicht speziell reagiert werden muss.

76.7.4.1 **Intervention (individuumzentriert):** keine, bestenfalls Anerkennung und Bestätigung für pflegeleichtes Wohlverhalten.

76.7.4.2 **Intervention (systemzentriert):** keine, bestenfalls Bestätigung der aktuellen Spielregen des sozialen Systems, d. h. des Status quo (= gegenseitiges Schulterklopfen, kollektive Zufriedenheit etc.).

77 Krankheit

77.1 **Definition:** Ein *Prozess* innerhalb der Grenzen des *Organismus* und/oder ein daraus resultierender körperlicher *Zustand*, der sich dem Beobachter in Form der äußeren Merkmale oder *Verhaltensweisen des Organismus* sowie indirekt beobachtbarer interner Prozesse des Organismus (z. B. durch Stethoskop, Labordaten, bildgebende Verfahren, Probeexzision, histologische Untersuchung, chirurgische Inspektion etc.) zeigt, die von den erwarteten, als *normal* definierten Merkmalen des Organismus abweichen, soll als *Krankheit* (d. h. als aktuell beobachtbarer Zustand) bezeichnet werden.

77.1.1 **Beschreibung:** Wenn ein Muster unterscheidbarer/unterschiedlicher Merkmale von Krankheit (= Symptome) zu einer *Einheit zusammengesetzt* wird und von anderen Merkmalsmustern (= Krankheitszuständen) unterschieden und bezeichnet wird, dann wird eine *Quasi-Entität*, genannt *Krankheit x*, konstruiert und beschrieben.

77.1.1.1 Welche Muster von Merkmalen wie zu welchen Einheiten zusammengesetzt und als *Krankheit* x oder y beschrieben werden, entscheidet der Beobachter nach seinen selbstgewählten bzw. von der Community der Fachbeobachter (Ärzte, Physiologen, Anatomen etc.) gewählten Kriterien.

77.1.1.2 Die Menge unterschiedlicher Krankheitskonstruktionen lässt sich zu unterschiedlichen *Nosologien* zusammensetzen, was kulturabhängig zu unterschiedlichen Formen von Krankheiten bzw. deren Abgrenzung voneinander führt.

77.1.2 **Erklärung:** Da der Organismus ein autopoietisches System ist, können *körperliche Phänomene* (= Symptome) immer nur durch *körperliche Prozesse* und/oder *Strukturen* (= strukturdeterminiert) in der *Interaktion* mit ihren *Umwelten* erklärt werden (d. h. perturbiert/irritiert durch Umweltereignisse oder -prozesse).

77.1.2.1 Für beobachtbare Symptome können unterschiedliche physiologische und/oder anatomische generierende Mechanismen (= Erklärungen) konstruiert werden.

77.1.2.2 Identische Symptommuster (= *Phänotyp*) können durch unterschiedliche körperliche (pathologisch-anatomische) Prozesse/Strukturen generiert werden (= *Äquifinalität*).

77.1.2.3 Durch identische körperliche (pathologisch-anatomische) Prozesse/Strukturen (= *Genotyp*) können unterschiedliche Symptommuster generiert werden (= *Äquipotenzialität*).

77.1.2.4 Die Kombination beobachtbarer körperlicher *Symptommuster* und der Konstruktion spezifischer *generierender Mechanismen* führt zur Konstruktion von *Krankheitseinheiten* (= Diagnose).

77.1.3 **Bewertung:** Für den als Krankheit bezeichneten Zustand ergeben sich unterschiedliche Wahrnehmungen/Beschreibungen – je nachdem, ob dieser Zustand aus der Innenperspektive des Betroffenen oder von außen beobachtet wird –, die allesamt durch eine *negative* Bewertung gekennzeichnet sind.

77.1.3.1 Für das Individuum, dessen Organismus sich in einem Zustand der Krankheit befindet, ist dies meist (d. h. nicht immer) mit einem spezifischen *Körpererleben* verbunden, das negativ bewertet ist: Krankheitsgefühl, Schmerz, Funktionseinschränkungen, Leid usw.

77.1.3.2 Der außenstehende, diagnostizierende Beobachter bewertet die objektivierbaren körperlichen Phänomene im Vergleich zu durchschnittlich zu erwartenden physiologischen und/oder anatomischen (= objektivierbaren) Befunden, aber auch die Selbstwahrnehmung und das Erleben des Betreffenden (z. B. Schmerzlokalisation) als Krankheitszeichen.

77.2 Auch wenn Krankheiten stets der strukturdeterminierten Logik körperlichen Funktionierens folgen, so können sie doch durch Ereignisse und Prozesse einer Umwelt ausgelöst und/oder in ihrem Verlauf beeinflusst werden (= Irritation/Perturbation).

77 Krankheit

77.2.1 **Physische Umwelt:** Wenn charakteristische physikalisch-chemische Umweltbedingungen (= ökologische Nische) nicht gegeben sind (Sauerstoffgehalt der Luft, Temperatur etc.), reagiert der Organismus strukturdeterminiert mit Mangelerscheinungen und/oder kompensatorischen Gegenregulationen, die sich dem Fremd- und/oder Selbstbeobachter als *Krankheitssymptome* bemerkbar machen können, aber auch Gewalteinwirkung von außen kann, rein mechanisch, zu gravierenden Störungen und Zerstörungen körperlichen Funktionierens und körperlicher Strukturen führen (z. B. Unfälle).

77.2.2 **Psychische Umwelten:** Durch die strukturelle Kopplung mit einem psychischen System ist der *Organismus* in der Lage, aktuelle physische und soziale Umweltbedingungen, die von ihm unterschiedliche Modalitäten des Funktionierens erfordern, zu *unterscheiden* und kurzfristig darauf zu reagieren.

77.2.2.1 Die aktuelle psychische Bewertung der belebten oder unbelebten Umwelt kann individuell ganz unterschiedlich sein, sodass auch die damit gekoppelten körperlichen Reaktionsmuster individuell unterschiedlich sind.

77.2.2.2 Wenn spezifische, kurzzeitig überlebenssichernde psychische Prozessmuster (z. B. Angstreaktionen bei Gefahr etc.) und die damit gekoppelten körperlichen Reaktionsmuster (z. B. Alarm- und Notfallreaktionen) *dauerhaft* aktiviert werden, so hat dies körperliche Auswirkungen, die als *dysfunktionell* bewertet werden können und/oder üblicherweise als *krank* bewertet werden.

77.2.3 **Soziale Umwelten:** Die Kommunikationsmuster in einem gegebenen sozialen System sind strukturell mit psychischen Prozessmustern der Teilnehmer am System gekoppelt, sodass unterschiedliche soziale Muster nicht nur einen direkten Einfluss auf den Organismus haben (z. B. körperliche Züchtigung), sondern auch indirekt über die psychischen Funktionsmuster einen krankmachenden Einfluss auf den Organismus haben können.

77.3 **Körperliche Dysfunktionen:** Da Strukturen und Funktionen des Organismus bzw. seiner Organe genetisch determiniert sind, können sich strukturelle und funktionelle Normabweichungen nur als *quantitative* Veränderung (*Minus- vs. Plussymptome*) von Strukturen und/oder Funktionen Körpers zeigen, die dann *qualitativ* als krank bewertet werden.

77.3.1 **Minussymptom/Hypoplasie:** Organe oder Zellen bzw. ihre Komponenten sind gemessen an einer Norm *unterentwickelt* (= gehemmtes Wachstum: Defekt/Hypotrophie/Atrophie).

77.3.2 **Plussymptom/Hyperplasie:** Organe oder Zellen bzw. ihre Komponenten sind gemessen an einer Norm überentwickelt (= enthemmtes Wachstum: Wucherung/Tumor/Schwellung/Hypertrophie).

77.3.3 **Minussymptom/Hypofunktion:** Organe oder Zellen bzw. ihre Komponenten funktionieren weniger als normal (= gehemmte Funktion: Dysfunktion/Unterfunktion/ Mangel von …).

77.3.4 **Plussymptom/Hyperfunktion:** Organe oder Zellen bzw. ihre Komponenten funktionieren *stärker* als normal (= gesteigerte Funktion: Überfunktion/Überproduktion von …).

78   Psychische Störungen

78.1   **Definition:** Eine *hypothetische* Abweichung eines psychischen Prozesses oder einer psychischen Struktur von einer *hypothetischen* Norm, auf die aufgrund des Verhaltens eines Menschen von Beobachtern (zu denen der Selbstbeobachter gehören kann) geschlossen wird.

78.1.1   Da die Psyche (= Bewusstsein) nur einem einzigen Beobachter direkt zugänglich ist, sind auch psychische *Strukturen* und *Prozesse* (= Wahrnehmen, Denken, Fühlen, Erleben, Entscheiden … bzw. deren repetitive Muster), die von den normalerweise erwarteten *abweichen* (also eine Erklärung verlangen), ausschließlich für den Eigentümer dieser Psyche selbst direkt beobachtbar und beschreibbar.

78.1.2   Aussagen außenstehender Beobachter über psychische *Störungen* (= Abweichungen von einem wie auch immer als normal definierten Funktionieren) eines Menschen können sich zwangsläufig nur darauf beziehen, wie sich der Betreffende an der Kommunikation beteiligt: *wie* er sich verhält und *was* er selbst von seinem Fühlen und Denken in die Kommunikation bringt, d. h. entweder explizit ausdrückt oder implizit verbal oder nonverbal zeigt.

78.1.3   Wenn von psychischen Störungen/Dysfunktionen o. Ä. gesprochen wird, so wird stets nur über *Erklärungen beobachtbaren Verhaltens* gesprochen.

78.1.4   Welche (unterstellten / aus der Beobachtung erschlossenen) psychischen Prozesse als *gestört* / *von der Norm abweichend* definiert werden, wird stets sozial ausgehandelt und ist von Kultur zu Kultur und historischer Epoche zu historischer Epoche verschieden.

78.1.5 Als *gestört* werden psychische Prozesse oder Strukturen eines Menschen überwiegend dann definiert, wenn er sich *sozial störend* verhält.

78.2 Da dem *Selbstbeobachter* der Vergleich seines eigenen psychischen Funktionierens mit der Psychodynamik anderer Menschen nicht direkt möglich ist, kann er selbst nicht unmittelbar bewerten, ob es von der normalen, d. h. sozial erwarteten Logik des Funktionierens abweicht.

78.2.1 Die reflexive Bewertung der eigenen Psychodynamik als normal oder abweichend wird in der Kommunikation erworben und orientiert sich an den Bewertungskriterien des aktuellen sozialen Kontextes.

78.2.2 Persönlich erlebtes *Leiden* und *Leidensdruck* können subjektiv als normal bewertet werden, falls dies der soziale Kontext als normal suggeriert.

78.3 Da die *Funktion* der individuellen Psyche in der Kopplung des aktuellen sozialen Systems, an dem ein Individuum teilnimmt, mit seinem Organismus besteht, kann aus der Außenperspektive gesehen die *Dysfunktion/Störung* einer Psyche an dieser Kopplungsfunktion gemessen werden.

78.3.1 Die Auswirkungen einer gestörten psychischen Funktion können sich entweder im Phänomenbereich Organismus (= körperliche Funktionen) oder im Phänomenbereich soziales System (= Teilnahme an Kommunikation) oder im Phänomenbereich der Psyche selbst (= Erleben/Selbstbeobachtung) zeigen.

78.3.1.1 **Phänomenbereich Organismus:** Körperliche Reaktionen, deren Spektrum von situativen Stresszeichen bis hin zu chronischen Krankheiten (= organischen Funktions- und/oder Strukturveränderungen) reichen können.

78.3.1.2 **Phänomenbereich soziales System:** Abweichendes Verhalten, dessen Spektrum von exzentrischem, auffallendem (evtl.

auch störendem) Verhalten über Delinquenz bis hin zu psychotischem, für andere nicht-verstehbarem Verhalten reichen kann.

78.3.1.3 **Phänomenbereich psychisches System:** Das Erleben der Nicht-Angepasstheit, das heißt, das Re-entry der Selbst-Umwelt-Unterscheidung in die Psyche hat die Form eines *Konflikts* zwischen den Bedürfnissen/Wünschen der betreffenden *Person* selbst (= Selbstbild) und den Anforderungen ihres *Körpers* (= Körpererleben) und/oder zwischen den Bedürfnissen/Wünschen der betreffenden *Person* selbst (= Selbstbild) und den Anforderungen des *sozialen Systems* (= Normen, Erwartungen), an dem sie teilnimmt.

78.3.2 **Leidensdruck – körperliche Reaktion/Kompensation:** Konflikte zwischen Bedürfnissen/Wünschen des betreffenden *psychischen Systems* selbst und den Anforderungen seines gekoppelten *Körpers* führt zu einem *Leidensdruck*, den zu beseitigen durch Veränderung des eigenen *Körpers* versucht wird.

78.3.3 **Leidensdruck – soziale Reaktion/Kompensation:** Konflikte zwischen Bedürfnissen/Wünschen/Begehren des betreffenden *psychischen Systems* selbst und den Anforderungen des *sozialen Systems*, mit dem es gekoppelt ist, führt zu einem *Leidensdruck*, den zu beseitigen durch Veränderung des *sozialen Systems* (= der Interaktionsteilnehmer / Fremdveränderung) versucht wird.

78.3.4 **Leidensdruck – psychische Reaktion/Kompensation:** Konflikte zwischen den Bedürfnissen/Wünschen des betreffenden *psychischen Systems* selbst und den Anforderungen des gekoppelten *Körpers* und/oder zwischen den Bedürfnissen/Wünschen des betreffenden *psychischen Systems* selbst und den Anforderungen des *sozialen Systems*, mit dem es gekoppelt ist, führt zu einem Leidensdruck, den zu beseitigen durch Veränderung der eigenen *Psychodynamik* (= Selbstveränderung) versucht wird.

78.4 **Störungsmuster:** Die Dysfunktion/Störung psychischer Prozesse/Strukturen unterscheidet sich vom als normal erachteten Funktionieren der Psyche lediglich *quantitativ* im Sinne des *Zuviel* oder *Zuwenig* der durchschnittlichen Funktionen, d. h. der relativen Über- oder Unterfunktion (= *Plus-* vs. *Minussymptome* / *Hyper-* vs. *Hypofunktion*).

78.4.1   Die *erlebte* (= Selbstbeschreibung) Überfunktion (= Plussymptom) psychischer Funktionen wird autonom durch deren bewusste *Hemmung* zu kompensieren versucht.

78.4.2   Die *erlebte* (= Selbstbeschreibung) Unterfunktion (= Minussymptom) psychischer Funktionen wird autonom durch deren bewusste *Erregung* zu kompensieren versucht.

78.4.3   Die Kompensation erlebter Über- oder Unterfunktionen der eigenen Psyche kann auf der Verhaltensebene bzw. bei Teilnahme an einem Kommunikationssystem von den Kommunikationspartnern als störend (= abweichendes Verhalten) erlebt werden.

79 Selbstreparatur und Intervention

79.1 Autopoietische Systeme können ihre Dysfunktionen nur *selbst* beseitigen und ihre strukturellen Defekte nur *selbst* reparieren, da sie *operational geschlossen* und *strukturdeterminiert* funktionieren (es ist unmöglich, *instruktiv* zu interagieren).

79.1.1 Das Spektrum der Störungen, Dysfunktionen und Defekte, das durch *interne* Prozesse (= Heilung, Gegenregulation, Restrukturierung etc.) repariert werden kann, ist begrenzt, sodass durch Störungen/Dysfunktionen/Defekte im Extremfall die Fortsetzung der Autopoiese (= Existenz) gefährdet ist.

79.1.2 Die Selbstreparatur autopoietischer Systeme ist aufgrund der strukturellen Kopplung an relevante Umwelten an die jeweils *aktuellen Bedingungen* dieser Umwelten gebunden, die ihre eigenen Möglichkeiten erweitern oder einengen können.

79.1.3 Manche Funktionen (d. h. nicht alle), die von einem autopoietischen System *nicht* oder *nicht hinreichend* selbst erfüllt werden, können durch Veränderungen und/oder Aktivitäten seiner Umwelten ausgeglichen werden, das heißt, *selbstreparierende Prozesse* werden ergänzt oder ermöglicht durch *prothetische* und/oder *kompensatorische* Prozesse/Strukturen einer Umwelt.

79.1.4 Die Veränderung von *Umweltbedingungen* autopoietischer Systeme, die auf die Veränderung systeminterner Prozesse oder Strukturen gerichtet ist, soll *Intervention* genannt werden.

79.1.5 Interventionen *in die Umwelt* autopoietischer Systeme zielen darauf, Bedingungen dafür zu schaffen, dass deren verloren gegangene Selbstreparaturfähigkeit wiederhergestellt wird oder *kompensatorisch* Funktionen übernommen werden, sodass zumindest die Autopoiese, wenn auch möglicherweise verändert, fortgesetzt wird.

79.2 **Selbstreparaturprozesse:** Interne Dysfunktionen oder Defizite werden im Sinne der Organisation *antagonistischer* Tendenzen durch *systeminterne* Gegenregulationen beantwortet.

79.2.1 **Hyperfunktion** (= *Plussymptom*): Auf überschießende Funktionen – welcher Art und Materialität auch immer – wird mit *Hemmung* (= *Inhibition*) dieser Funktionen geantwortet.

79.2.2 **Hypofunktion** (= *Minussymptom*): Auf zu geringe Funktionen (= Prozesse, Operationen) – welcher Art und Materialität auch immer – wird mit *Erregung* (= *Exzitation*) dieser Funktionen (= Prozesse, Operationen) geantwortet.

79.2.3 **Hyperplasie** (= *Plussymptom*): Auf überentwickelte *Strukturen* wird mit dem *Abbau* oder der *Schwächung* bestehender Strukturen (unterschiedlicher Materialität bzw. in unterschiedlichen Medien, je nach Typ des autopoietischen Systems) geantwortet.

79.2.4 **Hypoplasie** (= *Minussymptom*): Auf *unterentwickelte Strukturen* wird mit dem *Aufbau* oder der *Verstärkung* bestehender Strukturen (unterschiedlicher Materialität bzw. in unterschiedlichen Medien, je nach Typ des autopoietischen Systems) geantwortet.

79.3 Selbstreparaturprozesse (= *Inhibition, Exzitation*) erfolgen immer in dem *Medium* bzw. dem materiellen Substrat, in dem das System geformt ist.

79.3.1 **Soziale Systeme:** Es werden systemintern/strukturdeterminiert *Kommunikationen* bzw. *Kommunikationsmuster* unterdrückt/verstärkt.

79.3.2 **Organismen:** Es werden systemintern/strukturdeterminiert *biochemische Prozesse* bzw. *Prozessmuster* unterdrückt/verstärkt.

79.3.3 **Psychische Systeme:** Es werden systemintern/strukturdeterminiert Wahrnehmungen, Gefühle, Gedanken, Wünsche, Entscheidungen etc. unterdrückt/verstärkt.

79.4 **Interventionen:** Dysfunktionen, Störungen oder Defekte eines autopoietischen Systems können durch Veränderung und/oder Intervention ihrer *Umwelten* (= Kontexte) bzw. die *Funktionsübernahmen* durch Umwelten/deren Operationen kompensiert werden (= Prothetik).

79.4.1 **Hyperfunktion** (= *Plussymptom*): Auf überschießende Funktionen – welcher Art und Materialität auch immer – eines autopoietischen Systems wird mit Operationen einer oder mehrerer *Umwelten*, die den Spielraum des möglichen Verhaltens des Systems und damit seine Operationen in ihrer Wirkung *quantitativ begrenzen* (= hemmen, lähmen, einengen, beschneiden etc.), geantwortet.

79.4.2 **Hypofunktion** (= *Minussymptom*): Auf zu geringe Funktionen (= Prozesse, Operationen) – welcher Art und Materialität auch immer – eines autopoietischen Systems wird mit Operationen einer oder mehrerer *Umwelten* geantwortet, die den Möglichkeitsraum des Systems und damit seine Operationen in ihrer Wirkung *quantitativ erweitern* (= Grenzen aufheben, enthemmen, aktivieren, Ressourcen zur Verfügung stellen oder freisetzen etc.).

79.4.3 **Hyperplasie** (= *Plussymptom*): Auf überentwickelte *Strukturen* eines autopoietischen Systems wird mit Operationen von *Umwelten* geantwortet, welche bestehende Strukturen (unterschiedlicher Materialität bzw. in unterschiedlichen Medien, je nach Typ des autopoietischen Systems) *abbauen* oder *beschneiden* (= destruktive Interaktion).

79.4.4 **Hypoplasie** (= *Minussymptom*): Auf *unterentwickelte Strukturen* eines autopoietischen Systems wird mit Operationen oder Veränderungen von *Umwelten* geantwortet, welche die *Entwicklung/* den *Aufbau* dieser Strukturen (unterschiedlicher Materialität bzw. in unterschiedlichen Medien, je nach Typ des autopoietischen Systems) *ermöglichen* oder *fördern* (= konstruktive Interaktion).

79.5 Interventionen durch Umwelten autopoietischer Systeme *müssen nicht* – können aber – im *Medium* bzw. in dem materiellen Substrat, in dem das System geformt ist, erfolgen.

79.5.1 **Soziale Systeme:** Es werden *Kommunikationen* bzw. *Kommunikationsmuster* durch einen mit dem sozialen System gekoppelten Organismus, eine psychische Umwelt oder ein anderes soziales System unterdrückt/ausgelöst (= Irritation/Perturbation).

79.5.2 **Organismen:** Es werden *biochemische Prozesse* bzw. *Prozessmuster* des autopoietischen Systems durch biochemische, psychische oder soziale Prozesse der gekoppelten Umwelten unterdrückt/ausgelöst.

79.5.3 **Psychische Systeme:** Es werden Wahrnehmungen, Gefühle, Gedanken, Wünsche, Entscheidungen etc. durch körperliche und/oder soziale Prozesse (= Kommunikationen) unterdrückt/ausgelöst (aber nicht direkt durch psychische Prozesse anderer Menschen).

79.6 Die Fähigkeit autopoietischer Systeme, durch Umweltereignisse oder -prozesse ausgelöste, das Überleben bedrohende Störungen (= Krisen) mit Hilfe interner Ressourcen zu bewältigen, soll *Resilienz* genannt werden.

80 Exkommunikation

80.1 Abweichendes Verhalten (nonverbal/verbal), das gegen die Spielregeln (= Erwartungserwartungen) eines sozialen Systems verstößt, kann zur *Exkommunikation* (= Ausschluss aus der Kommunikation) der *Aktion* und/oder des *Akteurs* aus dem sozialen System führen.

80.1.1 *Aktionen* sind *exkommuniziert*, die *nicht verstanden* werden, d. h. denen *keine Bedeutung* (bzw. der Sinn: *sinnlos*) innerhalb der Spielregeln eines sozialen Systems zugeschrieben werden kann, das heißt, sie werden als *nicht-verstehbar* bewertet und daher nicht als Teilnahme an Kommunikation, sondern als *Ausdruck psychischer* oder *körperlicher Prozesse* (= Umwelten des sozialen Systems) erklärt.

80.1.2 *Akteure* werden *exkommuniziert*, deren Verhalten generell oder zum großen Teil von den Mitgliedern eines sozialen Systems nicht verstanden wird, das heißt, sie werden aus dem sozialen System, d. h. der Teilnahme an der Kommunikation, ausgeschlossen/ausgegrenzt.

80.1.3 Verhaltensweisen, die als *bewusster* Verstoß gegen *Gebote* oder *Verbote* des sozialen Systems verstanden werden, sind *Elemente* des sozialen Systems und haben die *paradoxe Funktion*, innerhalb des Systems deren Außenseite, d. h. nicht erlaubte (= ausgegrenzte) Aktionen zu repräsentieren (= Verbotenes) und *beobachtbar* zu machen.

80.1.4 *Akteure*, deren Verhaltensweisen als *bewusster* Verstoß gegen die Gebote oder Verbote des sozialen Systems *verstanden* und/oder *erklärt* werden, können in paradoxer Form aus der Kommunikation *ausgeschlossen* werden, indem sie *eingeschlossen* (= eingesperrt, hospitalisiert etc.) werden.

80.2 **Delinquenz:** Wer die expliziten Spielregeln eines sozialen Systems kennt/beherrscht und sich bewusst entscheidet gegen explizite – formalisierte – Gebote oder Verbote zu verstoßen (= *Handlung*), muss damit rechnen (Element der Spielregeln) als *Delinquent* aktiv aus der Alltags-Kommunikation ausgeschlossen zu werden.

80.2.1 **Delikte:** Aktionen, die gegen Gebote oder Verbote verstoßen und die aus (unterstellten/zugeschriebenen) Motiven vollzogen werden, die prinzipiell *verstehbar* sind, aber gesellschaftlich nicht akzeptiert werden, werden als *Delikte* unterschieden und bezeichnet.

80.2.2 Um Aktionen als *Delikte* und Akteure als *Delinquenten* zu definieren, ist es nötig, ihnen eine spezielle *Motivation* – einen bewussten Verstoß gegen Gebote und/oder Verbote aus *illegitimen Gründen* –, zuzuschreiben, was nicht nur die Bewertung der *Aktion*, sondern auch des *Akteurs* bestimmt.

80.2.3 Die Sanktionierung delinquenten Verhaltens hat einen *paradoxen* Gehalt: Soziale Systeme verfügen über Regeln (= Elemente des Systems/innen), die definieren, dass bestimmte Kommunikationen *nicht* zum System gehören (= außen/Ausschluss aus der Kommunikation).

80.2.4 Die Ausgrenzung von Delinquenten hat einen *paradoxen* Gehalt: Es gibt Subsysteme/Organisationen (= Strafanstalten) des gesellschaftlichen Systems, deren Funktion es ist, Delinquenten in das jeweilige Gesellschaftssystem zu *integrieren*, indem sie sie *ausgrenzen* (= einsperren).

80.3 **Fremdheit:** Wer die Spielregeln eines sozialen Systems (oder Subsystems) nicht kennt/beherrscht, kann sich nicht an der Kommunikation beteiligen und bleibt als Akteur ausgeschlossen (= nicht zugehörig).

80.3.1 Die abweichenden Verhaltensweisen eines Menschen, der die Spielregeln des sozialen Systems nicht kennt, machen ihn als

Fremden (= nicht-zugehörig) im Sinne der Innen-außen-Unterscheidung von Mitglied/Nicht-Mitglied zum sozialen System (= Fremddefinition) erkennbar.

80.3.2 Die abweichenden Verhaltensweisen eines Fremden, der die Spielregeln des sozialen Systems nicht kennt, werden von den Mitgliedern des Systems *nicht verstanden.*

80.3.3 Die abweichenden, nicht-verstehbaren Verhaltensweisen eines Fremden werden erklärt durch Ereignisse/Prozesse in der Umwelt des sozialen Systems, d. h. der Psyche des Fremden: seine Unkenntnis / sein Nicht-Wissen der Spielregeln des Systems, seine Zugehörigkeit zu einer anderen Kultur oder Subkultur.

80.3.4 Wer die Spielregeln eines sozialen Systems nicht kennt und das Verhalten seiner Mitglieder nicht versteht, identifiziert sich selbst als *fremd* (= Selbstdefinition).

80.4 **Psychotisches Verhalten:** Das (nonverbale oder verbale) Verhalten eines bis dahin unauffälligen Individuums, das unerwartet seinen Interaktionspartnern *intellektuell* und/oder *emotional* in der Sach-, Sozial- oder Zeitdimension (bzw. einer Kombination dieser drei Sinndimensionen der Kommunikation) als *sinnlos/unsinnig, widersinnig* oder *wahnsinnig* (= nicht der Konsensrealität entsprechend) erscheint und daher *nicht* mehr für sie *verstehbar* ist (= *exkommuniziert*).

81 Psychose

81.1 **Definition:** In der klassisch-psychiatrischen Diagnostik wird das (hypothetische) *psychische Prozessmuster* eines Individuums, das durch ein *inhaltlich* und/oder *formal* abweichendes *Denken* und *Fühlen* und »verrückte« Verhaltensweisen (= *psychotisches Verhalten*) gekennzeichnet ist, was für die anderen Mitglieder der jeweiligen Kommunikationsgemeinschaft (z. B. Familie, Team, Nachbarschaft …) *nicht verstehbar* ist, *Psychose* genannt.

81.1.1 Die Unterscheidung *verstehbar/nicht-verstehbar* gewinnt ihre Relevanz dadurch, dass verstehbares Verhalten durch die Intentionen und Motive (= psychisches System) eines Akteurs erklärt werden kann, während nicht-verstehbares Verhalten einer anderen (z. B. biologischen) Erklärung bedarf.

81.1.2 In *biologischen Erklärungen* wird der generierende Mechanismen für das psychotische Verhalten bzw. die psychotische Psychodynamik im *Organismus* (= biologische Umwelt) verortet, meist in Normabweichungen/Störungen der Neurophysiologie.

81.1.3 In *soziologischen Erklärungen* wird der generierende Mechanismen für das psychotische Verhalten bzw. die psychotische Psychodynamik im *sozialen System* (= soziale Umwelt) verortet, entweder in allgemeinen sozioökonomischen Verhältnissen oder spezieller und konkreter in spezifischen Formen der Familiendynamik.

81.1.4 Wenn man die Emergenz des Bewusstseins (= psychisches System) als Resultat der Kopplung des Organismus mit sozialen Systemen erklärt, so kann auch die Entstehung psychotischer Psychodynamiken am plausibelsten durch spezifische *Muster der Kopplung*en von Organismus und sozialen Systemen erklärt werden.

81 *Psychose*

81.1.5 Da nicht direkt in eine fremde Psyche interveniert werden kann, wird abhängig von den zugrunde gelegten Erklärungen bei dem Versuch der antipsychotischen Therapie in *Umwelten* des psychischen Systems interveniert, d. h. in den Organismus (z. B. Psychopharmaka) und/oder in unterschiedliche soziale Systeme (z. B. Psychotherapie, Familientherapie).

81.2 **Phänomenologie:** Psychotisches Verhalten kann in unterschiedlicher Form von den *Erwartungen* des *aktuellen kulturellen Umfelds* (= *soziales System*) abweichen, was als Ausdruck psychotischen Wahrnehmens, Denkens etc. (= Kognition) und/oder Erlebens, Fühlens etc. (= Affektivität) erklärt werden kann.

81.2.1 **Plussymptome:** Es wird ein Verhalten gezeigt (= *agiert*), das üblicherweise *nicht* gezeigt wird, was durch psychische Prozesse erklärt wird, die von den erwarteten und als normal bewerteten Mustern abweichen.

81.2.2 **Minussymptome:** Es wird ein Verhalten *nicht* gezeigt (= *unterlassen*), das üblicherweise gezeigt wird, was durch psychische Prozesse erklärt wird, die von den erwarteten und als normal bewerteten Mustern abweichen.

81.2.3 Je nachdem, ob die unterschiedlichen, *nicht verstehbaren Aktionen* oder *Unterlassungen* überwiegend als Ausdruck eines abweichenden *Denkens* vs. *Fühlens* einer Person erklärt werden, werden sie in der klassischen Psychiatrie mit einem anderen Namen (= Diagnose) versehen und andere Krankheits-Entitäten konstruiert.

81.2.4 Das Spektrum der Diagnosen reicht von Formen *abweichenden Denkens* (»Schizophrenie«) bis zu Formen *abweichender Affektivität* (»affektive Psychose« / »endogene Depression«, »bipolare« = »manisch-depressive Psychose«) sowie Mischformen (»schizoaffektive Psychose«), die jeweils aufgrund unterschiedlicher *Verhaltensmuster* unterschieden werden, wobei allerdings diskutiert wird, ob nicht lediglich von unterschiedlichen akuten Ausprägungen einer einheitlichen psychischen Krankheits-Entität ausgegangen werden sollte (»Einheitspsychose«).

81.2.5 Psychotisches Verhalten bzw. psychotische Psychodynamiken können als – vorübergehende/akute/aktuelle – Wirkungen bzw. Ursachen (das ist *unentscheidbar*) einer veränderten, sozial *nicht konsensfähigen* (= eigensinnigen) Form des Beobachtens definiert werden.

81.2.5.1 Psychotische Wirklichkeitskonstruktionen eines Individuums sind durch ihre vom konsensuellen *Gebrauch* innerhalb des sozialen Systems (= Lebenswelt), an dem es teilnimmt, abweichenden *Unterscheidungen* und *Bezeichnungen* charakterisiert.

81.2.5.2 Psychotische Wirklichkeitskonstruktionen sind durch *Beschreibungen/Wahrnehmungen*, *Erklärungen* und *Bewertungen* von Phänomenen charakterisiert, die aus dem Rahmen des Sozial-Konsensfähigen fallen.

81.2.5.3 Psychotische Wirklichkeitskonstruktionen sind durch *affektive Muster* bzw. ein mit ihnen gekoppeltes Verhalten gekennzeichnet, die *nicht* für die anderen Mitglieder des sozialen Systems *verstehbar/einfühlbar* sind.

82 Psychotische Kognition

82.1 **Unterscheiden und Bezeichnen:** Sozial eingeführte *Bezeichnungen*, Namen, Worte, Sätze etc. (= 2. Unterscheiden, *indication*), werden mit einer abweichenden und sozial (d. h. von den Interaktionspartnern) nicht-verstehbaren, d. h. idiosynkratischen Bedeutungsgebung gebraucht, da sie mit abweichenden *Innen-außen-Unterscheidungen* (1. Unterscheiden, *distinction*) gekoppelt sind.

82.1.1 **Überinklusive Unterscheidungen:** Bezeichnungen werden mit einem *umfassenderen* Bedeutungshof *gebraucht* als im sozialen System *erwartet*, das heißt, die *Menge* der mit einer Bezeichnung gekoppelten *Assoziationen* ist *größer*, d. h. *inhaltlich umfassender*, als im durchschnittlichen (= konsensuellen) Sprachgebrauch des Kommunikationssystems.

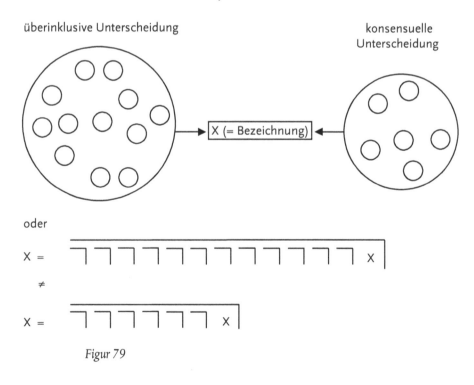

Figur 79

82.1.1.1 Der individuelle Gebrauch überinklusiver Unterscheidungen führt zu Wirklichkeitskonstruktionen sowie Sprachgebrauch und Verhalten, die vage, unkonkret, defokussiert und im besten Fall abstrakt, aber verstehbar sind, falls die verwendeten Unterscheidungen mit den üblicherweise gebrauchten (= erwarteten) Unterscheidungen kompatibel sind, sie keine (zweiwertig) logischen Widersprüche oder Paradoxien zur Folge haben und man sich in der Kommunikation damit zufriedengibt, größere zusammengesetzte Einheiten ohne Rücksicht auf ihre Elemente zu betrachten.

82.1.1.2 Im Gebrauch überinklusiver Unterscheidungen ist die *konnotative* Funktion größer als die denotative und *umfassender* als im erwarteten (= konsensuellen) Sprachgebrauch.

82.1.2 **Unterinklusive Unterscheidungen:** Bezeichnungen werden mit einem *eingeschränkteren* Bedeutungshof gebraucht als im sozialen System *erwartet*, das heißt, die *Menge* der mit einer Bezeichnung gekoppelten *Assoziationen* ist *kleiner*, d. h. inhaltlich eingeschränkter, als im durchschnittlichen Sprachgebrauch des Kommunikationssystems.

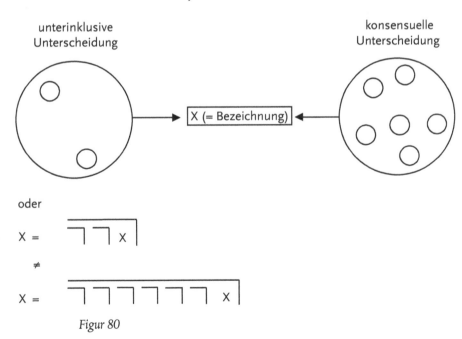

Figur 80

82.1.2.1 Der individuelle Gebrauch *unterinklusiver* Unterscheidungen führt zu Wirklichkeitskonstruktion sowie Sprachgebrauch und Verhalten, die konkretistisch, überfokussiert, eng bis zwanghaft definierend, an Details interessiert und immer dann verstehbar sind, wenn die verwendeten Unterscheidungen mit den üblicherweise gebrauchten Unterscheidungen kompatibel sind, weil es in der Kommunikation um dazu passende Sachfragen geht, bei denen vom Kontext abstrahiert werden kann und keine größeren zusammengesetzten Einheiten beobachtet werden müssen.

82.1.2.2 Im Gebrauch *unterinklusiver* Unterscheidungen ist die *denotative* Funktion größer als die konnotative und größer als im konsensuellen (= erwarteten) Sprachgebrauch.

82.1.3 Sowohl der Gebrauch überinklusiver wie *unterinklusiver* Unterscheidungen führt zu einer nicht-verstehbaren, psychotischen Wirklichkeitskonstruktion und einem psychotischen, nicht-verstehbaren Verhalten (= Exkommunikation), wenn die individuell gebrauchten Unterscheidungen mit den konsensuell gebrauchten (= erwarteten) Unterscheidungen *nicht kompatibel* sind, d. h. (zweiwertig) logische Widersprüche und Paradoxien zur Folge haben.

82.1.3.1 Der Gebrauch über- wie unterinklusiver Unterscheidungen führt zur *Unentscheidbarkeit* über die den Bezeichnungen (*indication*, Worten, Sätzen usw.) *zugeschriebene* bzw. *zuzuschreibende* Bedeutung / ihren Sinn (*distinction*).

82.1.3.2 Über- wie Unterinklusivität im Gebrauch von Bezeichnungen kann als Verwechslung der *logischen Typen* interpretiert werden, wenn *Mengen* und ihre *Teile* bzw. *zusammengesetzte Einheiten* und ihre *Elemente* oder *Komponenten identisch* bezeichnet werden.

82.1.3.3 Die *Unentscheidbarkeit* der Bedeutung / des Sinns einer Bezeichnung ist eine *Funktion* (unabhängig davon, ob intendiert oder nicht) des Gebrauchs sowohl von überinklusiven als auch von unterinklusiver Bezeichnungen.

82.1.4 **Verwechslung der logischen Typen/Ebenen:** Die *Bezeichnung* (= indication) des *Elements* oder der *Komponente* (= distinction 1) einer *zusammengesetzten Einheit*, sei sie materiell oder ideell, wird *nicht* von der *Bezeichnung* für die *zusammengesetzte Einheit* (= distinction 2) *unterschieden*.

82.1.4.1 **Verdichtung:** Eine *Bezeichnung* für eine *Komponente* oder das *Element* einer *zusammengesetzten Einheit* wird anstelle der *Bezeichnung* der *zusammengesetzten Einheit* (= überinklusiv / »Pars pro Toto«) verwendet.

82.1.4.2 **Verdünnung:** Eine *Bezeichnung* für eine *zusammengesetzte Einheit* wird anstelle der *Bezeichnung* einer *Komponente* oder eines *Elements* der *zusammengesetzten Einheit* (= unterinklusiv/»Toto pro Pars«) verwendet.

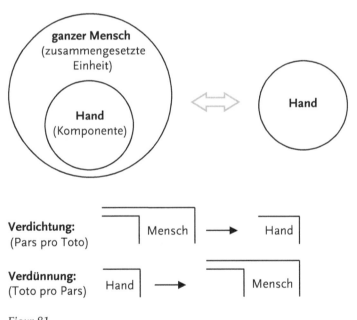

Figur 81

82.2 **Protologischer Syllogismus:** Während in der aristotelischen Logik bzw. im Sprachgebrauch westlicher Kulturen aufgrund der *Identität* unterschiedener/bezeichneter *Einheiten* auf die *Identität* ihrer *Prädikate* geschlossen wird, wird im schizophrenen

Denken aus der *Identität der Prädikate* auf die *Identität* unterschiedener/bezeichneter *Einheiten* geschlossen: ein Syllogismus, der *protologischer Syllogismus* genannt werden soll.

82.2.1   Die *Funktionen* und/oder *Eigenschaften*, die von einem Beobachter einer unterschiedenen/bezeichneten Einheit (sei es ein anderer Mensch, seine Aktionen oder *irgendein* anderer Gegenstand der Beobachtung) zugeschrieben werden, sind *Prädikate*, deren Relevanz von der Bewertung des konkreten Beobachters abhängen.

82.2.2   **Verschiebung:** Die *Verwechslung/Identifikation* des Elements bzw. der Komponente einer zusammengesetzten (materiellen oder ideellen) Einheit mit einem anderen Element bzw. einer anderen Komponente *derselben* zusammengesetzten Einheit, deren geteiltes *Merkmal der Unterscheidung* ein bestimmtes *Prädikat* ist (z. B. eine bestimmte Eigenschaft oder Funktion).

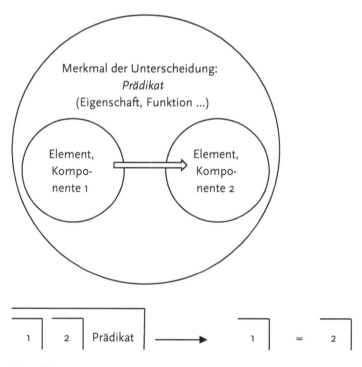

Figur 82

82 Psychotische Kognition

82.2.3   **Projektion:** Ein *Prädikat* x wird aus dem Bedeutungsbereich A (*1. Unterscheidung, distinction*) der Bezeichnung »A« (*2. Unterscheidung, indication*) ausgegrenzt (= *abgespalten*) und einem anderen, außen (d. h. in der Umwelt) verorteten Bedeutungsbereich B und einer anderen Bezeichnung »B« zugeschrieben.

82.2.4   *Prädikate* werden im Rahmen der individuellen (und menschheitsgeschichtlichen, kulturellen …) (interaktionellen/kognitiven/emotionalen/körperlichen) Entwicklung aufgrund der erlebten/beobachteten *Funktionen* vom Beobachter den beobachteten Phänomenen (unterschiedenen Einheiten: Ereignissen, Prozessen, Objekten, usw.) *zugeschrieben* (= *Protologik*).

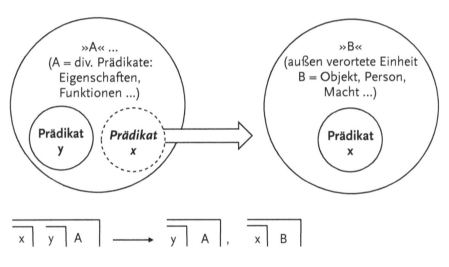

Figur 83

82.2.5   Der protologische Syllogismus, der durch die *Gleichsetzung/ Verwechslung* von Prädikaten *Identität* konstruiert, kann als *Ur-Syllogismus* betrachtet werden, der erst im Laufe der Sozialisation durch einen zweiten (z. B. in westlichen Kulturen: aristotelischen), gesellschaftlich validierten Syllogismus *kontrastiert* (d. h. *nicht* ersetzt) wird.

82.2.6   In der Dynamik und den Strukturen des *Traums*, denen jeweils die soziale Rückkopplung (= Validierung bzw. Korrektur) der Nutzung der individuell gebrauchten Bezeichnungen (= indication) fehlt, werden überinklusive und/oder *unterinklusive* Unterscheidungen (= distinction) *aktualisiert* und der *protologische Syllogismus* (= Verdichtung, Verdünnung, Verschiebung ...) gebraucht.

82.2.7   Im sogenannten *schizophrenen Denken* wird bei der aktuell genutzten Wirklichkeitskonstruktion auf die Nutzung eines *protologischen Syllogismus* mit seinen über- oder *unterinklusive Unterscheidungen* zurückgegriffen/zurückgefallen (= *regrediert*).

82.3   **Psychotische Wirklichkeitskonstruktionen:** Wer über- oder unterinklusive Bezeichnungen in der Konstruktion seiner individuellen Wirklichkeit verwendet, vollzieht sozial abweichende Unterscheidungen, sodass er auf andere Weise *Informationen* aus den Ereignissen und Prozessen seiner Lebenswelt gewinnt als die anderen Kommunikationsteilnehmer und sie (für sie *nicht-verstehbar*) strukturiert, das heißt, seine aktuell gebrauchte Wirklichkeitskonstruktion ist abweichend ausdifferenziert: *über-* oder *unterdifferenziert* bzw. eine Mischung aus Bereichen der Überdifferenzierung (= unterinklusives Bezeichnen) oder Unterdifferenzierung (= überinklusives Bezeichnen).

82.3.1   **Psychotisches Beschreiben/Wahrnehmen:** Eine über- oder unterdifferenzierte Wirklichkeitskonstruktion führt dazu, dass in der Kommunikation relativ zu *viele* oder zu *wenige* Assoziationen (*distinctions*) mit einer Bezeichnung (*indication*) verknüpft werden, was den Kommunikationspartnern als Über- oder *Unterfokussierung* bzw. *Defokussierung* der Aufmerksamkeit erscheint.

82.3.2   **Psychotisches Erklären:** Wenn über- oder unterinklusiv Phänomene zu einem Bedeutungsbereich gekoppelt sind, werden kreativ generierende Mechanismen (= Erklärungen) für die so gekoppelten (relativ zu vielen/zu wenigen) Phänomene konstruiert, die von den üblichen, als *realistisch* bewerteten Erklärungen im sozialen System abweichen und als *Wahn* oder *Wahnsystem* disqualifiziert werden.

82.3.3   **Psychotisches Bewerten:** Abweichende Fokussierung der Aufmerksamkeit führt dazu, dass alternative Phänomene zueinander in Beziehung gesetzt werden, was zu abweichenden (vor allem affektiven) Bewertungen führt wie z. B. nicht verstehbaren Kosten-Nutzen-Rechnungen, nicht empathisch nachvollziehbarer *Angst* oder auch *Euphorie*, ganz allgemein: zu *Gefühlen*, die von den im jeweiligen sozialen Kontext *erwarteten*, mit irgendwelchen Ereignissen gekoppelten, sozial als adäquat bewerteten Gefühlen abweichen.

82.3.4 Psychotisches Wahrnehmen/Beschreiben, Erklären und Bewerten sind *heterarchisch* geordnet, das heißt, wenn einer dieser Aspekte der Wirklichkeitskonstruktion psychotisch funktioniert, hat das Folgen für die anderen beiden Aspekte, sodass nicht feststellbar ist, wo die gesamte Konstruktion ihren Ursprung hat.

82.4 **Wahnsinn** (= Formen der Schizophrenie): Wenn ein Individuum Ereignissen/Prozessen/Objekten, die der Beobachtung – speziell der sinnlichen Wahrnehmung – Dritter zugänglich sind, einen *abweichenden* Sinn zuschreibt, d. h. Ereignisse, Prozesse, Zustände anders *beschreibt*, *erklärt* und/oder *bewertet*, als dies im aktuellen kulturellen Umfeld (= soziales System) konsensuell als *realitätsgerecht* definiert ist, oder Ereignisse beschreibt, die andere, zeitgleich anwesende Beobachter *nicht* wahrnehmen, so wird dies in der klassischen psychiatrischen Diagnostik als *Wahn, Wahnwahrnehmung, Wahnsinn, Wahnsystem* o. Ä. bezeichnet bzw. als Symptom von »Schizophrenie« diagnostiziert, kann aber, abhängig vom kulturellen Kontext, unterschiedlich erklärt werden.

82.4.1 **Defizit- oder Störungshypothese:** Wenn ein Teilnehmer an der Kommunikation Bezeichnungen *über-* oder *unterinklusiv* gebraucht, lässt sich dies individuumbezogen als dessen mangelnde Fähigkeit oder als Störung, d. h. als *Wahrnehmungs-* und/oder *Denkstörung*, erklären.

82.4.1.1 *Variante 1*: Wahrnehmungs- und/oder Denkstörungen lassen sich kausal im Organismus verorten, d. h. als gestörte Funktion der *Sinnesorgane* bzw. des *Nervensystems* und/oder *Gehirns*.

82.4.1.2   *Variante 2*: Wahrnehmungs- und/oder Denkstörungen lassen sich kausal im *psychischen* System verorten, d. h. als gestörte psychische Funktion bei intakten organischen Funktionen.

82.4.1.3   *Variante 3*: Wahrnehmungs- und/oder Denkstörungen lassen sich kausal in einem sozialen System verorten, d. h. als Anpassung der Wahrnehmung und des Denkens an ein spezifisches *Kommunikationsmuster* eines *gesellschaftlichen Subsystems* (z. B. eines Paares, einer Familie, einer Sekte, einer Organisation, einer Subkultur etc.).

82.4.2   **Produktivitäts-Hypothese:** Wenn ein Beobachter Ereignisse beschreibt/wahrnimmt, die andere, zeitgleich anwesende Beobachter *nicht* wahrnehmen (= *Plussymptom*), wird diese Wahrnehmung als *Halluzination* oder *Vision* erklärt.

82.4.2.1   *Variante 1*: Im Falle der *Halluzination* wird die Kausalität entweder im Organismus verortet (z. B. Abweichung des Hirnstoffwechsels, halluzinogene Drogen …) oder in der Psyche als spezifische *kreative Leistung*.

82.4.2.2   *Variante 2*: Im Falle der *Vision* wird die Kausalität in der Beziehung zu einem überirdischen, d. h. nicht direkt wahrnehmbaren Wesen (z. B. der Jungfrau Maria, einem Geist etc.) verortet, dessen Urheberschaft aber sozial (zumindest in Subgruppen) nicht in Zweifel gezogen wird.

82.4.2.3   *Variante 3*: Visionen können kausal auch in sozialen Systemen verortet werden, wenn z. B. im Rahmen eines Rituals (oft zusammen mit Drogengebrauch oder anderen Exerzitien, welche körperliche Prozesse direkt beeinflussen, z. B. Hungern, Mezcal-Einnahme …) individuell oder kollektiv Visionen produziert werden.

82.4.2.4   *Halluzinationen* werden, da sie den sozialen Erwartungen widersprechen, als pathologisch bewertet, *Visionen* nicht, da bzw. falls sie in einem Kontext produziert werden, in dem sie sozial akzeptiert und erwartet sind.

83 Psychotische Affektivität

83.1 Die in einem psychotischen Zustand/Prozess *gezeigten* Gefühle sind für andere Menschen nicht verstehbar (= einfühlbar), weil sie in ihrer *Intensität* als überschießend und als *nicht situations- bzw. kontextadäquat* beurteilt werden.

83.2 In einem psychotischen Zustand/Prozess werden *psychische Konflikte* (= Ambivalenzen / sich gegenseitig widersprechende Gefühle) in einer Weise bewältigt/organisiert (= abweichende Konfliktorganisation), die zu einem *abweichenden Verhalten* führt.

83.2.1 *Konsequenz 1:* Abweichende *Formen* der psychischen Konfliktorganisation sind in unterschiedlichem Maße mit Formen *psychotischen Denkens* gekoppelt.

83.2.2 *Konsequenz 2:* Unterschiedliche *Formen* abweichender psychischer Konfliktorganisation sind mit unterschiedlichen *individuellen Verhaltensmustern* gekoppelt, die (klassisch-psychiatrisch) als *Symptome*, d. h. als Ausdruck unterschiedlicher »Störungen« oder auch »Krankheiten«, diagnostiziert (= erklärt und bewertet) werden.

83.2.3 *Konsequenz 3:* Unterschiedliche *Formen* abweichender psychischer Konfliktorganisation sind mit unterschiedlichen *Kommunikationsmustern* der sozialen Systeme, in denen psychotisches Verhalten gezeigt wird, gekoppelt.

83.3 Im psychotischen Fühlen werden *ambivalente*, einen psychischen *Konflikt* produzierende Gefühle im Sinne einer *zweiwertigen (Entweder-oder-)Logik* geordnet, das heißt, es wird *Ambivalenzfreiheit* organisiert (= *Ambiguitätsintoleranz*).

83.3.1 *Mechanismus 1:* Erlebte *Widersprüche/Paradoxien/Unentscheidbarkeiten* werden dadurch bewältigt, dass die eine Seite der Ambivalenz, d. h. der logischen Konsistenz widersprechende Gefühle, aus dem *aktuellen Bewusstsein ausgegrenzt* wird (= nicht bezeichnet, abgespalten, verdrängt, verleugnet, projiziert, verschoben, abgewehrt, nicht wahrgenommen wird etc.).

83.3.2 *Mechanismus 2*: Der zweiwertigen Logik widersprechende *Handlungsimpulse* werden aus dem Bewusstsein ausgegrenzt (= bleiben unbewusst) und dem *Körper* (= *Umwelt*) kausal *zugeschrieben* und zu *kontrollieren* versucht.

83.3.2.1 *Variante 1*: Es entsteht ein *Konflikt* (= Negation der Negation …) zwischen den autonomen (= nicht kontrollierbaren) körperlichen Bedürfnissen (»Teufel im Leib«) und bewussten Wünschen/Zielen.

83.3.2.2 *Variante 2*: Abhängig von körperlichen Sensibilitäten kommt es zu einer *somatischen* Symptombildung.

83.3.3 *Mechanismus 3*: Der zweiwertigen Logik widersprechende Gefühle werden in den Bereich der sozialen Umwelt / den Rest der Welt projiziert (= externalisiert), das heißt, es kommt zur Zuschreibung/Projektion der nicht zur erstrebten Ambivalenzfreiheit passenden Gefühle zu einem äußeren Akteur / dem Rest der Welt.

83.3.3.1 *Variante 1*: Wenn dieser äußere Akteur identifiziert wird, dann kann dies zu einem manifesten Konflikt mit ihm führen – was für den betreffenden Akteur und das soziale Umfeld nicht verstehbar ist (= Wahn).

83.3.3.2 *Variante 2*: Wenn der oder die äußeren Akteure virtuell bleiben, dann kann dies zu einem abweichenden Verhalten führen – was für die Interaktionspartner nicht verstehbar ist.

83.4 **Depression:** Ein psychisches System, das sich *niedergedrückt, freudlos, lustlos, passiv, energielos, ängstlich, antriebslos, initiativlos* und *von der eigenen Bedeutungslosigkeit und Verarmung* überzeugt zeigt und dies ohne sozial als *realitätsgerecht* (= *verstehbar*) akzeptiertem Grund bzw., falls es einen verstehbaren Grund gibt, in diesem Zustand *länger* verharrt als sozial als *einfühlbar* (= *verstehbar*) definiert ist, wird in der klassischen psychiatrischen Diagnostik als *depressiv* bezeichnet.

83.4.1   Mit einem depressiven Zustand/Prozess eines psychischen Systems ist in der Regel ein Verhalten gekoppelt, das sozial als *Minussymptomatik* bewertet werden kann, das heißt, erwartetes Verhalten wird nicht gezeigt.

83.4.2   In einem depressiven Zustand/Prozess beschreibt/erlebt sich ein psychisches System über längere Zeit in seiner Beziehung zu seinen sozialen Umwelten (sei es die Welt insgesamt oder ein einzelner Akteur) als *schwach/passiv/schlecht*.

83.4.3   Wenn die *affektive Selbstbewertung* einer Person in der Kombination *schwach/ passiv/schlecht* besteht, so fungiert diese Selbstbeschreibung als *Entscheidungsprämisse* für das betreffende psychische System.

83.4.4   Depressive psychische Zustände/Prozesse sind an soziale Umwelten gekoppelt, deren Spielregeln bzw. deren Kultur dem *Pseudo-Konsens-Muster* bzw. der einen Phase des *Boom-Bust-Musters* entsprechen.

83.4.5   Depressive psychische Zustände/Prozesse können als maximale (ambivalenzfreie) Befolgung der Spielregeln des Pseudo-Konsens-Musters erklärt werden bzw. als die *zeitlich begrenzte* ambivalenzfreie Anpassung an die *Bust*-Seite des Boom-Bust-Musters.

83.4.5.1   Der Versuch, sich den sozialen Erwartungen (p = »gut«) *maximal* anzupassen, führt paradoxerweise zum Überschreiten der Grenzen des Spielraums erwarteten (= als »gesund« definierten) Verhaltens, speziell der gezeigten Affekte.

83.4.5.2   Zur Eskalation der Versuche, den sozialen Erwartungen *maximal* zu genügen, kann es kommen, wenn keine Kriterien des

Genügens kommuniziert / sozial definiert sind und ein Individuum sich nicht in der Lage sieht, sie selbst festzulegen bzw. die Erwartungen an sich selbst zu begrenzen.

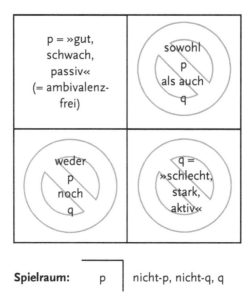

Spielraum: p | nicht-p, nicht-q, q

Figur 84

83.4.6 Die Interaktionspartner fühlen sich im Umgang mit einem Menschen, der sich depressiv zeigt, *eingeladen* (= Impuls wird ausgelöst) kompensatorisch zu wirken, d. h. den Betreffenden *zu stärken, zu aktivieren*, seinem Gefühl *wertlos* zu sein *zu widersprechen* bzw. seine als nicht realitätsgerecht erlebte Selbstabwertung zu korrigieren.

83.4.7 Die *Autonomie* eines psychischen Systems, das sich in einem depressiven Zustand/Prozess befindet, erweist sich darin, dass Interaktionspartner, die versuchen, die andere Seite der Ambivalenz in den Fokus der Aufmerksamkeit zu rücken bzw. kompensatorisch zu wirken, *scheitern*.

83.5 **Manie:** Ein psychisches System, das sich *euphorisch, überaktiv, lustbetont, enthemmt, verschwenderisch, voller Energie* und *von der eigenen Großartigkeit* und dem *eigenen Vermögen beeindruckt* zeigt und dies ohne sozial als *realitätsgerecht* akzeptiertem Grund bzw., falls es einen verstehbaren Grund gibt, in diesem Zustand *länger* verharrt als sozial als angemessen definiert ist, wird in der klassischen psychiatrischen Diagnostik als *manisch* bezeichnet.

83.5.1 Mit einem *manischen* Zustand/Prozess eines psychischen Systems ist in der Regel ein Verhalten gekoppelt, das sozial als *Plussymptomatik* bewertet werden kann.

83.5.2 In einem manischen Zustand/Prozess beschreibt/erlebt sich ein psychisches System über längere Zeit in seiner Beziehung zu seinen sozialen Umwelten (sei es die Welt insgesamt oder ein einzelner Akteur) als *stark/aktiv/gut*.

83.5.3 Wenn die *affektive Selbstbewertung* einer Person in der Kombination *stark/aktiv/gut* besteht, so fungiert diese Selbstbeschreibung als *Entscheidungsprämisse* für das betreffende psychische System.

83.5.4 Manische psychische Zustände/Prozesse sind an soziale Umwelten gekoppelt, deren Spielregeln bzw. deren Kultur der *Boom-Phase* des *Boom-Bust-Musters* entsprechen, und können als *zeitlich begrenzte*, ambivalenzfreie Anpassung an deren Spielregeln erklärt werden.

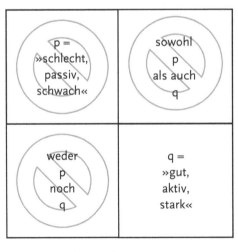

Figur 85

83.5.4.1 Die *maximale* Erfüllung der sozialen Erwartungen (speziell: des Ideals des autonomen, aktiven, initiativreichen, starken Individuums) (q = gut) führt *paradoxerweise* zum Überschreiten der Grenzen des Spielraums des erwarteten (= als gesund definierten) Verhaltens, speziell der gezeigten Affekte.

83.5.4.2 Die Eskalation der Versuche, den sozialen Erwartungen *maximal* zu genügen, kann entstehen, wenn keine Kriterien des *Genügens* kommuniziert und sozial akzeptiert sind und ein Individuum nicht in der Lage ist, sie selbst festzulegen bzw. Erwartungen an sich selbst zu begrenzen.

83.5.5 Die Interaktionspartner fühlen sich im Umgang mit einem Menschen, der sich manisch zeigt, *eingeladen* kompensatorisch zu wirken, d. h. den Betreffenden *zu kontrollieren, zu beruhigen,* seinem Gefühl *großartig* zu sein *zu widersprechen* bzw. seine als nicht realitätsgerecht erlebte Selbstüberschätzung zu korrigieren.

83.5.6 Die *Autonomie* eines psychischen Systems, das sich in einem *manischen* Zustand/Prozess befindet, erweist sich darin, dass Interaktionspartner, die versuchen, die andere Seite der Ambivalenz in den Fokus der Aufmerksamkeit zu rücken (= kompensatorisch/kontrollierend zu wirken) *scheitern*.

84 Selbstdefinition und persönliche Identität

84.1 Für jeden einzelnen Menschen (= Individuum) besteht die Überlebenseinheit immer aus der Einheit, die aus seinem *Organismus* und seinem *psychischen System* sowie seinen (wechselnden) *sozialen* und *physischen Umwelten* (= soziales System und ökologische Nische) gebildet wird.

84.1.1 Unterschiedliche Individuen sind mit den unterschiedlichen sozialen Systemen, an denen sie teilnehmen, und den ökologischen Nischen, in denen sie leben (= Lebenswelten), zu unterschiedlichen Zeiten unterschiedlich fest/lose gekoppelt.

84.1.2 In der Interaktion mit seinen sozialen und physischen Umwelten lernt das Individuum, zwischen *Ereignissen* innerhalb und außerhalb seines Körpers aufgrund ihrer *Wirkung* (= Funktion) auf es selbst zu unterscheiden (sei es unbewusst-körperlich, sei es bewusst-psychisch).

84.1.3 Das Individuum lernt zwischen *Funktionen*, auf die es *Einfluss* (= aktiv) hat, und Funktionen, auf die es *keinen Einfluss* (= passiv) hat, zu unterscheiden, wodurch funktionelle (= unlustvermeidende/luststeigernde) senso-motorische Muster selektiert werden.

84.2 **Selbst-Definition:** Aufgrund der im Erleben unterschiedlich *verorteten* und als unterschiedlich *beeinflussbar* erlebten Ereignisse/Funktionen unterscheidet und bezeichnet das *Individuum* seine Lebenswelt in einen Bereich *innen* – eine unterschiedene *Einheit* – und einen Bereich *außen,* wobei die so unterschiedene und bezeichnete Einheit »innen« *Selbst* genannt werden soll.

84.2.1 Mit *Selbst* wird die jeweils *aktuelle* Selbstbeschreibung eines Individuums als *Person* bezeichnet, die sich nicht nur im Laufe des

84 Selbstdefinition und persönliche Identität

Lebens, sondern von einem Moment zum anderen verändern kann.

84.2.2 Wie bzw. wo die *Grenzziehung* zwischen *innen* und *außen* bei der Definition eines konkreten, unverwechselbaren *Selbst* erfolgt, ist abhängig von der individuellen *Interaktionsgeschichte* des Individuums.

84.2.3 Unter den unterschiedlichen, einer *Person* von den *Interaktionspartnern* wie von sich *selbst* zugeschriebenen Eigenschaften/Merkmalen findet eine Selektion statt, welche die *aktuell* definierenden Merkmale (= Beschreibung/Wahrnehmung/Prädikate) des Selbst bilden.

84.2.4 **Selbst-Wert:** Wie jede andere beobachtete Einheit wird das Selbst in der Selbstbeobachtung *aktuell* bewertet.

84.2.4.1 Der aktuelle Selbst-Wert eines Individuums hängt von eigenen, im Laufe des Lebens erworbenen Kriterien, Ansprüchen und Zielen ab (= Ist-Soll-Differenz).

84.2.4.2 Der aktuelle Selbst-Wert eines Individuums hängt von den ihm *vom sozialen System* bzw. *dessen Mitgliedern* zugeschriebenen *Wert* (Ehre, Respekt, Anerkennung, Achtung vs. Verachtung, Respektlosigkeit, Demütigung, Ehrverlust etc.) ab bzw. von dessen als verdient/unverdient erlebtem Ausmaß/Mangel (= Ist-Soll-Differenz).

84.2.4.3 Die *maximale Entwertung* eines Selbst (= Kränkung) besteht im Nicht-Wahrgenommen- bzw. Nicht-zur-Kenntnis-genommen-Werden durch die anderen Teilnehmer an der Kommunikation (= sozial inexistent).

84.2.5 Aus der Perspektive des außenstehenden Beobachters (2. Ordnung) stellt die *Selbst/Nicht-Selbst-Unterscheidung* ein *Re-entry* der Unterscheidung *Individuum / physisch-soziale Umwelten* (= Rest der Welt) auf der *Innenseite* dieser Unterscheidung dar.

84.2.6 **Selbst-Ideal:** Das Wunsch-Selbst, an dem der Selbst-Beobachter die Qualität seines Selbst bewertet (= Ist-Soll-Differenz), beeinflusst sein Verhalten.

84.3 **Persönliche Identität:** Ein spezifisches *Muster* (Selektion) von *Merkmalen des Selbst*, die zeitliche, räumliche und soziale Kontextveränderungen überdauern, konstituiert die *Identität* eines Individuums in bzw. trotz seiner sich verändernden Lebenswelt.

84.3.1 Ein psychisches System konstruiert die *identitätsbildenden Merkmale* seiner eigenen Person bzw. deren *Muster* durch die Identifikation sowohl mit *zeitüberdauernden Merkmalen* seines *Körpers* und ihm *kommunikativ zugeschriebenen Merkmalen* als *Person* als auch mit Eigenschaften, die den *Mitgliedern der sozialen Systeme* (bzw. Kulturen), denen es sich *zugehörig* fühlt, zugeschrieben werden.

84.3.2 Da die dem Beobachter erscheinende Statik autopoietischer Systeme durch eine den *Status quo erhaltende* (= *zirkuläre*) *Dynamik* erklärt werden muss, bedarf auch die Aufrechterhaltung einer persönlichen *Identität* einer spezifischen, sie über die Zeit hin erhaltenden psychischen und kommunikativen Dynamik (= *repetitive Muster*).

84.4 **Körper-Identität:** Obwohl der Körper sich physisch im Laufe seines Lebens verändert, bleibt eine charakteristische *räumliche Ordnung* seiner *Strukturen* über die Zeit für den (Selbst-)Beobachter (= psychisches System) unverändert, solange die sie herstellenden und erhaltenden Prozesse *fortgesetzt* werden.

84.4.1 Wenn der Körper in der Beobachtung durch das mit ihm gekoppelte psychische System nicht mit dessen *Selbst-Ideal* kompatibel ist, dann kann ein psychisches System versuchen, den Organismus als Objekt zu *manipulieren* und *unter Kontrolle* zu bekommen.

84.4.2 Im simpelsten Fall versucht ein psychisches System den *Veränderungsprozess* seines Körpers in der (Selbst- wie Fremd-)Beobachtung zu kaschieren, d. h. nicht wahrnehmbar zu machen.

84.4.3   Im extremsten Fall versucht ein psychisches System seinen Körper seinem Selbst-Ideal qua physischer Veränderung (Chirurgie) anzupassen, sei es nur in ästhetischer Hinsicht, sei es in Bezug auf weitergehende Eigenschaften wie z. B. die biologischen Geschlechtsmerkmale.

84.4.4   Die Erscheinungsformen des Körpers bzw. dessen Veränderungen haben als Aspekte der Teilnahme an Kommunikation stets soziale Wirkungen.

84.5   **Soziale Identität:** Die persönliche Identität eines psychischen Systems wird (neben den körperlichen Merkmalen) durch die *Zugehörigkeiten* zu charakteristischen (= Identität stiftenden) sozialen Systemen (bzw. Kulturen) und/oder durch die *Abgrenzung* gegenüber bestimmten (= Negativ-Identität stiftenden) sozialen Systemen (bzw. Kulturen) bestimmt.

84.5.1   *Variante 1*: Identität stiftende *Zugehörigkeit* zu einem sozialen System wird primär durch Geburt verliehen/erworben (z. B. zu Familien, Religionsgemeinschaften, Sprachgemeinschaften, Nationen, Kulturen ...) und besteht meist – wenn auch nicht zwangsläufig – lebenslänglich.

84.5.2   *Variante 2*: Zugehörigkeit zu einem Identität stiftenden sozialen System wird sekundär durch *Entscheidung* und in der Regel erst im Laufe des Lebens erteilt/erworben (Organisationen bzw. organisierte soziale Systeme).

84.5.2.1   Die Zugehörigkeit zu einem organisierten sozialen System ist an eine *doppelte Entscheidung* gebunden: die Entscheidung des sozialen Systems und die des aufzunehmenden Mitglieds.

84.5.2.2   Die Aufnahme ist in der Regel an das Erfüllen spezifischer Kriterien gebunden (Prüfungen, Initiationsriten etc.).

84.5.2.3   Die Zugehörigkeit zum Identität stiftenden sozialen System kann durch Entscheidung verloren gehen / aufgegeben werden: *Ausschluss* oder *Austritt*.

84.5.3 Die *Ausgrenzungsdrohung* aus einem Identität stiftenden sozialen System erhöht die Wahrscheinlichkeit der Anpassung des individuellen Verhaltens an die sozialen/kulturellen Erwartungen, um die Bedrohung der eigenen Identität abzuwenden.

84.5.4 Die persönliche Identität eines Menschen wird durch seine *Position* innerhalb des *Netzwerks* von *Personen- oder Rollen-Beziehungen* innerhalb des sozialen Systems bestimmt.

84.5.4.1 Je stärker die interpersonalen Beziehungen innerhalb eines sozialen Systems durch Marktmechanismen (= hohe Austauschbarkeit der Akteure) bestimmt sind, umso stärker muss sich das Individuum als *autonome Überlebenseinheit* abgrenzen und seine Identität *unabhängig* von der Zugehörigkeit zu diesem System entwickeln.

84.5.4.2 In sozialen Systemen, in denen eine geringe Austauschbarkeit der Mitglieder besteht (z. B. Familien), wird die persönliche Identität durch die *Position* innerhalb des Netzwerks der *interpersonellen Beziehungen* bestimmt.

84.5.4.3 In sozialen Systemen, in denen eine hohe Austauschbarkeit der Mitglieder besteht (z. B. Organisationen), wird die persönliche Identität durch die *Position* innerhalb des Netzwerks von *Rollenbeziehungen* und *formalen Strukturen* bestimmt.

84.5.4.4 In zeitgenössischen westlichen Kulturen tendieren Individuen zu einer *polykontexturalen* Identität als autonomer Überlebenseinheit, die in unterschiedlichen sozialen Kontexten ihr Leben fristen kann bzw. über Teilidentitäten verfügt, die sie kontextbezogen aktivieren kann.

84.5.4.5 In traditionellen Kulturen tendieren Individuen zu einer Identität, nach der ihr Überleben nur *monokontextural* als Mitglieder einer speziellen übergeordneten sozialen Einheit (z. B. Familie, Clan, Gemeinde, Einheit, Kultur …) möglich ist.

84.5.4.6 Je mehr eine Gesellschaft durch Marktmechanismen gesteuert wird, desto größer wird die Notwendigkeit für das Individuum,

84 Selbstdefinition und persönliche Identität

eine Identität als autonome Überlebenseinheit (z. B. Ich-AG) zu definieren und polykontextural brauchbare Kompetenzen zu entwickeln.

84.6 Um sich selbst als *Person* (sei es die in der Kommunikation konstruierte Selbst-Beschreibung, sei es die von den Kommunikationspartnern konstruierte öffentliche Person) zu bezeichnen, verwendet das Individuum das Wort »ich«.

84.6.1 In westlichen Kulturen verwendet das Individuum die Bezeichnung »ich« *kontextfrei* für sich selbst als abgetrennte, aus dem sozialen Kontext gelöste, abstrakte Einheit, in der Psychologie manchmal verdinglichend *»das Selbst«* genannt, d. h. seine Selbst-Definition.

84.6.2 In östlichen Kulturen verwendet das Individuum *kontextabhängig* unterschiedliche Bezeichnungen für sich selbst, je nachdem, wie die aktuellen formalen und/oder informellen Beziehungen zwischen ihm und den anderen Teilnehmern an der Kommunikation definiert sind (z. B. »ich als Sohn«, »ich als älterer Bruder«, »ich als jüngere Schwester«, »ich als Onkel« usw.).

84.7 **Überinklusive Selbstdefinitionen** (= Selbst-Definitionen): Die Grenzen des *Selbst* als Überlebenseinheit, die ein Beobachter konstruiert, müssen nicht mit den Grenzen des Körpers übereinstimmen, sondern sie können andere Individuen umfassen.

84.7.1 **Empathisch erweitertes Selbst** (= *Liebe*): Ein psychisches System definiert sich nicht als individuelle Überlebenseinheit, sondern bezieht ein anderes Individuum (Partner/in, Kind usw.) in sein *erweitertes Selbst* mit ein.

84.7.1.1 Mütter (und gelegentlich Väter) trennen nicht zwischen sich bzw. ihren Bedürfnissen und denen ihres Kindes (je kleiner das Kind – z. B. wenn es neugeboren ist – desto weniger), sondern handeln aufgrund der – empathisch gespürten / richtig oder falsch zugeschriebenen – Bedürfnisse ihres Kindes, was *funktio-*

nell einer Auflösung bzw. Verletzung der Grenze zwischen den beiden Individuen gleichzusetzen ist.

84.7.1.2 Wer liebt (so, wie es in manchen Romanen beschrieben ist), konstruiert ein erweitertes Selbst als Überlebenseinheit, das aus ihm selbst und dem geliebten Individuum besteht (das heißt, er/sie denkt und fühlt *für* den/die andere[n] und sieht sich unfähig/unwillig, ohne den geliebten Menschen zu leben).

84.7.1.3 Das Verhalten eines Liebenden, das die *Bedürfnisse / das Erleben* eines anderen Menschen in den *Fokus seiner Aufmerksamkeit* nimmt und/oder sein eigenes Verhalten nach Kriterien des Wohlergehens des anderen bewertet, folgt einer *anderen Rationalität* als ein auf die isolierten, individuellen Bedürfnisse gerichtetes Verhalten.

84.7.2 **Identifikation mit einem sozialen System** (= *Wir-Identität*): Durch die Identifikation mit einem sozialen System (Paarbeziehung, Familie, Firma, Nation etc.), dessen Teilnehmer ein Individuum ist, werden die *Interessen* des sozialen Systems an die Stelle der individuellen *Interessen* gesetzt bzw. mit ihnen verwechselt.

84.7.2.1 Die Verhaltenssteuerung des Individuums folgt nicht mehr einer auf sein Überleben oder seine Interessen bezogenen Rationalität, sondern der Rationalität des sozialen Systems als Überlebenseinheit.

84.7.2.2 Die Rationalität des sozialen Systems kann in Widerspruch zur Rationalität des Individuums als Überlebenseinheit stehen, was für das Individuum zu einer *paradoxen Handlungsaufforderung* führt: Es muss gegen seine Interessen (als Individuum) handeln, wenn es seine (per Identifikation mit dem sozialen System gewonnenen) Interessen verfolgen will.

84.7.3 **Massen-Selbst** (= *Auflösung der Grenzen des Selbst in einer Masse*): In der emotionalen Dynamik von Massenprozessen löst sich die Unterscheidung *Selbst / soziales System* (= Masse der anderen Kommunikationsteilnehmer) auf.

84.7.3.1   Die Unterscheidung *ich* vs. *wir* (= alle) geht im *Erleben* der Beteiligten verloren und verliert in der Steuerung individuellen Verhaltens ihre Wirkung/Funktion.

84.7.3.2   Individuen verhalten sich als Mitglieder eines Massenprozesses wie alle anderen Mitglieder der Masse (= synchronisiert), was zum Verlust des Gefühls der *Verantwortung* für das eigene, individuelle Handeln führt bzw. – das dürfte unentscheidbar sein – durch die Aufgabe der Verantwortung für das eigene Handeln erklärbar ist.

84.8   **Unterinklusive Selbst-Definitionen:** Die *Grenzen des Selbst*, das ein Beobachter konstruiert, müssen *nicht* mit den *Grenzen des Körpers* übereinstimmen, sondern sie können den Körper, Teile des Körpers oder Elemente des Bewusstseins, d. h. Erinnerungen, Erfahrungen, Wünsche und Bedürfnisse, *ausschließen*.

84.8.1   **Dissoziation des Körpers und/oder von Körperwahrnehmungen:** Der eigene Körper bzw. Wahrnehmungen seiner Bedürfnisse werden abgespalten, das heißt, das Bewusstsein (= psychisches System) definiert sich als eigentliche Überlebenseinheit und spaltet den Körper als äußeres Objekt, das kontrolliert werden kann/muss, ab.

84.8.2   **Abspaltung von Bewusstseinsinhalten:** Erinnerungen, Wünsche Bedürfnisse, Erlebensweisen, die nicht zum eigenen Selbstbild, Selbstideal oder Selbstwert passen, werden abgespalten, projiziert, der äußeren Welt zugeschrieben, um die logische Konsistenz und Widerspruchsfreiheit der Selbstdefinition zu sichern …

84.8.3   **Gespaltene Selbst-Definition** (= *Multiple Persönlichkeit, unterschiedliche Selbst- oder Ich-Zustände*): Statt eines integralen Selbst können zwei oder mehrere Untereinheiten konstruiert werden, was den getrennten Subsystemen intern ermöglicht, *widerspruchs-* und *konfliktfrei* zu funktionieren, selbst wenn sie miteinander im Konflikt stehen und widersprüchlich funktionieren.

84.9   **Selbst-Negation:** Die Identifikation eines Individuums mit einem sozialen System (oder auch einer Idee, Fiktion ..., welcher Unterscheidung auch immer) kann zur Konsequenz haben, dass es sich selbst opfert, um das Überleben des sozialen Systems (der Idee, Fiktion etc.) zu sichern oder dessen – wie auch immer definierten – Zielen zu dienen, das heißt, es wird ein Selbst konstruiert, das paradoxerweise in seiner Negation seine Bestimmung findet: Es opfert sich um einer umfassenderen, es selbst ausschließenden Überlebenseinheit willen.

85 Tod (= Ende der Autopoiese)

85.1 **Definition:** Wenn die Autopoiese eines Organismus, eines psychischen oder sozialen Systems *nicht* mehr *fortgesetzt* wird, so soll vom *Tod* des Systems gesprochen werden, so wie umgekehrt vom Überleben des Systems gesprochen werden soll, solange es seine Autopoiese fortsetzt, da Autopoiese nach dem Alles-oder-Nichts-Prinzip funktioniert, d. h. ganz oder gar nicht.

85.1.1 Das Ende der Existenz autopoietischer Systeme wird in unterschiedlichen Phänomenbereichen unterschiedlich benannt (z. B. Tod bei Organismen, Liquidation eines Unternehmens etc.), die Prinzipien des Endes der Autopoiese sind aber für autopoietische Systeme allgemein dieselben, sodass die Lebensende-/Sterbens- oder Todesmetaphorik ganz passend für das Ende aller autopoietischen Systeme verwendet werden kann.

85.1.2 Überlebenseinheit ist stets die *zusammengesetzte Einheit* aus einem autopoietischen System und seinen relevanten (= *für sein Überleben notwendigen*) Umwelten.

85.1.3 Das Ende der Autopoiese kann als deren *aktive* oder *passive Negation* erfolgen.

85.1.3.1 **Sterben:** Passive Negation der Autopoiese (= die Aktivitäten/Prozesse, welche die Innen-außen-Unterscheidung zwischen einem autopoietischen System und seinen relevanten Umwelten herstellen und aufrechterhalten, finden *passiv* ein Ende).

85.1.3.2 **Tötung:** Aktive Negation der Autopoiese (= die Aktivitäten/Prozesse, welche die Innen-außen-Unterscheidung zwischen einem autopoietischen System und seinen relevanten Umwelten herstellen und aufrechterhalten, werden aktiv beendet, das heißt, ohne die tötenden Aktivitäten würde die Autopoiese fortgesetzt).

85.1.4 Ein *sterbendes* autopoietisches System ist immer noch ein (über-)lebendes System.

85.2 **Tod des Organismus:** Wenn der Stoffwechsel nicht mehr fortgesetzt wird, endet die Reproduktion der Strukturen des Organismus und der Körper beginnt sich *aufzulösen* (= zu verwesen), denn die Prozesse, die aktiv für die Aufrechterhaltung der Innen-außen-Unterscheidung (Körper / physische Umwelt) sorgen, finden nicht mehr statt.

85.2.1 Der Organismus kann den Tod (= Ende der Autopoiese) des mit ihm gekoppelten psychischen Systems überleben (z. B. bei »Hirntod«).

85.2.2 Der Organismus kann in Kopplung zu den unterschiedlichsten sozialen Systemen überleben, solange dort basale, überlebensnotwendige physische Bedürfnisse befriedigt werden, das heißt, er überlebt in der Regel das Ende der Autopoiese eines sozialen Systems (sei es ein Staat, eine Organisation oder eine Partnerschaft etc.).

85.3 **Tod des psychischen Systems:** Wenn das Wahrnehmen, Denken, Fühlen, Entscheiden eines Menschen nicht mehr fortgesetzt wird, endet die Autopoiese seines Bewusstseins (= psychisches System), d. h. dessen Existenz.

85.3.1 Da psychische Systeme ihre Form als Funktion der Kopplung eines Organismus an mindestens *ein* soziales System bilden, kann das Ende der Autopoiese eines sozialen Systems (z. B. einer Paarbeziehung) für ein psychisches System eine Anpassungsanforderung darstellen, die nicht bewältigt wird und sein Überleben gefährdet.

85.3.2 Psychische Systeme überleben (soweit bekannt ist) den Tod des Organismus, an den sie gekoppelt sind, nicht, das heißt, mit dem Ende der Autopoiese des Organismus endet auch die Autopoiese des psychischen Systems.

85 Tod

85.3.3 Wenn psychische Systeme und Organismen als autonome, gegeneinander abgegrenzte Überlebenseinheiten von Beobachtern konstruiert werden, ist es logisch möglich und naheliegend, auch das Überleben der Psyche über den Tod des Organismus hinaus zu konzeptualisieren (= Entkopplung des Bewusstseins vom einen Organismus und Neukopplung mit einem anderen Organismus oder auch dessen Weiterleben ohne Kopplung an einen Organismus): »Seelenwanderung«, »Reinkarnation«, »Zombies«, »Geister«, »Untote«, »ewiges Leben« usw.

85.4 **Tod des sozialen Systems:** Wenn die Kommunikationsprozesse, welche ein soziales System als *Einheit* konstituieren und gegenüber anderen sozialen Systemen abgrenzen, nicht mehr fortgesetzt werden, endet die Existenz des sozialen Systems.

85.4.1 Die Autopoiese sozialer Systeme kann ein Ende finden, ohne dass dies das Ende der mit ihm (in der Regel nur lose) gekoppelten psychischen Systeme und/oder Organismen zur Folge hätte.

85.4.2 Der Tod von Mitgliedern des sozialen Systems wird vom sozialen System überlebt, wenn es über Spielregeln verfügt, die den Ersatz der Mitglieder (= Ersatz der Kommunikationsteilnehmer) sicherstellen, daher sind soziale Systeme der potenziell langlebigste Typus autopoietischer Systeme.

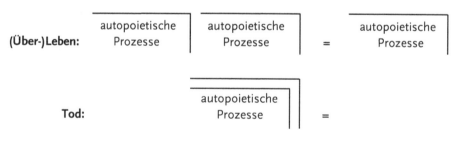

Figur 86

85.5 **Suizid:** Autopoietische Systeme sind in der Lage, Prozesse zu initiieren, die direkt oder indirekt zur Beendigung ihrer eigenen Autopoiese führen.

85.5.1 *Organismen* können intern *autoaggressive Prozesse* entwickeln, die zur Beendigung der eigenen Autopoiese führen, d. h. dem Tod des Organismus (z. B. Autoimmunprozesse).

85.5.2 *Soziale Systeme* können intern *autoaggressive Prozesse* entwickeln, die zur Beendigung der eigenen Autopoiese führen, d. h. zur Auflösung des sozialen Systems als kommunikativ kreierte und erhaltene abgegrenzte Einheit.

85.5.3 *Psychische Systeme* sind *nicht* in der Lage, mittels ihrer eigenen, internen Prozesse ihre Autopoiese zu beenden, verfügen aber über die Möglichkeit, durch Tötung des mit ihnen fest gekoppelten *Organismus* (= relevante Umwelt) ihr Leben zu beenden.

85.5.3.1 Der Beobachter, der sich suizidiert, beendet sein eigenes Beobachten, aber nicht sein Beobachtetwerden, d. h. die Wirksamkeit seiner Tat innerhalb eines sozialen Systems.

85.5.3.2 Durch Tötung des eigenen Körpers nimmt das Bewusstsein dem sozialen System die Möglichkeit, den Körper als Medium der *Machtausübung* (= körperliche Gewalt) zu nutzen, daher kann ein Suizid auch als Intervention in ein Sozialsystem und Form des ultimativen *Widerstands* gegen bestehende Machtverhältnisse fungieren (z. B. Selbstverbrennung aus Protest, Selbstmordattentat etc.).

85.5.3.3 Der *Suizid* kann als ultimative (in jeder Bedeutung des Wortes) Form der *Autonomie* betrachtet werden.

85.6 **Post mortem:** Mit dem physischen Tod des Beobachters löst sich die ihn identifizierende 1. *Unterscheidung* (distinction) auf – was bleiben kann, ist die 2. *Unterscheidung* (indication), d. h. ein Name (z. B. auf einem Grabstein, in einem Archiv, im Internet), der durch die Haltbarkeit des Mediums für andere Beobachter lesbar bleibt und den *Kern* der fiktiven *Neuschöpfung* einer neuen 1. Unterscheidung (Erinnerung, Gedenken, Rekonstruktion, Geschichtsschreibung, Mythenbildung etc.) bilden kann (»Wer schreibt, der bleibt!« – alte Skatspieler-Weisheit – oder besser:

85 Tod

»Über wen geschrieben wird, der bleibt!«, obwohl das für den Verblichenen bzw. das liquidierte autopoietische System keinen großen Unterschied machen dürfte).

85.7 **Ende einer Welt:** Mit dem Tod jedes Beobachters löst sich die *Form* auf, die durch ihn gebildet wurde, und damit die einzigartige *Welt*, die durch ihn als *materielle* und *ideelle Unterscheidung* (*distinction* + *indication*) und seine einzigartigen *relevanten Umwelten* geschaffen wurde, d. h. die Innen-außen-Unterscheidung wird nicht mehr reproduziert.

85.8 **Tod des Beobachters** = *Ende seines Beobachtens*, Ende seines *Unterscheidens* und Ende seines *Bezeichnens*, Ende seiner *Kreation von Formen.*

Über den Autor

Fritz B. Simon, Dr. med., Univ.-Prof.; Studium der Medizin und Soziologie; Psychiater und Psychoanalytiker, systemischer Familientherapeut und Organisationsberater. Forschungsschwerpunkt: Organisations- und Desorganisationsprozesse in psychischen und sozialen Systemen. Autor bzw. Herausgeber von ca. 300 wissenschaftlichen Fachartikeln und 30 Büchern, die in 15 Sprachen übersetzt sind, u. a.: *Der Prozeß der Individuation* (1984), *Die Sprache der Familientherapie* (1984), *Lebende Systeme* (1988), *Unterschiede, die Unterschiede machen* (1988), *Meine Psychose, mein Fahrrad und ich* (1990), *Radikale Marktwirtschaft* (1992), *Die andere Seite der Gesundheit* (1995), *Die Kunst, nicht zu lernen* (1997), *Zirkuläres Fragen* (1999), *Tödliche Konflikte* (2001), *Die Familie des Familienunternehmens* (2002), *Gemeinsam sind wir blöd!?* (2004), *Mehr-Generationen-Familienunternehmen* (2005), *Einführung in Systemtheorie und Konstruktivismus* (2006), *Einführung in die systemische Organisationstheorie* (2007), *Einführung in die systemische Wirtschaftstheorie* (2009), *Vor dem Spiel ist nach dem Spiel. Systemische Aspekte des Fußballs* (2009), *Einführung in die Systemtheorie des Konflikts* (2010), *»Zhong De Ban« oder: Wie die Psychotherapie nach China kam* (2011), *Einführung in die Theorie des Familienunternehmens* (2012), *Wenn rechts links ist und links rechts* (2013), *Einführung in die (System-)Theorie der Beratung* (2014).

Fritz B. Simon

Meine Psychose, mein Fahrrad und ich

Zur Selbstorganisation der Verrücktheit

295 Seiten, 31 Abb., Kt, 14. Aufl. 2017
ISBN 978-3-8497-0193-2

Ein Buch über die Beziehung von Geist und Körper, Wahn und Wirklichkeit. Es handelt von Paradoxien und den Tricks, sie zum Verschwinden zu bringen, der Entstehung von Zeit, Ordnung und Chaos, den merkwürdigen Verstrickungen des Fühlens im Denken, von Milch, freien Gedanken, Miss Elli, der Evolution der Hinkelkästen, von Segeln und Fussball, ganz vielen Autos, persönlicher Verantwortung, der Unwissenschaftlichkeit des Suchens nach Ursache und Schuld, von Selbstorganisation, Hemden mit Krokodilen, Zen sowie Psychiatern und anderen Verrückten.

Es zeigt den Unterschied zwischen Logik und Leben, der dazu führt, dass Weltbilder gelegentlich nicht zur Welt passen, und es singt ein Loblied auf unsere Ambivalenzen. Die Entstehung von Verrücktheit wird so schließlich ganz vernünftig als ein Ergebnis der Politik des Familienlebens, der tragischen und absurden Dramen der Kämpfe um Autonomie und Abhängigkeit des Wechselspiels von Liebe und Hass erklärbar und berechenbar.

Vor allem aber ist dies ein einzigartiges Lehr- und Übungsbuch systemischen Denkens.

Fritz B. Simon | Christel Rech-Simon

Zirkuläres Fragen

Systemische Therapie in Fallbeispielen:
Ein Lernbuch

292 Seiten, Kt, 12. Aufl. 2016
ISBN 978-3-8497-0166-6

„Warum beantworten Sie eigentlich jede Frage mit einer Gegenfrage, Herr Doktor?"
– „Warum sollte ich nicht mit einer Gegenfrage antworten?"

Eines der wichtigsten Elemente systemischer Therapie ist die Interviewtechnik. Das sogenannte „zirkuläre Fragen" zielt darauf, die gegenseitige Bedingtheit des Verhaltens von Menschen, deren Lebensgeschichte miteinander verknüpft ist, zu verdeutlichen.

In diesem Buch werden die wichtigsten therapeutischen Fragetechniken am Beispiel konkreter Fälle und Interviews illustriert und erklärt. Es beginnt bei der Klärung des Kontextes der Therapie, geht über ihre Zielbestimmung hin zu den Mechanismen der Problementstehung und denen einer möglichen Lösung. Den Schluss bilden die sogenannten Abschlussinterventionen, die aus Kommentaren oder der Verschreibung von Aufgaben wie beispielsweise Ritualen bestehen können.

Carl-Auer Verlag • www.carl-auer.de

Fritz B. Simon

Wenn rechts links ist und links rechts

Paradoxiemanagement in Familie, Wirtschaft und Politik

264 Seiten, Kt, 2013
ISBN 978-3-89670-884-7

Seit der Finanzkrise reden alle von „systemischen Risiken", „systemisch relevanten Banken" usw. Die Krise schafft das Bewusstsein dafür, dass der wirtschaftswissenschaftliche und politische Hausverstand scheitert, wenn es um die Steuerung komplexer sozialer Systeme geht. Grund genug, aus einer systemtheoretischen Perspektive auf Politik, Wirtschaft, Organisation und auch die Familie zu schauen. Dabei zeigt sich, dass sie alle paradox organisiert sind. Wer sein Handeln an einer Entweder-oder-Logik orientiert, ist zum Scheitern verurteilt. Das Leben funktioniert anders als die Logik. Ambivalenz ist daher angemessen und der Normalfall: ein Zeichen von Intelligenz und Rationalität. Wer seine Ziele erreichen will, muss in der Lage sein, „um die Ecke" zu denken.

In diesem Reader analysiert Fritz B. Simon Fragen wie zum Beispiel: Wie entstehen Genie und Wahnsinn von Organisationen? Warum haben sie einen ganz elementaren Bedarf an Langeweile? Was verbindet die Logik und Psychologie des Zockens mit der des Kapitalismus? Welches sind die Prinzipien subversiver Strategien? Warum entscheidet der Verlierer, wann ein Krieg zu Ende ist? Wieso sind „Rechte" auf „Linke" angewiesen (und umgekehrt)? usw. Alle diese Beispiele verbindet die Frage: Welche Handlungsstrategien lassen sich für die Bewältigung von Paradoxien und widersprüchlichen Zielen entwickeln? Ein erhellendes und unterhaltsames Buch.

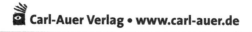